Praxis Sprache 7
Grundausgabe

Herausgegeben von Wolfgang Menzel

Erarbeitet von Ulla Dorenkamp
Michael Kruhöffer
Helmut Melzer
Wolfgang Menzel
Regina Nußbaum
Ursula Sassen

Illustriert von Konrad Eyferth

Blaue Ziffern kennzeichnen Aufgaben zur Differenzierung.

Druck A[4] / Jahr 2010
Alle Drucke der Serie A sind im Unterricht parallel verwendbar.

Lektorat: Regina Nußbaum
Typographisches Konzept: Sandra Grünberg, Thomas Schröder
Layout und Herstellung: Sandra Grünberg
Umschlaggestaltung: Konrad Eyferth, Edgar Rüttger, Thomas Schröder
Repro: westermann druck GmbH, Braunschweig
Druck und Bindung: westermann druck GmbH, Braunschweig

ISBN 978-3-14-**12 0657**-9

Praxis Sprache

7 Grundausgabe
Sprechen · Schreiben · Lesen

westermann

Praxis Sprechen, Schreiben, Lesen

8 Texte lesen – Sinn verstehen

9 Immer anders betonen
10 Betonungen vergleichen
11 Pausen- und Betonungszeichen setzen
12 Einen Zungenbrecher Sinn gestaltend vorlesen
13 Eine Tabelle mit Aussagen von Kindern vergleichen
14 Fragen zu einem Text beantworten
15 Gemeinsam einen Zeitschriftenartikel erarbeiten
17 Leserbriefe miteinander vergleichen
19 In Texten auf Spurensuche gehen

20 Freunde suchen – Freunde finden

20 www.freunde.de
22 Kontaktanzeigen untersuchen und beantworten
23 Kontaktanzeigen verfassen und veröffentlichen
25 Eine besondere Schrift lesen und schreiben
26 Anschluss finden, aber wie?
27 Tipps zum Rollenspiel
29 Zoff unter Freunden
31 Cliquenwirtschaft

34 Deine Zukunft – ein Abenteuer

36 Wie werden wir in Zukunft wohnen?
38 Wie man sich früher die Zukunft vorstellte
40 Abenteuer Zukunft
42 Eine Science-Fiction-Geschichte lesen
44 Wie man Texte verbessern kann
47 Eine Checkliste für Schreibprofis
48 Das Tor zu den Sternen – der Raumhafen

50 **Der Ball ist rund**

52 Ein Interview lesen und auswerten
56 Ein Interview führen – mit dem Mikro unterwegs
57 Einen Bericht schreiben
58 Eine Geschichte vervollständigen
60 Einen Sachtext verstehen

62 **Zeitung lesen – Zeitung machen**

64 Zeitungen sehen unterschiedlich aus
65 Eine eigene Titelseite zusammenstellen
66 Den Aufbau von Zeitungen untersuchen
68 Bilder und Texte zuordnen
69 Eine Anfrage schreiben – faxen – mailen
70 Nachrichten aus aller Welt
72 Den Aufbau von Nachrichten untersuchen
74 Einen Zeitungsartikel kürzen oder verlängern
76 Leserbriefe schreiben
78 Wir machen eine Zeitung

80 **Gedichtwerkstatt**

82 Gedichte, die Geschichten erzählen
82 Die Rätsel eines Gedichtes verstehen
84 Die Stimmung eines Gedichtes lebendig machen
86 Mit Sprache spielen
88 Gedichten einen Sinn geben
90 Druckbilder befragen – und selbst herstellen
92 Gedichte zum Vortrag vorbereiten

96 Praxis Rechtschreiben

97 **Wie lernt man das Rechtschreiben eigentlich?**
98 **Wörter mit ck und k**
98 **ck**-Wörter
99 **k**-Wörter
100 Der k-Laut in Fremdwörtern
101 **ck**-Wörter und **k**-Wörter üben
102 **Wörter mit tz und z**
102 **tz**-Wörter
103 **z**-Wörter
105 **tz** oder **z**?
106 **Die s-Laute**
106 Merkmale: Ist der s-Laut stimmhaft oder stimmlos?
107 Merkmale: Ist der Vokal vor dem s-Laut kurz oder lang?
109 Besondere Wörter mit s-Lauten
110 **Das h, mit dem wir Silben trennen**
111 **Das Dehnungs-h**
113 **Das h in Fremdwörtern**
114 **Strategien anwenden: andere Wortformen suchen**
114 Strategie 1: Verlängern
115 Strategie 2: Verkürzen
116 Strategie 3: Suchen eines verwandten Wortes
117 **Verben können zu Nomen werden**
119 **Adjektive können zu Nomen werden**
121 **Zeitangaben**
122 **Getrennt- und Zusammenschreibung** Nomen + Verb
122 Diese Wörter werden immer getrennt
123 geschrieben
124 Diese Wörter werden zusammengeschrieben
125 **Die Zeichen der wörtlichen Rede**
127 **Das Komma zwischen Hauptsatz und Nebensatz**
129 **Die Kommasetzung üben**
130 **Das Wörtchen dass**
132 **Teste deine Rechtschreibfähigkeit!**

134 Praxis Grammatik

135 **Was kann man an der Grammatik lernen?**
136 **Nomen**
136 Wenn wir keine Nomen hätten
138 Singular und Plural
140 **Artikel**
142 **Die vier Fälle**
144 **Pronomen**
144 Personalpronomen
145 Possessivpronomen
146 **Verben**
146 Wozu man Verben braucht
147 **Infinitiv – Personalform**
148 **Zeitformen**
148 Ein erster Überblick
150 **Perfekt oder Präteritum?**
151 Das Präteritum
152 Reime zum Umformen und Berichtigen
153 Ein Experiment mit den Zeitformen
155 Das Präsens als „Alleskünstler"
156 Das Plusquamperfekt: die Zeit davor!
157 Das Futur I: die Zeit danach
158 **Adjektive**
158 Wozu man Adjektive braucht
160 Steigerung der Adjektive
161 **Adverbien**
163 **Präpositionen**
165 **Konjunktionen**
168 **Überblick über die Wortarten**
170 **Zusammengesetzte Wörter**
171 **Durch Vorsilben neue Wörter bilden**
172 **Wörter mit Nachsilben bilden**
173 **Was ist ein Satzglied?**
174 **Der Satz und die Satzglieder**
175 **Satzglieder: Subjekt und Prädikat**
176 Umstellproben mit dem Subjekt
178 Satzglied: Adverbial
180 **Die Objekte**
182 **Satzglieder im Überblick**
184 **Hauptsatz, Nebensatz**
186 **Haupt- und Nebensatz: die Kommasetzung**
187 **Entweder dass oder das!**

188 Praxis Sprachmagazin

189 Beim Wort genommen
190 Texten einen Sinn geben
192 Ein Gedicht gestaltend vorlesen
193 Die Pointe zu einer Bildergeschichte finden
195 Die Bauweise eines Gedichtes enträtseln
196 Einen Text wirkungsvoll in Szene setzen

198 Praxis Arbeitstechniken

199 Sich informieren
200 Informationen austauschen
201 Im Internet Informationen suchen und finden
202 Suchergebnisse gezielt einschränken
204 Suchergebnisse aus dem Internet sichern
206 In der Bücherei
208 Schneller nachschlagen im Wörterbuch
209 Der erste Buchstabe – manchmal ein Problem
210 Schwierige Wörter nachschlagen
212 Fehler berichtigen

214 Fachausdrücke der Grammatik und Rechtschreibung
219 Lösungen zu kniffligen Aufgaben
223 Quellen

Texte lesen – Sinn verstehen

Einen Text vorlesen und einen Text leise durchlesen, das ist zweierlei. Wenn ihr einen Text vorlest, dann möchtet ihr, dass eure Zuhörer euch aufmerksam und gespannt zuhören und den Text gut verstehen. Natürlich müsst ihr den Text vorher selbst verstanden haben, sonst funktioniert das nicht.
Deswegen ist es notwendig, dass ihr einen Text für das Vorlesen gut vorbereitet. Wie man das macht, wie man betont, wo man Pausen macht, wie man deutlich spricht – und wie man das Ganze übt, dafür geben wir euch auf den nächsten Seiten Anregungen.
Wenn ihr einen Text vorgelesen habt, dann können euch die anderen kritisieren, und sie können euch applaudieren.
Ihr habt also immer eine Kontrolle.

Beim leisen Lesen seid ihr aber zuerst einmal ganz allein mit einem Text. Ihr wollt ihn verstehen, aber das ist nicht immer ganz einfach. Und danach müsst ihr meistens beweisen, ob ihr den Text verstanden habt. Die Lehrerin oder der Lehrer oder die anderen fragen euch ja danach. Jedenfalls ist es in der Schule so.
Und da ist es gut, dass ihr über den Inhalt eines Textes Auskunft geben könnt. Wie man das macht, einen Text so zu erarbeiten, dass man ihn versteht und Fragen zu ihm beantworten kann, dazu wollen wir euch auch Hilfen geben.

Wichtig ist aber, dass ihr auf den folgenden Seiten wirklich übt. Denn ohne Übung lernt man das Vorlesen und Verstehen von Texten nicht! Üben ist anstrengend, das solltet ihr wissen.
Aber die Texte und die Aufgaben dazu sind so zusammengestellt, dass ihr sicher auch Freude am Üben habt.

Immer anders betonen

Glaubst du mir denn nicht?

<u>Glaubst</u> du mir denn nicht?
Glaubst <u>du</u> mir denn nicht?
Glaubst du <u>mir</u> denn nicht?
Glaubst du mir denn <u>nicht</u>?

1 Übe einmal, diese Sätze mit unterschiedlicher Betonung zu sprechen. Betone immer das Wort besonders deutlich, das unterstrichen ist.

Was willst du denn eigentlich?

1) Das Buch habe ich dir doch gestern <u>zurück</u>gegeben.
2) Das Buch habe ich dir doch <u>gestern</u> zurückgegeben.
3) Das Buch habe ich dir <u>doch</u> gestern zurückgegeben.
4) Das Buch habe ich <u>dir</u> doch gestern zurückgegeben.
5) Das Buch habe <u>ich</u> dir doch gestern zurückgegeben.
6) <u>Das</u> Buch | habe ich dir doch <u>gestern</u> zurückgegeben.

2 Lies dir diese Sätze selbst halblaut vor.
Betone dabei immer das unterstrichene Wort.

3 Suche dir einen Satz aus und lies ihn den anderen vor.
Die müssen erraten, welchen du gelesen hast.
Wenn sie es nicht erraten haben,
dann hast du wahrscheinlich falsch betont.

4 Macht es mit den anderen Sätzen in einem Ratespiel genauso.

5 Wenn jemand einen dieser Sätze sagt, dann hat sicher ein anderer etwas vorher gesagt. Zum Beispiel:
Leon: „Kann ich endlich mein Buch wiederbekommen?"
Lotte: „Das Buch habe ich dir doch gestern <u>zurück</u>gegeben!"

Welche Sätze von 1) bis 6) hat wohl Lotte gesagt, wenn Leon die Sätze a) bis d) vorher sagte? Spielt das in Partnerarbeit durch.

a) Ich glaube, Niklas hat mir mein Buch wiedergegeben.
b) Hast du mir heute mein Buch wieder mitgebracht?
c) Hast du mein Buch etwa meinem Bruder gegeben?
d) Ich habe immer noch nicht das Witzbuch von dir zurückgekriegt!

Betonungen vergleichen

Altes Sprichwort

Was **du** nicht willst, das **man** dir tu, das füg auch **keinem** andern zu.
Was du nicht **willst**, das man **dir** tu, das füg auch keinem **andern** zu.

1 In diesem Sprichwort haben wir unterschiedliche Wörter für die Betonung unterstrichen. Lest euch die beiden Fassungen gegenseitig vor und entscheidet, welche Betonungen euch richtiger erscheinen.

Bumerang

War einmal **ein** Bumerang;
War ein **weniges** zu lang.
Bumerang flog ein **Stück**,
Aber **kam** nicht mehr zurück.
Publikum – **noch** stundenlang –
Wartete **auf** Bumerang.

War einmal ein **Bume**rang;
War ein weniges zu **lang**.
Bumerang **flog** ein Stück,
Aber kam nicht mehr **zurück**.
Publikum – noch **stunden**lang –
Wartete auf **Bumerang**.

Joachim Ringelnatz

2 Diesmal haben wir in einem ganzen Gedicht unterschiedliche Wörter für das Betonen unterstrichen. Sprecht euch die beiden Gedichte gegenseitig vor und betont dabei die unterstrichenen Wörter. Ihr könnt dabei etwas übertreiben!

3 Vergleicht, welche Betonungen euch besser gefallen, welche sinnvoller sind.

Die Ameisen

In Hamburg lebten zwei **Ameisen**,
Die **wollten** nach Australien reisen.
Bei Altona auf der **Chaussee**
Da taten **ihnen** die Beine weh,
Und da verzichteten sie **weise**
Dann auf den **letzten** Teil der Reise.

In Hamburg **lebten** zwei Ameisen,
Die wollten nach **Australien** reisen.
Bei Altona auf **der** Chaussee
Da taten ihnen die **Beine** weh,
Und da **verzich**teten sie weise
Dann auf den letzten Teil der **Reise**.

Joachim Ringelnatz

4 Auch hier sollt ihr wieder vergleichen, welche Betonungen besser klingen. Diesmal aber sollt ihr es Zeile für Zeile tun. Sprecht euch also immer erst eine Zeile links und dann rechts vor und vergleicht, welche Zeile nach eurer Ansicht richtig betont ist.

5 Sprecht euch jetzt das Gedicht mit den richtig betonten Zeilen vor.

Pausen- und Betonungszeichen setzen

Das Sprungbrett

Ein Mensch, den es nach Ruhm gelüstet, besteigt, mit großem Mut gerüstet, ein Sprungbrett – und man denkt, er liefe nun vor und spränge in die Tiefe, mit Doppelsalto und dergleichen der Menge Beifall zu erreichen. Doch lässt er, angestaunt von vielen, zuerst einmal die Muskeln spielen, um dann erhaben vorzutreten, als gält's, die Sonne anzubeten. Ergriffen schweigt das Publikum, – doch er dreht sich gelassen um und steigt, fast möcht man sagen heiter und voll befriedigt von der Leiter. Denn, wenn auch scheinbar nur entschlossen, hat er doch sehr viel Ruhm genossen, genau genommen schon den meisten, – was sollt er da erst noch was leisten?

Eugen Roth

1 Lest euch diesen Text erst einmal gegenseitig vor und sprecht darüber.

2 Dieser Text ist ein Gedicht, auch wenn es hier nicht so aussieht. Schreibe den Text als Gedicht auf. Achte dabei auf die Reimwörter!

3 Lies dir dann das abgeschriebene Gedicht selbst vor.
- Unterstreiche die Wörter, die du betonen möchtest.
- Ziehe Striche, wo du eine Pause machen musst.
- Zeichne Pfeile, wo du am Ende einer Zeile die Stimme nicht absinken lassen darfst.

Das Sprungbrett
Eugen Roth

Ein Mensch, | den es nach Ruhm gelüstet, ↱
Besteigt, | mit großem Mut gerüstet, ↱

Ein Sprungbrett, | – und man denkt, | er liefe ↱
Nun vor | und spränge in die Tiefe, |
...

4 Lest euch eure Gedichte, die ihr mit den „Lesezeichen" versehen habt, gegenseitig vor und achtet darauf, welche Wörter die anderen betonen – und an welchen Stellen sie Pausen machen.

Einen Zungenbrecher Sinn gestaltend vorlesen

Der Zungenbrecher von den Schleißenscheiten

Wisst ihr, | was ein Scheit ist? ||
Ein Scheit | ist ein Stück Holz. ||
Wenn man ein Feuer anzünden will, ↱
muss man unter die großen Scheite | kleine Scheite legen. ||
Man schleißt also mit einem Messer | die Scheite in kleine Streifen ↱
und zündet sie an. ||
Die fein geschlissenen Scheite brennen dann auch sofort, ↱
und das Feuer kommt rasch in Gang. ||

Nun gab es einmal in Meißen eine sehr gescheite Frau,
die hieß Frau Weißen.
Diese Frau konnte besonders gut Scheite schleißen.
Damit ist sie so berühmt geworden,
dass es sogar einen Zungenbrecher über sie gibt.
Und der geht so:

> Die gescheite Frau Weißen aus Meißen
> konnte das feinst geschlissene Schleißenscheit schleißen.

Wolfgang Menzel

1 Lies dir den Text erst einmal leise durch.

2 Lies den ersten Absatz jetzt vor.
Er ist schon mit Vorlesezeichen versehen:
Mache bei jedem Strich (|) eine kleine Pause
und bei jedem Doppelstrich (||) eine große.
Bei einem Pfeil (↱) darfst du die Stimme nicht
absinken lassen! Die unterstrichenen Wörter
solltest du besonders betonen.

3 Schreibe dir den zweiten Absatz ab,
lies ihn dir selbst vor
und setze die Vorlesezeichen ein.

4 Lest euch jetzt gegenseitig diesen Absatz vor.

5 Der Zungenbrecher am Schluss hat es in sich!
Wenn sich jemand dabei verliest,
gibt es etwas zu lachen!

6 Versucht nun einmal, den ganzen Text immer
schneller zu lesen. Wer ihn gut betont
und am schnellsten vorlesen kann –
und keine Fehler dabei macht, ist ein guter
Zungenbrechervorleser!

Eine Tabelle mit Aussagen von Kindern vergleichen

Taschengeld-Empfehlungen des Kinderschutzbundes:

Der deutsche Kinderschutzbund gibt regelmäßig Hilfen für Eltern heraus, wie viel Taschengeld sie an ihre Kinder zahlen sollten. Dabei wird empfohlen, dass Kinder bis zu 14 Jahren ihr Taschengeld wöchentlich erhalten, über 14-Jährige aber monatlich. Folgende Empfehlungen sind es:

Altersgruppe	7–8 Jahre	9–10 Jahre	11–12 Jahre	13–14 Jahre	15–16 Jahre
Taschengeld	1,50–2,00 Euro	2,00–3,50 Euro	3,00–4,50 Euro	4,00–5,50 Euro	21,50–32,50 Euro

Was einige Kinder sagen:

Alex (14): „Ich gehe von meinem Taschengeld ins Kino oder schwimmen. Neulich habe ich mir sogar einen Tennisschläger gekauft. Aber dafür musste ich von meinen Eltern einen Vorschuss nehmen. Eigentlich reicht mein Taschengeld nie ganz aus. Na ja, nächstes Jahr kriege ich mehr als die paar 30 Euro."

Kim (12): „Manchmal kaufe ich mir Zeitschriften von meinen 10 Euro, die ich im Monat bekomme, die Bravo zum Beispiel. Aber ich gebe meistens nicht das ganze Taschengeld aus. Klamotten kaufen ja meine Eltern. Was übrig bleibt, stecke ich in mein Sparschwein."

Benjamin (11): „Ich kriege von meiner Mutter jede Woche 3,00 Euro. Davon kaufe ich mir manchmal Eis oder Chips oder ein Teil für meine Modelleisenbahn. Aber dann muss ich schon ganz schön sparen."

Sabrina (?): „Ich bekomme 20 Euro im Monat. Meine Eltern richten sich dabei nach einer Tabelle vom Kinderschutzbund. Sie überweisen das Geld auf mein Konto, damit ich den Umgang mit einer Bank lerne. Sachen für die Schule muss ich mir für dieses Geld nicht kaufen. Deswegen bin ich auch ganz zufrieden damit."

1 Vergleiche die Tabelle mit den Aussagen der Kinder. Welche Eltern richten sich nach den Empfehlungen?

2 Welches der Kinder müsste mit seinem Taschengeld eigentlich besonders zufrieden sein? Ist es das aber auch?

3 Welches Kind bekommt vergleichsweise am wenigsten Taschengeld? Und ist es trotzdem zufrieden damit?

4 Wie alt ist wohl Sabrina?

5 Vergleiche die Tabelle mit deinem eigenen Taschengeld.

Fragen zu einem Text beantworten

Ich kann mit den Ohren wackeln!

Der menschliche Körper ist eine Baustelle. Seit Jahrtausenden passt er sich neuen Lebensbedingungen an. Welche Spuren hat die Entwicklung in ihm hinterlassen? Der Schüler Karsten T. scheint stolz darauf zu sein, dass sich an seiner „Körper-Baustelle“ noch alte Teile finden lassen. In der Internet-Rubrik *Was ich kann* führt er an, dass er mit den Ohren wackeln könne, „sogar einzeln“. Das können heute tatsächlich nur noch ganz wenige Menschen. Spaßvögel, die etwas können, was sonst nur Pferde, Hunde und Rehe vermögen, erzielen immer wieder Lacherfolge. Diese Tiere verstellen ihre Ohrmuscheln, um herauszufinden, woher ein verdächtiges oder angenehmes Geräusch kommt. Noch heute gibt es auch bei den Menschen eine Redewendung, die besonders Lehrer gern verwenden: „Spitzt mal schön die Ohren!“

Mit den Ohren zucken können manche Menschen deswegen, weil bei ihnen seitlich am Kopf Reste von Muskeln vorhanden sind, die bei unseren Vorfahren noch sehr viel kräftiger waren. Sie waren für das Überleben deswegen notwendig, weil man mit ihnen die Ohren in eine bestimmte Richtung verstellen konnte, aus der ein auffälliges Geräusch kam. Bei uns Menschen allerdings sind diese Muskeln allmählich zurückgebildet worden, weil sie für uns nicht mehr notwendig waren. Wir haben die Möglichkeit, den Kopf in alle Richtungen zu wenden, um die Herkunft eines Geräusches bestimmen zu können. Die Muskeln haben keinen Überlebensvorteil mehr für uns. Da jede Muskelbewegung Energie verbraucht, verkümmert ein Muskel, wenn er nicht mehr benötigt wird. Dieser Prozess des Auf- und Abbaus läuft immer weiter. Wichtige Körperteile werden aufgebaut, wenn sie für das Leben benötigt werden wie unser Sehapparat; andere werden abgebaut wie die Muskeln für das Verstellen der Ohrmuscheln.

Die Fähigkeit von Karsten T. ist also nur ein körperliches Merkmal, das sich in der Geschichte unserer Entwicklung als überholt erwiesen hat. Man nennt so etwas „Atavismus“. Man lacht also über etwas Tierisches bei Karsten …

1 Woher stammt wohl dieser Artikel:

a) aus einem Tierbuch?
b) aus dem Guinness-Buch der Rekorde?
c) aus einer Zeitung oder Zeitschrift?
d) aus einem Witzbuch?

2 Der letzte Satz dieses Artikels fehlt noch. Wie lautet er wohl?

a) Der Junge kann stolz auf seine Fähigkeit sein.
b) Allzu stolz darauf sollte der Junge nicht sein!
c) Karsten hat etwas an seinem Körper bewahrt, das noch immer sinnvoll ist.

3 Was ist ein Atavismus? Erkläre dieses Fachwort mit Hilfe des Textes, – aber in eigenen Worten!

4 Warum wackeln manche Tiere mit den Ohren? In welchen Zeilen findest du darüber Aussagen?

Gemeinsam einen Zeitschriftenartikel erarbeiten

Im westlichen Afrika ist der Regenwald größtenteils noch intakt. Er galt deswegen als letztes Refugium der Schimpansen und Flachlandgorillas. Rund 190 000 der Primaten, die mit dem Menschen eng verwandt sind, wurden hier vermutet. Doch jetzt ergab eine Inventur in den Republiken Kongo und Gabun: Der Wald ist fast überall menschenaffenleer. Ein Forscherteam meldete in der Zeitschrift „Natur", dass seit einer Erhebung 1983 die Population in Gabun um mehr als die Hälfte eingebrochen sei. Die Wissenschaftler zählten in ausgewählten Gebieten die Nester der Gorillas und Schimpansen. Den katastrophalen Rückgang, den sie entdeckten, führen sie zum Teil auf die Holzindustrie zurück. Schlimmer aber, so stellten sie fest, sei, dass viele der Holzfäller mit Vorliebe Affenfleisch verzehren. Aber auch in den Regionen, wo die Affen von kaum einem Menschen behelligt werden, sterben die Affen: an einem Virus, das dort seit Jahren marodiert. Das Fieber, das durch den Erreger ausgelöst wird, sei für die menschenähnlichen Tiere genauso bedrohlich wie die Jagd, vermuten die Forscher. Sie fordern einerseits, wenigstens in den Schutzgebieten endlich gegen Wilddiebe vorzugehen; andererseits gelte es, auch das gefährliche Virus einzudämmen. Ihr Aufsatz endet: „Die nackte Wahrheit ist, dass unsere Kinder wahrscheinlich in einer Welt leben werden, in der es keine wilden Menschenaffen mehr gibt."

1 Lies dir diesen Artikel zuerst einmal aufmerksam durch.

2 In diesem Artikel kommen mehrere Fremdwörter und Fachwörter vor, die nicht jeder versteht. Nehmt euch zu zweit einen Zettel und schreibt die unterstrichenen Wörter auf. Schreibt dahinter eine kurze „Übersetzung" der Wörter, ohne irgendwo nachzuschauen. Manchmal erkennt ihr die Bedeutung ganz gut aus dem Textzusammenhang! Wenn ihr euch aber zu zweit ein Wort nicht erklären könnt, dann lasst erst einmal die Stelle offen.

intakt: gesund, in Ordnung ...   Refugium: ...

3 Lest euch in der Klasse eure Ergebnisse vor und vergleicht sie.

4 Schaut jetzt in einem Wörterbuch nach, was die Wörter bedeuten. Auch in der Wörterliste auf der nächsten Seite findet ihr Kurzerklärungen zu diesen Wörtern.

5 Lest euch nun den Text in der Klasse vor – und sprecht darüber.

6 Gib mit deinem Partner oder deiner Partnerin zusammen der Geschichte eine Überschrift.

7 Vergleicht gemeinsam eure Überschriften in der Klasse – und wählt die beste aus.

8 Bearbeite nun allein den Artikel – und beantworte dabei die folgenden Fragen:

1) Von welchen Arten von Primaten ist in dem Text die Rede?
   a) ...
   b) ...

2) Wie viele Affen vermuteten die Wissenschaftler im Regenwald: etwa ...
   Wie viele von ihnen konnten sie ungefähr in Gabun noch zählen: etwa ...

3) Welche drei Gründe gibt es für den Rückgang der Menschenaffen?
   a) ...
   b) ...
   c) ...

4) Welche beiden Forderungen stellten die Wissenschaftler auf:
   a) ...
   b) ...

5) Was möchte der Verfasser dieses Textes eigentlich bei seinen Lesern erreichen? Notiere dir die Zahlen der Sätze auf deinem Zettel, die du für richtig hältst:
   a) Er möchte die Leser mit einer Affengeschichte unterhalten.
   b) Er möchte die Leser über eine wissenschaftliche Untersuchung informieren.
   c) Er möchte darauf hinweisen, dass man mit der Natur vorsichtig umgehen soll.
   d) Er möchte den Leser zornig machen.
   e) Er möchte für Tierspenden werben.
   f) Er möchte, dass der Leser den Text richtig versteht.
   g) Er möchte, dass man über den Appetit der Holzfäller lacht.

6) Welche Frage stellt sich dir persönlich, wenn du einen solchen Text liest? Und was löst der Text bei dir aus, wenn du ihn liest? Notiere es.

Wörterliste

intakt: gesund, unversehrt, in Ordnung
Refugium, das: Zufluchtsort, sicherer Ort
Primat, der: Menschenaffe
Inventur, die: Auszählung, Bestandsaufnahme
Erhebung, die: Zählung, Statistik
Population, die: Bevölkerung
eingebrochen: geschrumpft, zurückgegangen
katastrophal: schrecklich, entsetzlich
behelligen: stören, belästigen
Virus, das: Krankheitserreger
Erreger: heißt hier: Krankheitserreger
marodieren: um sich greifen, sich gefährlich ausbreiten

9 Vergleicht eure Ergebnisse miteinander – und korrigiert sie, wenn es nötig ist.

10 Lest euch vor allem die Fragen vor, die ihr unter 5) und 6) formuliert habt, und sprecht darüber.

Leserbriefe miteinander vergleichen

1 Bevor ihr euch über das Thema Ganztagsschule unterhaltet, solltet ihr euch erst einmal diese Leserbriefe genauer anschauen.

Ganztagsschulen: ja oder nein?

Mein Sohn gehörte in der Grundschule nicht gerade zu den Besten. Deswegen soll er jetzt auf eine Hauptschule. Dort gibt es aber, wie ich gehört habe, mehr Hausaufgaben auf als in der Grundschule. Mein Sohn wird also restlos überfordert sein. Ich fürchte mich davor, dass mein Sohn nach der Schule auf der Straße sitzt, während ich arbeiten muss. Nun suche ich in unserer Umgebung eine Ganztags-Hauptschule.
Verena Feil (Bremen)

Frauen sollen von der Kindererziehung entlastet werden, immer mehr Frauen wollen arbeiten. Zu diesem Zweck werden die Kinder ganztags in die Schule gesperrt, und so wird ihnen ein großer Teil ihrer Kindheit und Jugend geraubt. Viele Eltern sprechen sich zwar für die Ganztagsschule aus, aber für Fragen nach den Bedürfnissen der Kinder und Jugendlichen bleibt dabei kein Raum.
Ottokar Lubitsch (Berlin)

Durch längere Unterrichtszeiten werden unsere Schüler auch nicht besser. Das viele Geld, das man für Ganztagsschulen ausgeben will, sollte man lieber für mehr Lehrer ausgeben. Wenn es zwischen 8 und 13 Uhr für jeden tatsächlich Unterricht gäbe, dann wäre schon viel gewonnen. Aber so ist es ja wegen des vielen Unterrichtsausfalls nicht. Und jetzt will man neue Schulküchen, neues Personal, neue Kantinen für die Ganztagsschule!
Kolja Memming (Darmstadt)

Ich habe mehr Fragen als Antworten zur Ganztagsschule. In Frankreich sind diese Schulen selbstverständlich, aber Hausarbeiten machen die Kinder trotzdem noch zu Hause. Es geht also viel Freizeit verloren. Außerdem benötigen Ganztagsschulen zusätzliche Lehrkräfte; denn man muss ja Fachleute dafür haben, die die Schüler betreuen. Und was macht man eigentlich mit denen, die nachmittags Nachhilfeunterricht bekommen? Man müsste die Nachhilfelehrer in die Schulen lassen! Dass Schüler an den Nachmittagen nicht vor dem Fernseher sitzen, finde ich ja gut. Aber über die Nachteile sollte man auch nachdenken!
Hermann Betge (Wesel)

Die Ganztagsschule hat, wie die Ergebnisse in einigen Ländern zeigen, die Möglichkeit, die Lust der Schüler zur Mitarbeit und ihre Motivation zum Lernen zu verbessern. Die Schulen müssen eben diese Schulform nur mit Leben erfüllen, dann fallen die meisten Bedenken gegen diese Schulform in sich zusammen.
Karin Bresche (Dortmund)

In der Grundschule war ich in einer Ganztagsschule. Das war super. Nach dem Unterricht kümmerten sich die Lehrer um uns und halfen bei den Schularbeiten. Dann hatten wir auch noch eine Theatergruppe und machten Sport. Wenn ich alleine gewesen wäre, hätte ich nie im Leben so viel gelernt.
Dora (Schülerin)

2 Wer ist eigentlich für und wer gegen die Ganztagsschule? Und wer ist weder dafür noch dagegen? Sucht die Stellen heraus, an denen das besonders deutlich wird.

3 Einige Argumente für oder gegen die Ganztagsschule werden mehrere Male genannt. Welche sind das?

4 Es werden einige Vorschläge genannt, was in einer Ganztagsschule alles benötigt wird. Welche sind es?

5 Sammelt die Argumente, mit denen einzelne Schreiber sich für die Ganztagsschule aussprechen, und die, mit denen sie sich dagegen aussprechen. Schreibt sie an der Tafel auf:

Dafür:	Dagegen:
Eltern können arbeiten	Überforderung der Schüler
…	…

6 Was können die Schreiber von Leserbriefen eigentlich bewirken? Hier sind einige Sätze dazu. Welche sind eurer Meinung nach richtig? Notiert euch die Buchstaben:

a) Mit Leserbriefen kann man die Meinung anderer Menschen verändern.
b) Man kann damit imponieren und auf sich selbst aufmerksam machen.
c) Man kann die Leser auf Probleme hinweisen.
d) Man kann den Lesern etwas Spannendes zu lesen geben und sie unterhalten.
e) Man kann bei den Lesern für die eigene Sache werben.
f) Man kann …

7 Wie denkt ihr in eurer Klasse selbst über Ganztagsschulen? Am besten wäre, jeder von euch schreibt ein Argument auf, mit dem er sich für die Ganztagsschule oder gegen sie ausspricht.

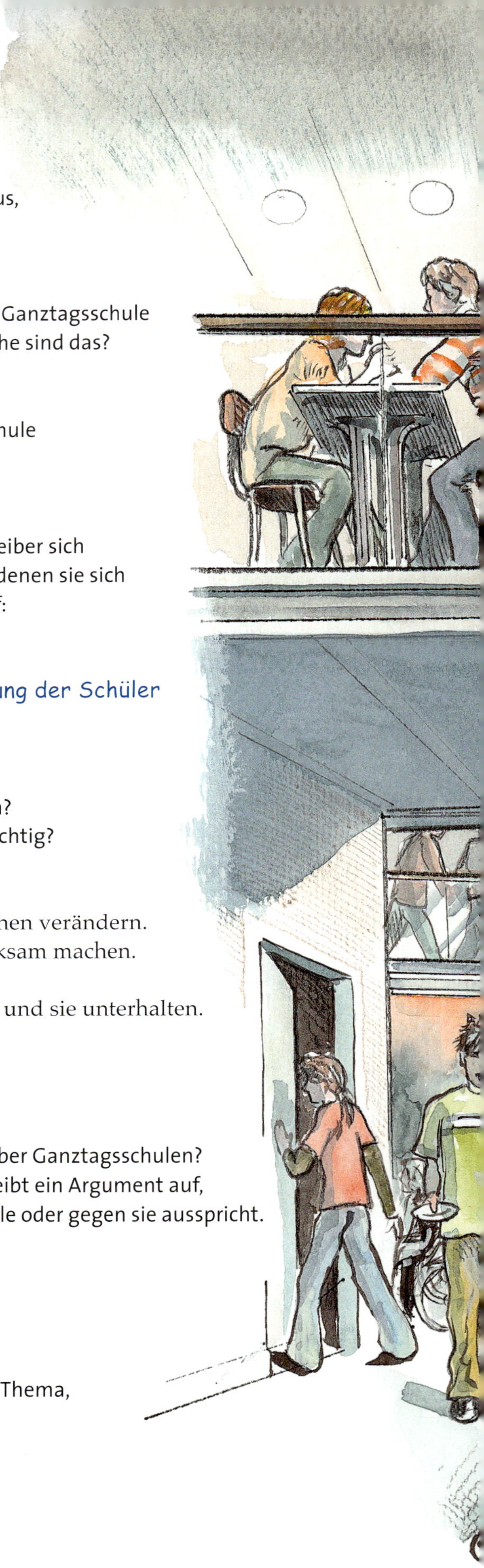

8 Tauscht eure Argumente aus und diskutiert darüber.

9 Schreibe selbst einmal einen Leserbrief zu diesem Thema, in dem du deine Meinung zum Ausdruck bringst.

In Texten auf Spurensuche gehen

Carlo:
Joschi ist dreizehn Jahre alt. Er zieht sich meistens einfache Sachen an und macht sich nichts aus Designerklamotten. Deswegen ist er auch nicht bei allen beliebt. Na ja, anständig gekämmt ist er nicht immer, aber er sieht doch ganz okay aus. In Deutsch und Mathe ist er nicht so gut, er kommt aber mit und beteiligt sich an jeder Diskussion, weil er eine eigene Meinung hat. Er kann auch gut Streit schlichten, wenn sich zwei in die Haare geraten. In Sport ist er ein Ass. Er ist sogar Mitglied unserer Schulmannschaft im Schwimmen. (…)

Sven:
Joschi ist dreizehn Jahre alt. Er läuft immer schlampig rum und findet Designerklamotten total blöd. Das können viele in der Klasse nicht ausstehen. Überhaupt, wie seine Haare aussehen! Meistens ungewaschen! In Deutsch und Mathe ist er eine Niete, nur dass er ständig dazwischenquatscht, wenn er meint, er hat Recht. Wenn sich zwei streiten, muss er sich immer einmischen. Gut, er ist stark, und im Sport ist er ein Champion, besonders im Schwimmen. (…)

1 Die Meinungen von Carlo und Sven über Joschi sind doch sehr unterschiedlich. Überlege, wer den folgenden Satz noch gesagt haben könnte. Und begründe deine Entscheidung.

A: Ich hätte ihn gern zum Freund.
B: Zum Freund möchte ich ihn aber nicht haben.
C: Es gibt keinen in der Klasse, der ihn nicht mag.

2 Passt es eigentlich zu Joschi, dass er Klassensprecher werden möchte? Was spricht dafür? Und spricht auch etwas dagegen?

3 Wer von den beiden, Carlo oder Sven, könnte den folgenden Satz gesagt haben? Und welcher Satz ist wohl von keinem von beiden? Begründe deine Ansicht.

A: Er hat gesagt, dass er Klassensprecher werden möchte. Wählen werde ich den aber nicht!
B: Er möchte gern Klassensprecher werden. Dazu ist er aber überhaupt nicht geeignet.
C: Er möchte gern Klassensprecher werden. Ich wähle ihn jedenfalls.

Freunde suchen – Freunde finden

www.freunde.de

♀ **Hi, ihr da draußen!** Ja, nun sitze ich hier und bin irgendwie ein wenig allein und dabei bin ich das so ungern. Bin vor etwa einem Jahr von Mallorca hierher nach Deutschland gezogen und habe deshalb noch nicht so viele Freundschaften. Wenn Du Lust hast, mir zu schreiben, dann zögere nicht lange und mach es einfach. Ich würde mich freuen, was von Dir zu hören.
Daniela, 13

♀ **Hey, Du da – am anderen Ende des PCs!** Hast Du nicht Lust, mit mir einen Tastenkrieg zu starten? Bin ein blondes Girl aus NRW und quatsche gern über alles Mögliche. Am liebsten über mein Traumland Kanada. Aber ich kann auch gut zuhören, wenn Du Dein Herz ausschütten möchtest. :) Falls Du Bock hast, mir zu schreiben, na dann nix wie los!!! ***Ciao Lucy, 14***

♂ **Peace!** Mir ist so schrecklich langweilig. Ich würde gern Leuten meines Alters schreiben, die Fußball spielen, sich für Breakdance und Computer interessieren und auch ansonsten nicht langweilig sind. Freue mich über jede Zuschrift. ***Oliver, 13***

♂ **Hallöchen!!!!!!** :-) Ich bin ein Junge aus Polen und habe blondbraune Haare und grüne Augen. Mein Hobby ist unter anderem Musik (nicht nur hören, nein, auch selber machen). Sport mag ich auch, am liebsten Basketball. Du solltest zwischen 13 und 16 sein und am besten regelmäßig schreiben. Hast vielleicht DU – ja DU – Lust, mir eine Mail zu schicken???
Jannis, 14

♂ **Hallo Du!** Ich bin schon längere Zeit einsam und deshalb ein bisschen traurig. Ich bin auf der Suche nach echten Freunden. Da ich sehr schüchtern bin, traue ich mich oft nicht, jemanden anzusprechen. Ich muss mich ändern, aber schaffe dies nicht alleine. Ich beantworte garantiert jede Mail. ***Manuel, 14***

♂ **Hi Du, ja genau Du!!!!!!! Stopp!!!** Ich bin ein süßer blonder Boy aus Bayern! Wenn Du Lust hast, mich näher kennen zu lernen, dann schreib mir doch einfach, ja? Ich gehe in die 8. Klasse, bin KEIN Streber, werde aber auch nicht sitzenbleiben!!! LOS, MAIL MIR, TRAU DICH, ICH BEIßE NICHT!!! ***Ciao Ralf, 14***

♀ **Ola Guys!** Ich bin eine waschechte Spanierin und suche hauptsächlich ein paar Boys, so um die 14!!!
Aber auch Mädchen können schreiben, wenn sie wollen.
Tja, was soll ich über mich erzählen? Ich habe schwarze Haare, Bernsteinaugen. Ich bin sehr sportlich und gehe gern ins Kino!!!
Also, schreibt mir!!!!!!!
Bye und Bussi, Letisha, 14

1 Lest die Kontaktanzeigen und sprecht über euren ersten Eindruck.

Kontaktanzeigen untersuchen und beantworten

E-Mail-Freundschaften sind eine Kombination aus der guten alten Brieffreundschaft und moderner Technologie. Ohne lästige Wartezeiten lassen sich Kontakte im In- und Ausland knüpfen. Aktuelle Links finden sich in den Suchmaschinen. Das Angebot ist umfangreich und zumeist kostenlos. Das Interesse der Nutzer ist groß. So wird eine Internetseite – wie etwa www.emailfreundschaft.de – täglich zirka 1 000-mal besucht.
Rund 50 Kontaktanzeigen gehen jeden Tag online.
Zirka 7 000 Antworten werden pro Monat auf die Anzeigen versendet.

1 Seht euch nun die Anzeigen auf Seite 20 und 21 einmal etwas genauer an:
- Welche Anreden gefallen euch gut?
- Gibt es Wörter, die die Aufmerksamkeit der Leser besonders erregen?
- Was schreiben die Absender über sich?
- Wie fordern sie die Leser auf, zu antworten?

2 Wähle ein oder zwei Anzeigen aus. Schreibe die Namen auf und ordne ihnen aus der folgenden Liste zwei oder drei Adjektive zu, die du besonders passend findest.

arrogant, allein, brav, blöd, cool, frech, einsam, ernsthaft, fröhlich, freundlich, gehemmt, höflich, hochmütig, interessant, kratzbürstig, lebenslustig, lustig, lieb, langweilig, nachdenklich, nett, originell, schlau, schüchtern, selbstbewusst, sympathisch, traurig, unternehmungslustig, unglücklich, unsympathisch, witzig, zurückhaltend, zickig

3 Vergleicht eure Einschätzungen.
Habt ihr die Schreiber der Anzeigen ähnlich eingeschätzt?

4 Suche dir eine Kontaktanzeige aus und beantworte sie.
Denke daran, auf den anderen einzugehen, Fragen zu stellen und auch etwas über dich selber zu schreiben.

Peace Manuel! Mir geht es ganz ähnlich wie Dir ...

Ola, Letisha, eine E-Mail-Freundschaft mit Dir fände ich genial. Ich mag alles, was mit Spanien zu tun hat, die Leute, das Land, Paella ...

Kontaktanzeigen verfassen und veröffentlichen

Zu den Kontaktanzeigen auf Seite 20/21 haben einige Absender auch ein persönliches Profil ausgefüllt – das ist so eine Art Steckbrief zur Selbstbeschreibung.

1 Lest euch die Profile erst einmal durch und sprecht darüber.

2 Haltet ihr die einzelnen Punkte des Profils für interessant?
- Vielleicht fehlt euch ja noch etwas?
- Oder würdet ihr den einen oder anderen Punkt auch weglassen?

A

Lieblingsessen	Pommes
Lieblingsgetränk	Cola
Musik	Hip-Hop
Film	Stargate, die Serie
Buch	Comics
Lieblingsland	Dänemark
Hobbys	Computer, Angeln
Lebensmotto	Alles ist grau.
Größter Wunsch	eine Freundin
Ziel	später was mit Computern machen
Positive Eigenschaften	sehr zuverlässig, pünktlich
Negative Eigenschaften	manchmal launisch, eher unsportlich

B

Lieblingsessen	vegetarisch
Lieblingsgetränk	grüner Tee
Musik	unterschiedlich (;, die Charts
Film	Save the last dance
Buch	Bitter-Schokolade von Mirjam Pressler
Lieblingsland	Kanada, war aber noch nicht da
Hobbys	Jazz-Dance, Freunde treffen, einkaufen, Briefe schreiben etc.
Lebensmotto	Genieße dein Leben, denn es könnte dein letzter Tag sein!
Größter Wunsch	ein toller Job und ein eigenes Haus
Ziel	ein guter Schulabschluss
Positive Eigenschaften	bin meistens fröhlich drauf :))
Negative Eigenschaften	Morgenmuffel, nicht gerade besonders ordentlich, Fingernägel kauen :(

C

Lieblingsessen	Pizza
Lieblingsgetränk	Limo
Musik	mach ich selber
Film	Herr der Ringe
Buch	Der kleine Hobbit von J. R. R. Tolkien
Lieblingsland	Italien
Hobbys	E-Gitarre, Sport (Basketball und so), telefonieren und E-Mails!!
Lebensmotto	Nicht alles so ernst nehmen!
Größter Wunsch	berühmt werden
Ziel	Rock-Musiker werden
Positive Eigenschaften	spontan, nicht arrogant
Negative Eigenschaften	musst du selbst rausfinden

3 Vergleicht die Anzeigen von Lucy, Manuel und Jannis auf Seite 20/21 mit den Angaben in den Profilen. Könnt ihr sagen, wer welches Profil verfasst hat?

4 Von den folgenden drei Aussagen stimmt eine jeweils nicht:

a) Jannis' Lieblingsurlaubsland ist Italien.
b) Jannis' Lieblingsessen ist Pizza.
c) Jannis ist ein Morgenmuffel.

a) Manuel ist sehr zuverlässig.
b) Manuel liebt Kanada.
c) Manuel mag Comics.

a) Lucy isst gern vegetarisch.
b) Lucy möchte später was mit Computern machen.
c) Lucy ist nicht gerade besonders ordentlich.

5 Entwirf nun eine eigene Kontaktanzeige mit deinem persönlichen Profil.

Tipp:
Besprich deinen ersten Entwurf mit anderen. Frage sie um Rat und nach ihrer Meinung. Wie sehen die anderen dich? Vielleicht hast du ja Stärken und Eigenschaften, die du selber an dir noch gar nicht richtig bemerkt hast.
Umgekehrt kannst du natürlich auch andere beraten.

6 Überprüfe alles noch einmal. Die Checkliste kann dir dabei helfen.

7 Wenn ihr dann mit euren Anzeigen zufrieden seid, solltet ihr euch überlegen, ob ihr sie im Internet veröffentlichen möchtet. Ein geeignetes Forum können ähnliche Adressen wie
- www.emailfreundschaft.de
- www.freunde.de

bieten oder eure Schul- oder Klassen-Homepage.

Seid aber vorsichtig! Im Internet surfen nicht nur nette Menschen herum! Ihr solltet deshalb eure Namen, Adressen und Telefonnummern nicht einfach so herausgeben – und euch schon gar nicht alleine mit Internet-Bekanntschaften treffen, die ihr nicht kennt! Benutzt auf jeden Fall zuerst einmal Spitznamen (nicknames)!
Viel Spaß dabei. Wir wünschen euch viele nette Antworten.

Eine besondere Schrift lesen und schreiben

LEET ist eine besondere Schriftart im Internet, die wohl nicht jeder kennt. Und so funktioniert sie: Man tauscht ein paar Buchstaben gegen Ziffern aus, die so ähnlich aussehen wie die Buchstaben. Eine 3 sieht zum Beispiel fast so aus wie ein umgedrehtes großes E. So wird LEET zu 1337. Das ist schon alles!

1 Lest diesen Text Schritt für Schritt, dann lernt ihr LEET im Handumdrehen.

1337 – LEET: eine Schrift im Internet

L = 1	DIE INTERNETSCHRIFT 1337 1ÄSST SICH 1EICHT 1ERNEN.
R = 2	ZUE2ST SIEHT 1337 A11E2DINGS ETWAS WI22 AUS.
E = 3	AB32 DAS SYST3M VON 1337 IST S3H2 3INFACH:
A = 4	SI3B3N BUCHST4B3N W32D3N DU2CH SI3B3N Z4H13N 32S3TZT.
S = 5	1337 I5T 4B32 K3IN3 G3H3IM5CH2IFT.
T = 7	IM IN732N37 I57 DI3 5CH2IFT427 1337 VO2 4113M 3IN 32K3NNUNG5Z3ICH3N UN732 F23UND3N.
G = 9	93WI55 K4NN57 4UCH DU J37Z7 1337 94NZ 9U7 1353N.

2 UND WI3 14U73N DI353 BO75CH4F73N ?
KÖNN7 IH2 5I3 1353N ?

4N 0111 UND 1425 !
UM H41B VI32 723FF3N 4N D32 5K4732B4HN.
3D942 KOMM7 4UCH.
M4IK

H411I H4110, 134 !
KOMM5T DU F23I749 MI7
ZUM B45K3TB411?
BU55I, 4NN4

HI JU13 !
53H3N WI2 UNS H3U73 N4CH D32 SCHU13 ?
H4B3 DICH 1138, 23MO

♥ FÜ2 7OM UND C42O ♥

F23UND3 5IND WICH7I9
ZUM 54NDBU2G3N B4U3N :
F23UND3 5IND WICH7I9 ,
W3NN 4NDR3 DICH H4U3N .
F23UND3 5IND WICH7I9 ZUM
5CHN3CK3NH4U55UCH3N .
F23UND3 5IND WICH7I9 ZUM 3553N
VON KUCH3N .
VO2MI77495, 4B3ND5,
IM F23I3N, IM ZIMM32 –
W4NN F23UND3 WICH7I9 5IND ?
3I93N71ICH IMM32 !

♥ NO24 ♥

3 5CH23IB3 NUN 531B32 5O 3IN3 KU2Z3 N4CH2ICH7 FÜ2 D3IN3 F23UND3.

Anschluss finden, aber wie?

Den Anfang machen

Hanna, fast 14, ist neu in der Stadt und neu in der Klasse. Ihre Freundinnen sind 300 Kilometer weit weg. Verständlich, dass sie sich ganz schön einsam fühlt. Ihre Mutter hat gemeint: „Du musst den Anfang machen. Lade doch mal jemanden ein. Du weißt doch, Besuch ist bei uns zu Hause immer willkommen.“ Eigentlich findet Hanna ihre neue Klasse ja ganz in Ordnung, vor allem mit der lebhaften Sarah würde sie gern reden.
Hanna ist jedoch ein bisschen zaghaft und so verliert sie ziemlich schnell den Mut, wenn sie von Sarah nicht weiter beachtet wird. Sie denkt dann: „Es hat ja doch keinen Zweck, wenn ich sie anspreche. Ich tue lieber so, als ob ich nichts von ihr will.“

1 Was haltet ihr davon?
Habt ihr noch einen anderen Tipp?

2 Hanna überlegt, wie sie mit Sarah oder anderen ins Gespräch kommen kann. Wie findet ihr diese Ideen?

3 Erprobt in Rollenspielen, wohin die unterschiedlichen Gesprächsanfänge führen können.
- Beachtet die Tipps zum Rollenspiel und lest die Rollenkarten.
- Überlegt gemeinsam, wie ihr euer Rollenspiel organisiert.
- Denkt euch selber etwas aus: Es können noch weitere Personen mitspielen. Ihr könnt die Rollen auch etwas abändern. Wenn z. B. nur Jungen in eurer Gruppe sind, dann spielt ihr eben, dass ein neuer Schüler Anschluss sucht.

Rolle: Kevin

Thema: Hanna sucht Kontakt

Meine Rolle:
Als Kevin …

So werde ich beginnen: Ich …

Rolle: Sarah

Thema: Hanna sucht Kontakt

Meine Rolle: Als Sarah rede ich viel und stehe gern im Mittelpunkt. Nachmittags habe ich oft keine Zeit, weil ich auf meine kleinen Geschwister aufpassen muss.

So werde ich beginnen: Ich stehe etwas gelangweilt am Fenster. Als ich höre, dass jemand in den Raum kommt, drehe ich mich um und sehe Hanna, die Neue …

Rolle: Hanna

Thema: Hanna sucht Kontakt

Meine Rolle: Als Hanna bin ich die Neue in der Klasse. Ich bin unsicher und etwas schüchtern.

So werde ich beginnen: Ich komme in den Klassenraum und sehe, dass Sarah allein ist. Erst zögere ich ein wenig, dann traue ich mich, sie anzusprechen. Erst einmal sage ich zu ihr …

Tipps zum Rollenspiel

In Rollenspielen werden Alltagssituationen spielerisch erprobt. Ihr könnt dabei eine Menge lernen, egal, ob ihr selbst mitspielt oder zuschaut.

So wird euer Rollenspiel ein Erfolg

- Einigt euch darüber, aus welchem Grund ein Jugendlicher Anschluss sucht und mit wem er Kontakt aufnehmen will. Verteilt die Rollen.
- Verabredet, wie das Spiel beginnen soll. Wo sollen sich die Personen befinden? Was tun sie als Erstes?
- Überlegt, wie es weitergehen könnte. Legt aber den Ausgang des Rollenspiels nicht vorher fest.
- Jeder schreibt nun seine eigene Rollenkarte. Das ist wichtig, damit ihr später beim Spiel eure Rolle glaubwürdig darstellen könnt. Seht euch dazu die Beispiele an.
- Da Rollenspiele nicht geprobt werden sollten, könnt ihr nun euer Rollenspiel vorführen. **Achtung:** Haltet euch während der ganzen Aufführung an eure Vorgaben und fallt nicht aus der Rolle!

Aktives Zuschauen und Sprechen über das Rollenspiel

- Als Zuschauer übernehmt ihr während des Rollenspiels verschiedene Beobachtungsaufgaben, z. B. zu den einzelnen Rollen, zur Sprechweise oder Körpersprache. Anschließend berichtet ihr darüber.
- Die Spieler erklären, wie sie ihre Rolle gespielt haben und wie sie sich dabei gefühlt haben.
- Abschließend bewertet ihr, ob das Kontaktgespräch erfolgreich verlaufen ist oder nicht. Könnt ihr auch sagen, woran das gelegen hat?

> Rolle: …
>
> **Thema:** …
>
> **Meine Rolle:** Als …
>
> **So werde ich beginnen:** Ich …

4 Hier sind noch weitere Anregungen zum Thema „Anschluss gesucht", die ihr für ein Rollenspiel nutzen könnt.

Du gehst zum ersten Mal zum Training. Der Trainer ist noch nicht da. Die anderen warten am Rand des Spielfeldes und unterhalten sich lebhaft über …

Eigentlich wolltest du mit einer Freundin gemeinsam Sprachferien machen. Doch dann ist sie krank geworden und musste zu Hause bleiben. Nun stehst du da und kennst keinen aus der Gruppe.

Du bist zu Besuch bei deiner Kusine. Sie nimmt dich zu einer Klassenfeier mit. Sie wird sofort von einigen Jugendlichen in Beschlag genommen und kümmert sich nicht mehr um dich. Du musst sehen, wie du allein klarkommst.

Du machst mit deinen Eltern Urlaub am Strand. Es ist ganz schön, aber auch ein bisschen öde. Eine Gruppe Jugendlicher spielt Beach-Volleyball und amüsiert sich prächtig. Du schaust zu und …

Zoff unter Freunden

Auch zwischen guten Freunden fliegen manchmal die Fetzen. Ein Wort gibt das andere und schon ist man mittendrin im Streit. Aber wie geht der Streit aus? Kommt es zur Versöhnung oder verkracht man sich total? Das kann unter anderem auch von der Wortwahl abhängen oder wie die Worte fallen. Denn bekanntlich macht der Ton ja die Musik.

1 Hier ist eine Liste von Wörtern, mit denen ihr beschreiben könnt, **wie** jemand etwas sagt. Klärt Wörter, die ihr nicht genau versteht.

ärgerlich, arrogant, aufatmend, barsch, belehrend, beleidigt, beleidigend, bissig, böse, drohend, einlenkend, enttäuscht, erleichtert, feindselig, freundlich, friedlich, frustriert, gehässig, gekränkt, heftig, hitzig, ironisch, kritisch, meckernd, nachgiebig, polternd, rechthaberisch, ruhig, sachlich, sanft, sauer, spitz, spöttisch, stichelnd, stinkig, tadelnd, verletzt, versöhnlich, unfreundlich, vorwurfsvoll, zornig

2 Welche Wörter beschreiben einen verträglichen und welche einen unverträglichen Gesprächsverlauf? Bei welchen findet ihr das nicht eindeutig? Ordnet sie den Smileys zu.

☺ einlenkend …
☹ ärgerlich …
😐 …

3 Ergänzt die Liste mit weiteren Wörtern.

4 Lest die folgende Szene mit verteilten Rollen.

Die Verabredung

Personen: Kevin, Gerrit, Paola
Ort: Jugendclub
Situation: Kevin und Gerrit treffen sich im Jugendclub. Sie haben sich verabredet, gemeinsam ins Kino zu gehen. Da kommt Paola herein.

KEVIN *(zu Gerrit)*: Der Film soll echt super sein. Hoffentlich bekommen wir noch Karten.
GERRIT *(beruhigend)*: Keine Sorge, ich habe welche zurücklegen lassen. Schau mal, da kommt ja Paola.
PAOLA *(fröhlich)*: Hi, ihr beiden. *(zu Kevin gewandt)* Wollen wir Billard spielen?
KEVIN *(begeistert)*: Logisch. Mit dir immer!
GERRIT *(böse)*: Aber wir beide wollten doch ins Kino gehen …
…

5 Wie wird es weitergehen?
- Kommt es zum Streit zwischen Kevin und Gerrit?
- Wie verhält sich Paola?
- Welche Argumente können angeführt werden?
- Wird der Konflikt gelöst oder geht man im Zorn auseinander?
- Wird einer nachgeben oder findet man eine gemeinsame Lösung?

6 Führt die Szene zu Ende.
- Vielleicht habt ihr ja auch noch eine Idee für eine zweite Szene, z. B. im Kino oder beim Billardspielen.
- Überlegt euch treffende Regieanweisungen.
- Achtet darauf, den szenischen Text in der richtigen Form aufzuschreiben.
- Am besten arbeitet ihr zu dritt.

7 Lest die Szenen mit verteilten Rollen vor. Beachtet beim Sprechen eure Regieanweisungen.

Die übersichtliche Form von Dialogtexten erleichtert die Orientierung beim Lesen und Sprechen.

- Personennamen und Redetext werden in klaren Spalten angeordnet.
- Auf Anredezeichen wird ganz verzichtet.
- Regieanweisungen werden in Klammern hinter die Personennamen gesetzt.
- Leerzeilen machen den Text übersichtlicher.

8 Schreibe eine weitere Szene zum Thema „Zoff zwischen Freunden“. Überlege dir einen Anlass und wie sich der Streit entwickeln soll. Versieh deinen Text mit treffenden Regieanweisungen und schreibe ihn dann formgerecht auf.

Hier sind Vorschläge, die du für deinen Dialogtext nutzen kannst. Natürlich kannst du sie abändern oder dir etwas Eigenes ausdenken.

Personen: Julie, Marlene, Silvia
Ort: in der Pausenhalle
Situation: Julie und Marlene treffen sich jede Pause am Fahrradstand. Doch heute hat Marlene vergeblich auf ihre Freundin gewartet. In der Pausenhalle trifft sie dann auf Marlene, die sich dort bestens mit Silvia unterhält. Julie ist eifersüchtig …

Personen: Carlos, Marius, Saskia
Ort: an der Wohnungstür
Situation: Carlos und Marius wollen Saskia zum Flohmarktbesuch abholen. Sie verspäten sich, Saskia muss eine geschlagene Stunde auf die beiden warten. Saskia ist wütend …

Personen: Fabian, Dominik, Renat
Ort: auf einer Wiese
Situation: Stolz führt Fabian den Freunden sein neues Modellflugzeug vor. Dominik will auch einmal die Fernbedienung übernehmen. Doch Fabian will sie ihm nicht überlassen. Dominik ist sauer …

Personen: Daniel, Karo
Ort: in der Garage
Situation: Daniel schraubt gerade an seinem neuen Mountainbike. Als Karo kommt, um ihm etwas Wichtiges zu erzählen, hört er ihr nicht richtig zu. Er interessiert sich nur für sein Fahrrad. Das passt Karo nun gar nicht …

Cliquenwirtschaft

Treffpunkt „Brunnen“ – Eine Geschichte in vier Kapiteln

I – Die Clique

War es irgendwann mal anders? Micha kann sich kaum erinnern. Seine Clique trifft sich jeden Nachmittag am Brunnen. Sechs sind sie, seit Urzeiten befreundet, eine verschworene Gemeinschaft, alle in der 8b. Einige andere aus der Klasse beneiden sie, einige feinden sie an, behaupten, sie seien arrogant. Einmal hatten sie sich alle gleich aussehende T-Shirts angezogen, da mussten sie sich ziemlich blöde Sprüche anhören. Micha, dessen Idee das gewesen war, reagierte ärgerlich. Aber Mara hatte ihn beruhigt und zum Lachen gebracht. Das kann sie sowieso gut. Langeweile gibt es bei ihnen nicht, einem fällt immer etwas ein: sechs Köpfe nebeneinander in der Kinoreihe, vier Jungen und zwei Mädchen auf Fahrrädern zum Freibad, sechs angestrengte Gesichter beim gemeinsamen Pauken und sechsfaches Gelächter bei den dauernden Albereien, über die nur sie lachen können. „Geht nicht, muss zum Brunnen“, antwortet Micha oft genug seinem Bruder, wenn der mit ihm etwas unternehmen will. Es tut ihm wirklich leid, ihm abzusagen, denn Micha mag seinen jüngeren Bruder sehr. Aber da warten die Freunde.

II – Eifersucht

Heute ist es in der Schule anders als sonst. In der Klasse ist ein Neuer, Jan. Micha sieht, wie der Neue Mara anschaut. Und die guckt zurück. Und dann ist sie, ohne sich um Micha oder die anderen Freunde zu kümmern, in der ersten großen Pause mit Jan zu den Tischtennisplatten am Ende des Schulhofes gegangen. Micha beobachtet aus einiger Entfernung, wie sich die beiden angeregt unterhalten. „Der ist aber auch echt süß“, meint Jill, das andere Mädchen der Clique und Maras beste Freundin. „Echt süß, echt süß“, äfft Micha nach und die drei anderen Jungen der Clique machen gleich mit. „Blödmänner“, entgegnet Jill, „dann gehe ich eben zu Jan und Mara.“ Sie dreht sich um und lässt die Jungen stehen.

An diesem Nachmittag ist es still am Brunnen. Micha macht ein finsteres Gesicht, und Mara lässt sich erst gar nicht blicken. Jill hat sich verspätet und will gleich wieder weg. Langeweile macht sich breit. Bald ist einer nach dem anderen nach Hause verschwunden.

Sprecht über diesen Text:
- über die einzelnen Möglichkeiten der Clique und ihren Zusammenhalt;
- über das, was an diesem Tag passiert ist, und über Michas Problem.
- Macht euch auch Gedanken darüber, wie das Ganze weitergehen könnte und wie ihr euch selbst verhalten würdet.

III – Streit

Am nächsten Tag in der Klasse sitzt Mara neben Jan. In der Pause stellt Micha sie sauer zur Rede.

„Los, setz dich wieder neben Jill, auf deinen alten Platz!“

„Wieso, ich kann doch sitzen, wo ich will. Ich bleibe hier bei Jan.“

„Aber zum Brunnen bringst du den nicht mit.“

„Dann komme ich eben auch nicht.“

Jill und die anderen mischen sich ein. Der offene Streit ist da und die Fronten sind bald klar. Micha und die anderen Jungen beharren darauf, dass kein Neuer in die Gruppe aufgenommen werden soll. Mara und Jill sind anderer Meinung. „Typisch Mädchen!“, denkt Micha.

Und das Ergebnis? Am Nachmittag ist der Brunnen verwaist und einige sitzen mit schlechter Laune zu Hause.

- Warum lehnen die Jungen den Neuen ab?
- *„Typisch Mädchen!“, denkt Micha.*
  Erklärt, warum er so denkt.
- Was wird nun aus der Clique?
  Notiert eure Erwartungen.

IV – Entscheidung

Am folgenden Tag gerät Micha mittags auf dem Weg zum Bus mit Ole aus der Parallelklasse aneinander. Das ist nicht schwer, denn Ole sucht meistens Streit. Häufig unbeherrscht, wird er schnell laut und manchmal prügelt er sich sogar. Man geht ihm besser aus dem Weg. Heute hat er es auf Micha abgesehen. Micha ist nicht feige, löst aber seine Auseinandersetzungen lieber nicht mit körperlicher Gewalt. Ole erwischt ihn allein an der Haltestelle. „Jetzt bist du dran“, droht er und hebt die Fäuste. In diesem Moment kommt Jan um die Ecke. Ein kurzer Blick, dann stellt er sich schweigend neben Micha. So hat sich Ole das nicht vorgestellt und er tritt den Rückzug an. Micha und Jan sehen sich an, lachen und steigen wenig später gemeinsam in den Bus.

- Wie wird sich Micha wohl fühlen,
  als Ole ihn bedroht?
- Wie beurteilst du Jans Reaktion?
- Werden Jan und Micha nun Freunde?
- Wie wird es mit der Clique weitergehen?
  Notiert eure Erwartungen.

Auf der folgenden Seite findest du verschiedene Schreibaufgaben zu dieser Geschichte. Suche dir eine davon aus.

1 Schreibe die Geschichte in der Ich-Form weiter,
z. B. als Mara, Micha oder Jan.
Denke dir aus, was noch alles passieren kann.
Dabei spielt natürlich die Clique eine wichtige Rolle,
vielleicht auch die Liebe oder die Eifersucht.

Natürlich kann es auch ganz anders kommen.
Schau dir doch noch einmal deine Notizen zu der Geschichte an.
Vielleicht steckt da ja eine besonders gute Idee darin.

Und so kannst du beginnen:

… in der Rolle von Mara
Es war in der zweiten Stunde, wir hatten gerade Erdkunde, als es plötzlich klopfte. Unsere Schulsekretärin sagte: „Das ist der Jan, er geht ab heute in eure Klasse." Braune Augen und blonde Haare. Ich konnte gar nicht wieder weggucken …

… in der Rolle von Jan
Nun war er da, der erste Tag in der neuen Schule. Ich war ganz schön aufgeregt. Die Schulsekretärin begleitete mich zu meiner neuen Klasse. „Kopf hoch!", lächelte sie und schon klopfte sie energisch an die Tür zum Klassenzimmer …

… in der Rolle von Micha
Nachdem der Neue von der Schulsekretärin bei uns abgeliefert worden war, sagte unsere Lehrerin, er solle sich an den freien Tisch am Fenster setzen. Mara starrte ihn die ganze Zeit an …

2 Schreibe einen szenischen Dialog zur folgenden Situation:

Jill und Mara telefonieren. Sie sprechen über den Vorfall an der Bushaltestelle und über Jan und Micha. Die Mädchen machen sich Gedanken, wie es nun wohl mit Mara und Jan und mit der Clique weitergeht.

♦ Tipps zum Schreiben eines szenischen Dialogs findest du auf Seite 30.

DEINE ZUKUNFT – EIN ABENTEUER

* Marianengraben – Tiefseegraben im Pazifik. Hier befindet sich mit 11 034 Metern die tiefste Stelle der Erde.

1 Lest die Anzeigen. Worum geht es?

2 Welche Annonce findet ihr besonders interessant?

3 Was könnte schon bald der Wirklichkeit entsprechen, was ist eher Zukunftsmusik?

4 Sprecht über eure Erwartungen an die Zukunft.

Wie werden wir in Zukunft wohnen?

1 Wäre es nicht schön, in einem intelligenten Haus zu leben, in dem lästige Hausarbeiten von selbst erledigt werden? Lest dazu den folgenden Text erst einmal in Ruhe durch.

Das intelligente Haus

Du kommst in der Zukunft von der Arbeit nach Hause. Wenn du in deine Straße einbiegst, wird dein Haus automatisch informiert. Die Garagentür öffnet sich, das Licht geht an und die Klimaanlage regelt sich ein klein wenig höher ein.

Die Mikrowelle wärmt schon dein Essen auf. Die Musikanlage verwöhnt dich mit deiner Lieblingsmusik. Dein elektronisches Haustier begrüßt dich freudig. So ist alles schon für einen schönen Feierabend vorbereitet, wenn du dein Zuhause betrittst.

Kurz überprüfst du, ob die vollautomatische Reinigungsmaschine auch sauber geputzt hat. Zufrieden stellst du fest, dass der Recyclingroboter Altglas und Papier abholfertig verpackt hat.

Ein Blick in den Kühlschrank zeigt dir, dass er gelernt hat, was du am liebsten isst und trinkst. Er hat bereits die richtigen Sachen bei der Lebensmittelfirma bestellt.

Da alle technischen Anlagen in deinem Haus miteinander vernetzt sind, wird nach dem Essen automatisch das Licht abgedunkelt. Die Bildschirmwand zeigt dir erst ein schönes Landschaftsbild, dann wird sanft auf eine Nachrichtensendung überblendet. Dein Haus weiß eben, was du gern siehst.

Da dein Haus auch weiß, wann du ins Bett gehst, beginnt es rechtzeitig, die Temperatur abzusenken, die automatische Warnanlage einzuschalten und das Wasser für deine Dusche vorzuwärmen.

Spätnachts, wenn du schon längst schläfst, werden Geschirr und die Wäsche vollautomatisch gewaschen. Dein Haus nutzt den billigen Nachtstrom, denn es ist absolut sparsam. Es verbraucht nur genau die Energiemenge, die nötig ist. Es heizt nicht zum Fenster raus, es bereitet nur dann warmes Wasser, wenn es gebraucht wird, und es lüftet immer nur sehr kurz.

So ist dein Haus in der Zukunft komfortabel und umweltbewusst, eben clever.

2 Ist das intelligente Haus nur ein Zukunftstraum oder schon bald Wirklichkeit? Tauscht eure Gedanken aus.

3 Sucht Textstellen, die zeigen, dass ...
... das Haus sicher ist.
... das Haus sparsam und umweltbewusst ist.
... das Haus die Wünsche seiner Bewohner erfüllt.

4 Würde es euch gefallen, in diesem Haus zu wohnen?
Was würdet ihr euch noch von einem intelligenten Haus wünschen?

5 Jetzt wohne da einmal in der Fantasie. Schreibe auf, wie ein Tag in deinem intelligenten Haus verlaufen könnte.

Hier sind zwei Vorschläge, wie du anfangen kannst:

Ein sanftes Meeresrauschen weckt mich. An der Bildschirmwand geht eine glutrote Sonne auf, die den Raum sanft erleuchtet ...

Pünktlich um 7.00 Uhr weckt mich mein elektronischer Dackel mit lautem Kläffen. Ruck, zuck zieht er mir die Decke weg. So ein Frechdachs! Aber da kommt schon Robbi, der Küchenroboter, und serviert mir ...

Tipps für ein Schreibspiel
Schreibt doch einmal die Geschichte zu zweit.
Das kann spannend sein und Spaß machen.

- Einer schreibt den ersten Satz auf und gibt das Blatt dem anderen.
- Der liest den ersten Satz. Schreibt dann einen zweiten Satz dazu und gibt das Blatt wieder zurück.
- So geht es immer hin und her.
- Zum Schluss sucht ihr gemeinsam eine Überschrift.
- Das Spiel funktioniert auch in der Gruppe.

Wie man sich früher die Zukunft vorstellte

Auch früher machten sich Menschen Gedanken, wie sich die Technik weiterentwickeln könnte. Vor 200 Jahren kannten die Leute natürlich die Technik von Segelschiffen, aber die Luftfahrt mit Heißluftballonen war damals für sie eine neue Sache. Also entwarf der Aeronaut* Professor Robertson im Jahre 1804 einen riesigen Heißluftballon mit einem Segelschiff darunter. Das Riesenluftschiff *Minerva* sollte in Zukunft mit 50 Personen an Bord auf Entdeckungsfahrt gehen können. Damals wurde diese Zeichnung angefertigt.

*Aeronaut – Luftfahrer

1 Schaut erst einmal in aller Ruhe! Es gibt vieles zu entdecken …

Was es alles auf der Minerva zu entdecken gibt …

Anker
Anzeige für …
Laternen
Lautsprecher für …
Lenkflügel
Rettungsballon
Rundweg
Schiffsrumpf
Startrampe für Fallschirme
Strickleitern
Zelte …

2 Erzählt davon, was ihr alles auf dem Riesenluftschiff entdeckt habt:
- Was findet ihr total verrückt? Was gefällt euch besonders gut?
- Welche Dinge auf dem *Luftschiff* gibt es auch auf einem richtigen Schiff?
- Würdet ihr gerne eine Reise mit dem Riesenluftschiff unternehmen?

3 Stellt euch vor, das verrückte Riesenluftschiff wäre tatsächlich gebaut worden …

An einem schönen Tag im Mai 1804 soll die *Minerva* zum ersten Mal starten. Viele Menschen sind gekommen, um dieses Ereignis zu bestaunen. Kurz vor dem Start beantwortet der Aeronaut Professor Robertson die Fragen der Reporter.

Reporter fragen:

Herr Robertson, wie fühlen Sie sich so kurz vor dem Start?
Wo wird das Luftschiff gestartet?
Wie wird das Luftschiff angetrieben?
Wie wird die Heißluft hergestellt?
Gibt es auch Rettungsschiffe?
Wie viele Leute reisen mit?
Wie wohnt und isst …
Wie viel kostet …
Wie weit …
Wie lange …
Wie landet das Luftschiff?

Professor Robertson antwortet:

Ich bin total aufgeregt, aber auch glücklich. Für mich geht heute ein Traum in Erfüllung.
Gestartet werden muss das Luftschiff *Minerva* natürlich auf dem Wasser.
Es wird hauptsächlich durch heiße Luft angetrieben, aber auch mit den Flügeln und dem Segel.

4 Welche Fragen findet ihr interessant?
Was würdet ihr als Reporter noch fragen?
Was würdet ihr als Professor Robertson antworten?

5 Verfasst nun einen Zeitungsartikel.

- Entweder schreibt ihr das Interview mit dem Professor auf. Das macht ihr am besten zu mehreren.
- Oder ihr berichtet vom ersten Flug der *Minerva*. Ihr könnt so anfangen:

Traum vom fliegenden Schiff wurde wahr

Aeronaut Robertson mit Luftschiff glücklich gestartet

Hamburg. Tausende jubelnde Zuschauer konnten gestern den Start der *Minerva* vom Ufer aus miterleben. Mühelos stieg der riesige Heißluftballon mit dem Schiff darunter im Hamburger Hafen in die Luft …

Abenteuer Zukunft

„Wie wird die Zukunft der Menschheit im 3. Jahrtausend aussehen?“ Auf diese spannende Frage antwortet Eirik Newth in seinem Sachbuch „Abenteuer Zukunft“.

1 Lest einen Auszug:

Menschliche Siedlungen auf anderen Planeten

A Wer die Zukunft auf der Erde nicht allzu positiv sieht, kann sich vielleicht irgendwann eine andere Heimat im Weltall suchen. Abenteuerlustige Jugendliche können auf einem Raumschiff anheuern, wie Jugendliche früher Seefahrer wurden und in ferne Länder reisten.

B Damit wir auf einem Planeten oder Mond leben können, muss er verschiedene Anforderungen erfüllen. Er muss eine feste Oberfläche haben. Auf dem Planeten darf es auch nicht allzu heiß sein. Die Schwerkraft sollte nicht zu schwach sein, sonst könnten wir Probleme haben, mit den Beinen auf dem Boden zu bleiben.

C Venus und Mars sind die einzigen Planeten im Sonnensystem, die sich erdähnlichen Bedingungen anpassen lassen. Zusammen würden sie die Landflächen, die von Menschen bewohnt werden können, um ein Dreifaches vergrößern. Aber dann ist auch Schluss. Sollten wir noch auf weiteren Planeten (siedeln) wollen, müssten wir alle Brücken zur Erde abbrechen und uns auf die weite Reise zu den Sternen* machen.

D Die Entfernung ist (aber) so groß, dass es völlig aussichtslos wäre, sich mit heutigen Raketen auf eine Reise zu diesen Sternen zu begeben. Die Astronauten würden schon an Altersschwäche sterben, bevor die Reise richtig losginge. Raketenforscher haben schnellere Raketen entwickelt. *Ionenraketen* können zehnmal schneller fliegen als die schnellsten heutigen Raketen. Das nützt trotzdem nicht viel. Mit einer Geschwindigkeit von einer Million km/h können wir zwar in nur wenigen Tagen zum Mars fliegen, aber die Sterne liegen immer noch tausende von Jahren von uns entfernt.

Eirik Newth

---

* zu anderen Sonnensystemen im Weltall

2 Sprecht darüber, worum es in diesem Text überhaupt geht.

3 Lest den Text ein zweites Mal. Notiert euch dabei Wörter und Textstellen, die ihr noch nicht so genau verstanden habt.

???
anheuern
Schwerkraft
...

4 Beantwortet euch eure Fragen in der Gruppe. Wenn ihr nicht alles klären könnt, schlagt in einem Lexikon nach.

5 Suche die Antworten auf die Fragen im Text und notiere sie kurz:

a) Welche Probleme haben wir bei zu schwacher Schwerkraft?
b) Welche Planeten im Sonnensystem lassen sich erdähnlichen Bedingungen anpassen?
c) Wie lange würde der Flug zum Mars mit einer *Ionenrakete* dauern?
d) Wie muss die Oberfläche auf einem Planeten für Menschen sein?
e) Wie sollten die Temperaturen dort sein?
f) Wie viel schneller als eine heutige Rakete ist eine *Ionenrakete*?
g) Warum können wir mit *Ionenraketen* nicht zu den Sternen reisen?

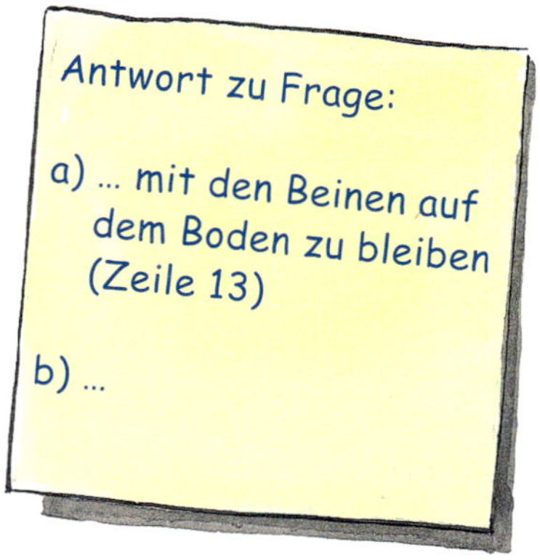

6 Ordne den Absätzen **A**, **B**, **C**, **D** die Zwischenüberschriften **1**, **2**, **3**, **4** zu. Zum Beispiel gehört Überschrift **3** zu Absatz **A**. Aber Achtung: Eine Überschrift ist falsch. Ändere die falsche Überschrift so um, dass sie zum Text passt!

1 Neue Landflächen auf Mars und Venus

2 Mit Ionenraketen schon bald zu den Sternen

3 Jugendliche heuern auf Raumschiff an

4 Unsere Anforderungen an Mond und Planeten

Um unsere Sonne kreisen neun Planeten. Sie sind alle sehr unterschiedlich. Hier wurden sie so nebeneinandergestellt, dass du ihre Größe vergleichen kannst. Mit einem Spruch kannst du dir die Reihenfolge merken, in der die Planeten um die Sonne kreisen.

MEIN	**V**ATER	**E**RKLÄRT	**M**IR	**J**EDEN	**S**ONNTAG	**U**NSERE	**N**EUN	**P**LANETEN.
e	e	r	a	u	a	r	e	l
r	n	d	r	p	t	a	p	u
k	u	e	s	i	u	n	t	t
u	s			t	r	u	u	o
r				e	n	s	n	
				r				

Eine Science-Fiction-Geschichte lesen[1]

David und Xenia

Ich heiße Xenia, bin 14 Jahre alt und fühle mich oft einsam. David ist mein Freund und ein Jahr älter als ich. Aber wir können uns nur selten sehen, viel zu selten.

Wir leben in einer Wohnkolonie auf Kirian, das ist ein Arbeitsplanet am Rand der Galaxis. Vor zwei Jahren sind mein Vater und ich auf dem intergalaktischen Raumhafen von Kirian gelandet. Hinter uns lag eine lange, abenteuerliche Reise an Bord eines interstellaren[2] Raumfrachters. Mein Vater war auf der Suche nach Arbeit. Früher haben wir uns gut verstanden, mein Dad und ich. Jetzt hat er zwar einen Job in der Roboterfabrik, aber kaum noch Zeit. Und ich bin allein zu Hause und muss lernen.

So war es auch heute. Ich saß vor meinem Computer und starrte auf das Display. Seit Stunden quälte ich mich durch ein Lernprogramm, das mir mein Lehrer aufgedrückt hatte. Astrografie ist der blanke Horror. Ich war erst bei der zweiten Aufgabe, als jemand gegen meine Tür donnerte, kurz – kurz – lang. Mein Herz machte einen Sprung. David? Nein, das konnte nicht sein. Doch er war es tatsächlich, etwas zerzaust, das Hover-Board[3] unter den Arm geklemmt.

„David, was machst du denn hier? Müsstest du nicht …“

„Erklär' ich dir später“, fiel er mir atemlos ins Wort. Er strahlte mich an: „Xenia, ich musste einfach vorbeikommen und dir zeigen, was ich gefunden habe.“ Stolz zog er ein rotes Päckchen aus der Tasche.

„Was ist das?“

„Ein Buch, ein echtes Buch“, erklärte David, „es lag in unserem Depot, ganz unten in einem alten Container. Fass es mal an!“

Das Ding roch muffig. Der dunkelrote Ledereinband war fleckig und hatte Risse. Es musste uralt sein. Von Büchern hatte ich schon gehört, aber noch nie eines in der Hand gehalten. Ganz vorsichtig blätterte ich in den vergilbten Seiten. Wie seltsam, dass man vor langer Zeit Wörter auf Papier gedruckt hatte. Was für eine Verschwendung von kostbarem Holz, nur für eine einzige Geschichte. Und wenn man die gelesen hatte, wurde dann das Buch weggeworfen? Mein Lesegerät zeigte mir immer neue Geschichten. Das brauchte man nicht wegzuwerfen. Mühsam versuchte ich einige Wörter in dem Buch zu entziffern. Mit einem automatischen Lesegerät war das Lesen doch viel einfacher.

---

[1] Science-Fiction, abgekürzt SF. Das englische Wort *science* bedeutet „wissenschaftlich“, das Wort *fiction* „ausgedacht“.
[2] interstellar – zwischen den Sternen
[3] Hover-Board – Luftkissengleiter

1 Sprecht über die Geschichte.
- Woran habt ihr gemerkt, dass die Geschichte in der Zukunft spielt?
- Was erzählt Xenia über ihr Leben?
- Würde es euch gefallen, so zu leben?
- Erklärt, warum David so stolz auf seinen Fund ist.
- Was denkt Xenia über Bücher?
- Welche Vorteile hat wohl Xenias Lesegerät?
- Wo lest ihr lieber – in einem Buch oder am Bildschirm?

2 Lest nun, wie es mit David und Xenia weitergeht.

David fügte hinzu: „ Die Geschichte handelt von der Schule."

„Von der Schule?" Ich war enttäuscht. Wie konnte man darüber bloß ein Buch schreiben? Schule nervte mich. Gerade neulich hatte mich mein Lehrer wieder und wieder getestet, bis ich Kopfschmerzen bekommen hatte. Schließlich hatte sich die Online-Aufsicht eingeloggt. Nachdem alle Daten gescannt und die Fehler bereinigt waren, wurde der Lehrer umprogrammiert. Danach ging es etwas besser.

„Warum sollte jemand ein Buch über die Schule schreiben?", fragte ich noch einmal.

David sah mich an: „Weil es nicht unsere Art von Schule ist, sondern die alte Art von Schule, wie man sie vor langer Zeit auf der Erde hatte."

„Was soll da schon anders gewesen sein, sicher hatten sie auch Lehrer."

„Natürlich. Aber das waren Menschen, Männer und Frauen."

„Unmöglich. Kein Mensch weiß so viel wie mein virtueller[4] Lehrer, keiner! Und außerdem fände ich es nicht toll, wenn der Lehrer bei mir wohnen würde."

David musste lachen: „Nein, nein. Damals hatte nicht jeder Schüler einen eigenen Lehrer. Sie lernten in Gruppen. Und für die Schule gab es extra ein Gebäude, in dem sie sich trafen."

Das konnte ich nicht glauben. „Du meinst, die Schüler haben sich jeden Tag in der Schule gesehen?" Ich regte mich richtig auf.

„Ja, und auch in ihrer Freizeit unternahmen sie viel mit ihren Freunden."

Ein schrilles Piepen unterbrach uns. Das war Davids Lehrer, der ihn an seine Lektionen erinnerte.

„Wie ich das hasse, kann der uns denn nicht einmal in Ruhe lassen", ärgerte sich David.

Traurig sah ich ihm nach, wie er auf seinem Hover-Board davonschwebte.

Allein setzte ich mich vor mein Display und zog die Bedienkonsole heran. Ich dachte daran, was David erzählt hatte. Ob es früher wirklich so viel schöner gewesen war? Ich schob die Konsole weit von mir weg und fing an zu träumen.

erzählt nach einem Motiv von Isaac Asimov

[4] durch den Computer simuliert (nachgeahmt)

3 Xenia mag ihre Schule nicht besonders.
- Wo steht das genau? Nennt die Textstellen.
- Was haltet ihr von Xenias Schule?
- Würde euch ein umprogrammierbarer Lehrer gefallen?
- Wo kann man heute schon so ähnlich lernen wie Xenia?

4 Was berichtet David über die *alte* Schule?
- Wo steht das genau? Nennt die Textstellen.
- Seid ihr mit Davids Beschreibung von der alten Schule einverstanden?
- Wovon wird Xenia wohl träumen?
- Habt ihr Ideen, wie die beiden ihre Situation verbessern könnten?

Wie man Texte verbessern kann

Verloren auf Ion

Xenias Vater flog am Montagmorgen für mehrere Tage nach Ion. Er sollte die neuen Bergwerksroboter auf dem kleinen Mond ausprobieren. Er würde Xenia wie immer abends um 20.00 Uhr anrufen. Er meldete sich am nächsten Abend pünktlich. Er sah auf dem Bild-Handy müde und angestrengt aus. Er berichtete niedergeschlagen von ernsten Problemen. Er verschwand plötzlich mit einem Bildrauschen vom Display des Handys, als die Verbindung abbrach. Er rief auch am nächsten Abend nicht bei Xenia an.

1 Der Anfang dieser Geschichte klingt nicht sehr abwechslungsreich.
So könnt ihr es ändern: Stellt die Sätze um.
Holt entweder das rot oder das grün unterstrichene Satzglied an den Satzanfang. Probiert aus, was euch am besten gefällt.

- Zum Beispiel im 1. Satz:
  Am Montagmorgen flog Xenias Vater für ...
  oder
  Für mehrere Tage flog Xenias Vater am ...

- In den beiden letzten Sätzen sollt ihr selber ein passendes Satzglied für den Satzanfang suchen.

2 Zu häufige Wiederholungen können langweilig sein.
Lest euch dazu einmal den nächsten Abschnitt durch.
Was fällt euch auf?

Als Xenia auch am übernächsten Abend vergeblich gewartet hatte, rief sie *schnell* die Zentrale an. Die Frau in der Information versuchte Xenia zu beruhigen, beendete aber *schnell* das Gespräch. Xenia hatte ein mulmiges Gefühl. Sie musste *schnell* mit David sprechen. *Schnell* schnappte sie sich ihr Hover-Board und machte sich *schnell* auf den Weg. *Schnell* flitzte sie die Straße entlang zu David. Das Board glitt *schnell* über jede Unebenheit. *Schnell* rannte Xenia die Treppen hoch und klopfte *schnell*. *Schnell* öffnete ihr David die Tür.

3 Ersetzt das Adjektiv *schnell* durch treffende und anschauliche Wörter. Tauscht euch aus, was am besten passt. Ihr könnt eigene Wörter einsetzen oder sie aus der folgenden Liste auswählen. Zum Beispiel im ersten Satz:

Als Xenia auch am übernächsten Abend vergeblich gewartet hatte, rief sie umgehend die Zentrale an.

atemlos	geschickt	mit einem Affenzahn
blitzschnell	hastig	rasch
eilig	in Windeseile	sanft
energisch	lange	sicher
fix	laut	sofort
flink	umgehend	überrascht

4 Im folgenden Abschnitt kommt das Gespräch der beiden Hauptpersonen nur indirekt zum Ausdruck. An welchen Textstellen erkennt ihr das?

Verwundert fragte David nach dem Grund ihres Besuches. Xenia erzählte von den Sorgen um ihren Vater. Dann fragte sie David um Rat. David überlegte, denn das war eine schwierige Angelegenheit. Doch dann hatte er eine Idee, was sie tun könnten. Dann müssten sie sofort aufbrechen, sagte Xenia entschlossen.

5 Wenn ihr eure Personen miteinander sprechen lasst, werden eure Geschichten viel lebendiger. Tauscht den ersten Satz dieses Abschnittes einmal durch folgenden Satz aus. Was verändert sich dadurch?

Verwundert fragte David: „Xenia, was ist passiert? Was machst du hier? Du bist ja ganz außer Atem!"

6 Ersetzt nun selbst die unterstrichenen Textstellen des letzten Abschnittes (Seite 45) durch wörtliche Reden. Dazu könnt ihr die folgenden Vorschläge nutzen.

„Was ist los? Ist was passiert?“

„Ich mache mir ja solche Sorgen um meinen Dad. Er ist auf Ion im Bergwerk. Er hat sich seit Tagen nicht mehr bei mir gemeldet.“

„David, was soll ich bloß machen? Ich habe solche Angst.“

…, wie er Xenia in dieser schwierigen Lage helfen könnte. Ihm musste jetzt etwas einfallen.

…: „Das ist die Idee! Wir müssen schnell zum Raumhafen. Wir dürfen keine Zeit verlieren.“

„Wir müssen selber etwas tun. Und wir müssen nach Ion. Am besten verstecken wir uns auf einer Raumfähre.“

Arme Xenia, wie kann ich ihr bloß helfen. Mir muss unbedingt etwas einfallen.

7 Fügt für die gelb markierte Textstelle einmal einen passenden Gedanken ein. Auch dazu findet ihr oben in der Sammlung zwei Angebote.
David überlegte, wie er Xenia …
oder so:
David überlegte: Arme Xenia, wie … ?

8 Lies nun, wie die Geschichte weitergeht, und schreibe sie dann zu Ende. Du kannst dir einen der fünf Anfangssätze aussuchen oder dir selber einen ausdenken.

Langsam steigerte sich das dumpfe Grollen der Bremstriebwerke. Das Transportschiff, auf das sich Xenia und David geschmuggelt hatten, schwenkte in die Umlaufbahn von Ion ein. Xenias Handy fing an zu blinken. Das war ein Signal von Dad! Aber schon hatte es wieder aufgehört. Sie näherten sich der Oberfläche des Mondes.

Durch das Bullauge sah Xenia …

…, dass ein Meteorit eingeschlagen war. Der Krater …
… ein riesiges, silbernes Raumschiff, das nicht von Menschen gebaut sein konnte.
…, dass der Raumhafen menschenleer war. Er war wie ausgestorben.
… vor dem Bergwerkseingang die gepanzerten Fahrzeuge der Raumpolizei.
…, dass drei schwarze Roboter drohend vor dem Bergwerkstor standen.

Eine Checkliste für Schreibprofis

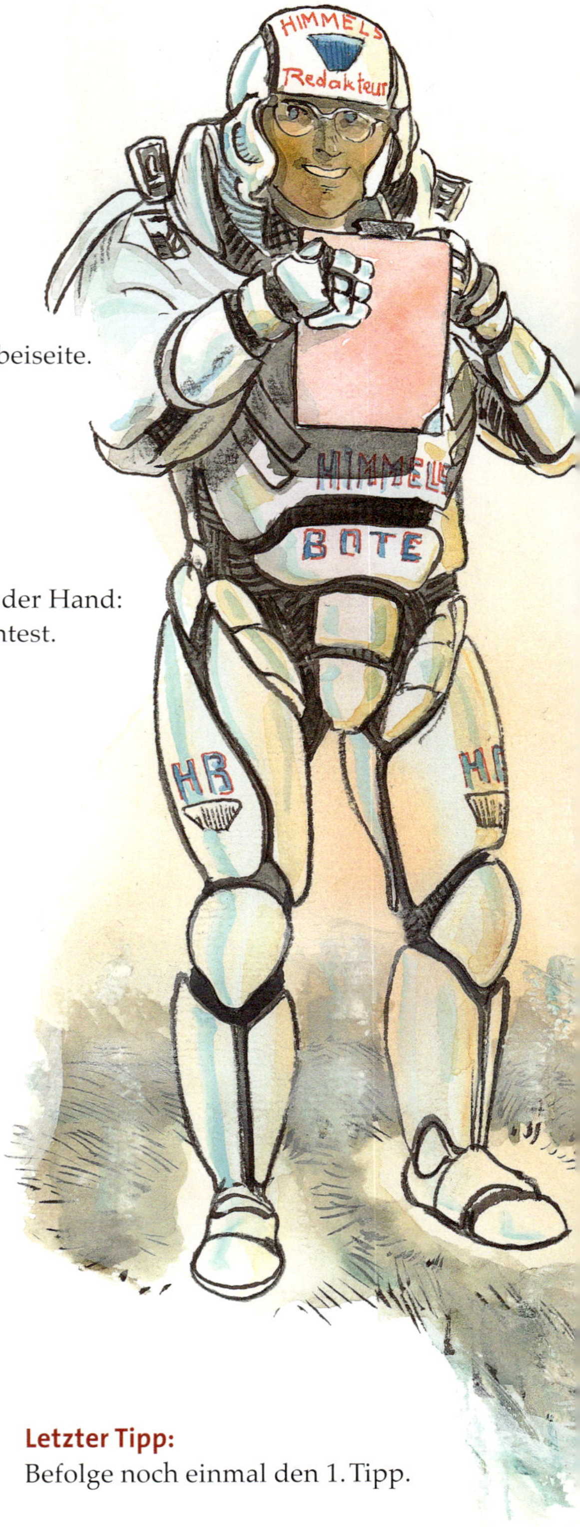

Ihr solltet es wie die meisten Schreibprofis (Schriftsteller und Journalisten) halten und eure Erzählungen immer noch einmal kritisch lesen und überarbeiten.

Hier sind Tipps, worauf man bei der Überarbeitung achten sollte:

1. Tipp:
Lege nach dem Schreiben deine Erzählung für eine Weile beiseite.
Lies sie dann laut mit Betonung.
Höre dir dabei selbst gut zu.
Lies deine Erzählung auch anderen vor.
Frage sie nach ihrer Meinung und bitte sie um Rat.

2. Tipp:
Lies deine Erzählung nun mit dem Bleistift in der Hand:
Streiche die Stellen an, die du verändern möchtest.

3. Tipp:
Beginne nun mit der Überarbeitung deiner Erzählung.
Die folgende Checkliste kann dir dabei helfen.

Meine Erzählung hat …

- abwechslungsreiche Satzanfänge ☑
  Plötzlich … Aber was … Auf einmal … Also …

- treffende und anschauliche Wörter ☑
  schnell, hastig, rasch, blitzschnell, mit einem Affenzahn;
  sagen, flüstern, rufen, anschnauzen, kreischen

- Gedanken und wörtliche Reden ☑
  Was sagen und denken die Personen oder der Erzähler?

- passende Zeitformen ☑
  – meistens das Präteritum *(Xenia rannte.)*
  – hin und wieder das Perfekt *(Xenia ist gerannt.)*
  – an spannenden Stellen das Präsens *(Xenia rennt.)*

- eine interessante Überschrift ☑
  Neugier wecken, aber nicht zu viel verraten!

Letzter Tipp:
Befolge noch einmal den 1. Tipp.

Das Tor zu den Sternen – der Raumhafen

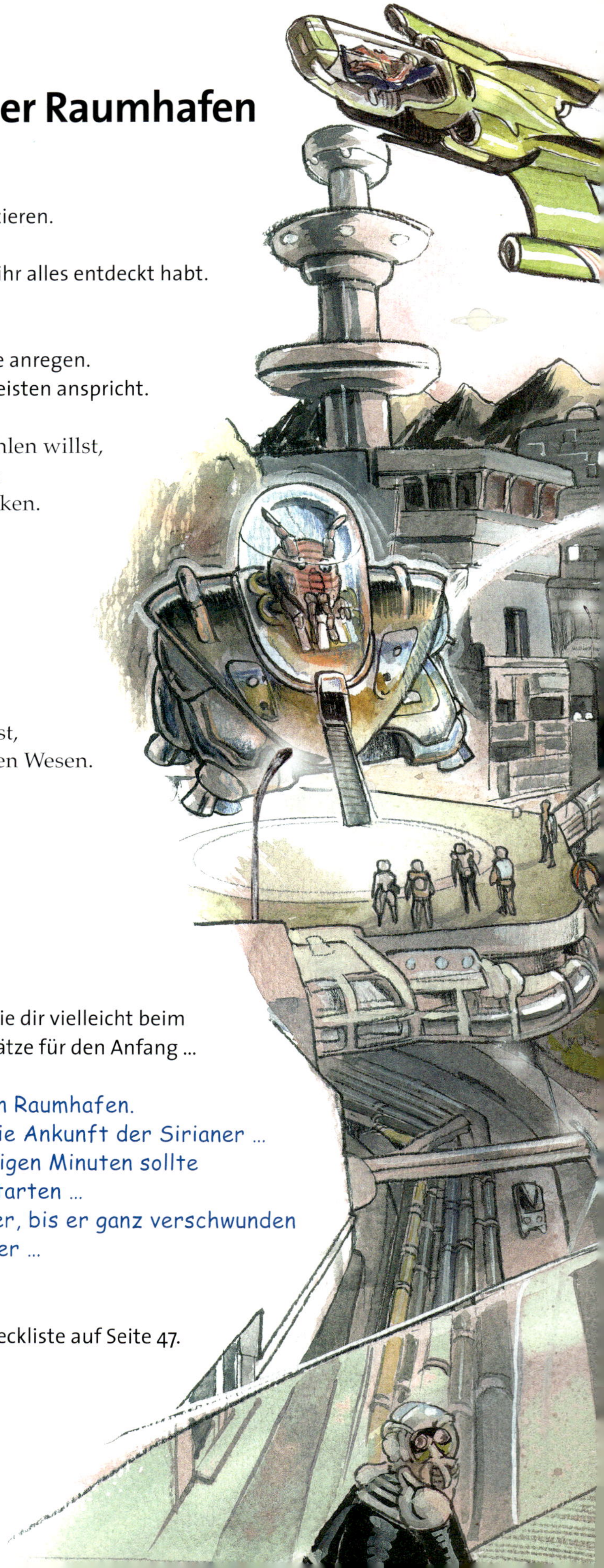

1 Geht erst einmal mit den Augen in dem Bild spazieren.

2 Sprecht in der Gruppe darüber, was ihr alles entdeckt habt.
Welche Szenen spielen sich ab?

3 Lass dich nun zu einer Science-Fiction-Geschichte anregen.
Tauche in die Szene ein, die deine Fantasie am meisten anspricht.

Wenn du in der Er- oder Sie-Perspektive erzählen willst, weißt du alles über die handelnden Personen: Was sie vorhaben, was sie fühlen, was sie denken.
Überlege dir:
- Wie heißt deine Hauptperson?
- Wer ist sie genau?
- Woher kommt sie?
- Wem wird sie begegnen?
- Was kann geschehen?

Wenn du in der Ich-Perspektive erzählen willst, stellst du dir vor, du bist eines der abgebildeten Wesen.
Überlege dir:
- Wer genau bist du dann?
- Wie heißt du?
- Woher kommst du?
- Wem wirst du begegnen?
- Was kann geschehen?

4 Und hier noch einige Anregungen, die dir vielleicht beim Schreiben helfen können. Ein paar Sätze für den Anfang ...

- Ein kalter Wind pfiff über den Raumhafen.
  ... wartete(n) ungeduldig auf die Ankunft der Sirianer ...
- Endlich war es so weit. In wenigen Minuten sollte unser Raumschiff zum Mars starten ...
- Der Planet wurde immer kleiner, bis er ganz verschwunden war. Bald hatte der Raumgleiter ...

5 Überarbeite deinen Text. Nutze dazu auch die Checkliste auf Seite 47.

Eine Wörterliste zum Bild

Raumhafen
Raumgleiter
ungeduldig
Commander
wartend
Mensch
Sonne
starten
dunkel

Weltraumbahnhof
Raumschiff
Tragfläche
leuchtend
Roboter
Galaxis
gläsern
Pilotin
landen
fremd

Außerirdischer
Raumfähre
Spiralnebel
Raumfahrer
metallisch
Horizont
Kanzel
gleiten
Alien

Sternenkreuzer
Weltraum
Astronautin
schweben
Cockpit
Wesen
Mond
eilig

Raupenfahrzeug
schimmernd
Instrumente
Kosmonaut
schießen
Weltall
emsig

Der Ball ist rund

1 Was bedeutet Fußball für euch? Erzählt in der Klasse davon.

A Wenn der MSV verliert, ist das Wochenende für mich gelaufen!

B Letzte Woche habe ich mit meinem Freund Schluss gemacht. Der hatte ja nur Fußball im Kopf, der hat mich gar nicht beachtet, wenn Fußball im Fernsehen lief.

C Unsere Nationalmannschaft der Frauen spielt mittlerweile besser als die der Männer!

D Mein Traum ist es, einmal in der Bundesliga zu spielen.

E Wie kann man sich bloß angucken, wie 22 Mann hinter einem Ball herlaufen?

F Football is life.

G Die Bundesliga interessiert mich nicht. Aber ich gucke schon zu, wenn Deutschland spielt.

H Die Spieler von Borussia finde ich echt süß.

I Fußball, das ist nicht mehr wie früher. Heute ist das bloß noch ein Riesengeschäft.

J Mein Freund ist der größte Fan, wenn unsere Mädchenmannschaft spielt.

K Warum gehen die Leute zum Fußball? Weil sie nicht wissen, wie's ausgeht.

L Da kochen die Emotionen, das ist unbeschreiblich. Wenn ein Tor fällt, dann explodiert die Fankurve vor Begeisterung.

2 Lest euch die Äußerungen auf dieser Seite durch. Sprecht darüber, welche ihr besonders gut findet und welche ihr überhaupt nicht verstehen könnt.

3 Überlegt, welche dieser Sätze wohl ein Mädchen gesagt hat und welche ein Junge.

4 Schreibt jetzt selbst einen Satz darüber, was ihr über Fußball denkt.

Ein Interview lesen und auswerten

Auf den nächsten Seiten findet ihr einen recht langen Text.
Es ist möglich, dass ihr ihn komplett lest und bearbeitet;
ihr könnt aber auch Abschnitte aus den vier Teilen des Interviews heraussuchen, die euch besonders interessieren.

Ein Interview mit Spielern der A-Jugend von Schalke 04

Erster Teil

Wie lange spielt ihr schon bei Schalke 04?

BILAL: Seit dem letzten Sommer. Da sind meine Eltern hierher gezogen. Ich habe ein Probetraining gemacht und bin genommen worden.

SEBASTIAN: Für Schalke zu spielen, das ist ein Traum! Ich spiele jetzt im dritten Jahr bei Schalke, ich war also schon in der B-Jugend hier.

Wie ist es zu deinem Wechsel zu Schalke gekommen?

SEBASTIAN: Ich habe vorher schon in der Westfalenauswahl gespielt. Wie die anderen großen Vereine hat auch Schalke Sichter, die die Auswahlspiele beobachten. Und Schalke wollte mich dann verpflichten.

Jetzt spielt ihr für Schalke und wohnt auch auf dem Vereinsgelände im Nachwuchsleistungszentrum. Wie muss man sich das vorstellen?

BILAL: Wir wohnen hier im Wohnheim. Jeder hat ein Einzelzimmer, aber wir sind hier auch ein bisschen so etwas wie eine Familie. Wir essen gemeinsam. Es gibt eine Hausmutter, die das Essen kocht. Das Essen muss sportgerecht sein, es darf nicht zu fett sein, zum Beispiel.

SEBASTIAN: Wir dürfen nicht einfach Frikadellen aus der Pommesbude essen …

Was ist euer größter bisheriger Erfolg?

BILAL: In der letzten Saison waren wir Deutscher Meister mit der B-Jugend. In der B-Jugend gibt es noch keine Bundesliga. Wir spielen in der höchsten Liga, in einer der fünf Regionalligen. In der Regionalliga West waren wir Meister, dann gibt es eine Endrunde mit Mannschaften aus den anderen Regionalligen und die haben wir gewonnen.

1 Besprecht, wer hier interviewt wird und worüber im ersten Teil des Interviews gesprochen wird.

2 Wenn ihr das Interview weiterlest, fällt euch auf, dass einige Fragen fehlen. Wenn ihr euch aber die Antworten genau durchlest, könnt ihr die Fragen sicherlich ergänzen und aufschreiben. Am besten teilt ihr die Klasse in Gruppen auf. Jede Gruppe versucht dann, zu einigen Antworten die passenden Fragen zu finden.

Zweiter Teil

Frage:

BILAL: Erst einmal habe ich ganz normal Schule, von 7.50 Uhr an, das geht bis 11.30 Uhr.

Frage:

BILAL: Auf die Gesamtschule, hier gleich um die Ecke, in die zehnte Klasse. Nach dem Unterricht haben wir noch zwei Stunden Fußballtraining in der Schule. Da trainieren wir mit über 20 Schalker Jugendspielern. Das ist sehr gut, weil wir so jeden Tag die Möglichkeit haben, auch am Vormittag zu trainieren. Nachmittags ist Mannschaftstraining mit der A-Jugend: Am Montag haben wir Theorie, an den übrigen Tagen ganz normal Training auf dem Platz. Man kann wirklich sagen, dass wir mehr trainieren als die Profis.

SEBASTIAN: Ich gehe auf die gleiche Schule, aber in die Oberstufe. Ich habe daher teilweise auch Nachmittagsunterricht.

Frage:

SEBASTIAN: Zunächst mal muss man Talent mitbringen. Man muss von Schalke entdeckt werden. Und dann muss man hart arbeiten, jeden Tag. Und Disziplin ist das Wichtigste überhaupt.

KAI: Das geht schon mit Pünktlichkeit los, mit Kleinigkeiten. Und du musst Disziplin auf dem Platz zeigen, das heißt: So spielen, wie es die Taktik verlangt, die der Trainer ausgegeben hat. Und dem Schiedsrichter gegenüber, darf man sich gar nichts erlauben. Wer den Schiedsrichter anpackt, der kriegt – zack! – die Rote Karte.

Frage:

SEBASTIAN: Das ist manchmal schon komisch. Wir bereiten uns auf ein wichtiges Spiel vor, dazu gehört dann auch, dass man nicht zu spät ins Bett geht. Und die anderen gehen in die Disko.

BILAL: Ich bin Moslem. Das mit dem Alkohol ist für mich gar nicht so ein Problem!

SEBASTIAN: Außerdem müssen wir auch konsequent sein. Wir haben uns für den Fußball entschieden, jetzt ziehen wir das auch durch. Ein paar Diskobesuche sind nicht wert, dass man sich die Karriere versaut!

Frage:

BILAL: Das ist total wichtig. Ohne Fairplay können wir keinen Erfolg haben.

SEBASTIAN: Das ist richtig. Und dazu gehört auch, dass man sich in der Mannschaft gut versteht. Es gibt diesen alten Spruch: „Elf Freunde müsst ihr sein!“ … Also, ich glaube nicht, dass man mit der ganzen Mannschaft richtig eng befreundet sein muss. Aber es ist unglaublich wichtig, dass man im Team zusammenhält, auch außerhalb des Platzes.

3 Stellt der Klasse eure Ergebnisse vor: Habt ihr ähnliche Formulierungen für die fehlenden Fragen gefunden?

4 Lest euch nun den dritten Teil des Interviews durch. Tauscht euch dann darüber aus, wie die jugendlichen Spieler leben.

Dritter Teil

Wie wichtig ist ein gutes Verhältnis zum Trainer?

SEBASTIAN *(grinst)*: Sehr wichtig. Wir haben aber wirklich ein gutes Verhältnis zu unserem Trainer.

KAI: Ein gutes Verhältnis zum Trainer muss da sein. Ohne das geht es nicht. Als Spieler kannst du einen Konflikt mit dem Trainer nicht gewinnen, denn der Trainer stellt die Mannschaft auf, er ist für das Ganze verantwortlich.

Ihr tut sehr viel, um sportlichen Erfolg zu haben. Kennt ihr aber auch Zeiten, in denen es nicht gut für euch gelaufen ist?

KAI: Ja, klar. Ich musste damit klarkommen, dass ich durch das viele Fußballspielen Probleme in der Schule hatte. Außerdem musste ich mich daran gewöhnen, dass wir hier sehr wenig Freizeit haben.

BILAL: Für mich war nicht so einfach, als meine Eltern von hier weggezogen sind.

SEBASTIAN: Bei mir gab es Probleme bei der Umstellung von der B- zur A-Jugend. Auf einmal waren die Gegenspieler alle größer, athletischer und besser als ich.

Wie seid ihr mit diesen Problemen umgegangen?

KAI: Da gibt es kein Patentrezept. Das muss jeder für sich selbst ausprobieren. Ich habe mir aber gesagt: Jetzt erst recht!

SEBASTIAN: Man darf die schlechten Gedanken nicht stark werden lassen. Ich bin immer wieder zum Training gegangen und habe mir gesagt, dass ich noch härter arbeiten will. Und dann ist es wieder bergauf gegangen.

Was ist euer sportliches Ziel?

BILAL: Für Schalke in der Bundesliga zu spielen, ganz klar!

5 Überlegt jetzt, über welche Themen das Interview geführt wird. Lest dazu den Text noch einmal und teilt ihn in Abschnitte ein. Dazu solltet ihr euch eine Tabelle anlegen. In der linken Spalte tragt ihr die Zeilen eines Abschnitts ein, in der rechten notiert ihr, wovon im Abschnitt gesprochen wird, z. B.

Zeile	Thema
1 bis …	Vereinswechsel zum S 04
… bis …	Leben im Nachwuchsleistungszentrum
… bis …	…

6 Stellt in Partnerarbeit zusammen, worauf die A-Jugendlichen alles verzichten müssen. Tauscht eure Ergebnisse in der Klasse aus.

7 Gibt es noch andere Fragen, die ihr den drei Spielern gestellt hättet?

8 Äußert euch nun dazu, ob ihr auch gern in einem Leistungszentrum für Sportler leben und trainieren würdet – solche Einrichtungen gibt es ja nicht nur für Fußballer. Begründet eure Ansicht.

Vierter Teil

Welche Chancen habt ihr, dieses Ziel zu erreichen?

SEBASTIAN: Warum soll das nicht klappen? In diesem Jahr trainieren drei ehemalige A-Jugendliche bei den Profis mit. Und noch einmal fünf, sechs spielen jetzt bei den Amateuren mit, das ist im Grunde die zweite Mannschaft von Schalke 04, die trainieren auch unter Profibedingungen.

Habt ihr auch einmal darüber nachgedacht, eine Ausbildung zu machen?

SEBASTIAN: Ein anderes Ziel als die Bundesliga kann es für uns gar nicht geben. Ich werde nur dann eine Ausbildung machen, wenn es nicht klappen sollte, dass ich in die Profi- oder erst einmal in die Amateurmannschaft übernommen werde.

KAI: Im Grunde machen wir hier eine Ausbildung: Die zum Berufsfußballer. Die Schule läuft eher nebenher. Es ist schade, dass es hier nicht so ist wie in England oder Holland, da ist Fußball nämlich schon Ausbildungsberuf.

Seit wann wisst ihr endgültig, dass ihr den Fußball zu eurem Beruf machen wollt?

BILAL: Seit ich für Schalke spiele.

KAI: Das sehe ich auch so. Und ich war als 14-Jähriger im Kader der Nationalelf, da wird man auch noch mal ganz besonders gefördert.

Haltet ihr eine solche Mannschaft für sinnvoll?

SEBASTIAN: Das kann man so und so sehen. Für meine Schullaufbahn war's ein richtiges Problem. Ich hatte viele Fehlstunden. Für meine Entwicklung als Fußballer war's sehr wichtig.

Was haben eure Eltern zu eurer Entscheidung gesagt, Fußballprofi werden zu wollen?

SEBASTIAN: Ich hatte immer die Unterstützung meiner Eltern. Zum Glück! Meine Mutter hat sich zwar auch Sorgen wegen der Schule gemacht, aber meine Eltern haben immer den Fahrdienst für mich gemacht, wenn ich zum Training musste. Das war noch vor meiner Zeit bei Schalke.

KAI: Das kann ich nur bestätigen. Ohne die Unterstützung der Eltern kann man es fast nicht schaffen. Ich bin richtig stolz auf meine Eltern, weil sie mir so viel ermöglicht haben.

Was würdet ihr einem Zwölf- oder Dreizehnjährigen raten, der auch davon träumt, bei einem großen Verein zu spielen und Fußballprofi zu werden?

KAI: Diese Frage habe ich mir noch gar nicht gestellt, ich fühle mich ja selbst noch als Jugendlicher. Aber ich denke, man muss lernen, Rückschläge wegzustecken. Und man muss darauf vertrauen, dass man hier und da auch einfach mal Glück hat.

SEBASTIAN: Spaß haben! Wer Spaß hat, lernt am besten und kann sich gleichzeitig motivieren, hart zu arbeiten und auf vieles zu verzichten.

9 Hier noch eine Aufgabe für Fans:
Fertigt eine Liste mit Tipps für Fußballer in eurem Alter an, die auch gern möglichst erfolgreich Fußball spielen wollen. Schaut dazu noch einmal in alle Teile des Interviews. Denkt aber auch an eigene Erfahrungen.

Ein Interview führen – mit dem Mikro unterwegs

1 Nun könntet ihr selbst ein Interview planen: mit Spielern aus einer Schülermannschaft, einer interessanten Dorf- oder Stadtteilmannschaft. Falls sich einige von euch überhaupt nicht für Fußball interessieren, können sie ja auch eine Sportlerin oder einen Sportler einer ganz anderen Sportart interviewen.
Dazu einige Tipps:

- Überlegt euch zunächst, wen ihr befragen wollt und welche Fragestellungen euch besonders interessieren. Macht einen Termin für euer Interview aus.

- Erstellt dann in Gruppenarbeit einen Fragenkatalog.

  Eure Fragen sollten möglichst offen formuliert sein (d. h.: nicht einfach mit ja / nein beantwortet werden können). Schaut euch dazu noch einmal die Fragen des Interviews auf Seite 52, 54 und 55 an:

  Nicht so: *Fanden eure Eltern gut, dass ihr Profis werden wollt?* – denn hier braucht nur mit *ja* oder *nein* geantwortet zu werden.
  Sondern so: *Was haben eure Eltern zu eurer Entscheidung gesagt, Fußballprofi werden zu wollen?*

- Euer Interview könnt ihr mit einem Kassettenrekorder oder einem Camcorder aufnehmen.

- Später schreibt ihr das Gespräch dann auf. Das ist schwieriger, als man vielleicht glaubt. Spielt euch kleine Abschnitte eurer Aufnahme vor und schreibt sie auf.

  Überlegt, ob ihr alle Sätze des Interviewpartners aufschreiben wollt, also auch alle Wiederholungen und „Ähs".

Interview, gesprochen:
„Ja, gut, das war so: Wir haben uns anfangs nur zum Spaß getroffen. Wir haben uns einmal die Woche getroffen. Eigentlich haben wir gar kein richtiges Training gemacht, wir haben eher so rumgespielt, ääh, so ohne Trainer. Aber trotzdem haben wir eine Menge Spiele in der bunten Liga gewonnen, jede Menge Spiele haben wir gewonnen."

So könnte der gedruckte Text des Interviews aussehen:
Wir haben uns anfangs nur zum Spaß getroffen, einmal pro Woche. Eigentlich haben wir gar kein richtiges Training gemacht. Aber trotzdem haben wir eine Menge Spiele in der bunten Liga gewonnen.

- Falls ihr das Interview veröffentlichen wollt, z. B. in eurer Schülerzeitung, ist es üblich, es der interviewten Person vorher noch einmal zu zeigen.

- Stellt euch gegenseitig eure Interviews in der Klasse vor.

Einen Bericht schreiben

1 Lest euch diese Geschichte laut vor.

Mädchenfußball?

Diese Geschichte ist wirklich vor kurzem passiert. Beim Training für die Schulmeisterschaft haben wir ein Fußballspiel gemacht, Jungen gegen Mädchen. Natürlich haben die Jungs vorher unheimlich angegeben und sich über uns lustig gemacht. Aber da wussten sie noch nicht, wie Luisa spielt, unsere Neue. Sie schoss drei Tore selbst, bereitete zwei andere vor und rief uns immer zu, wo wir hinlaufen sollten. Tim und Jens, unsere Superspieler, waren so baff über den Rückstand der Jungen, dass sie anfingen zu foulen. Aber da waren sie bei Frau Peters an der richtigen Adresse! Sie pfiff jedes Foulspiel ab und Luisa versenkte noch einen Siebenmeter. Da hättet ihr die Jungen einmal hören sollen. „Das ist ungerecht!“, brüllten die einen. „Das war ja nur Hallenfußball!“, riefen andere.

Aber drei Wochen später, beim Abschlusstraining am Mittwoch, haben wir auf dem Sportplatz ein zweites Mal gegeneinander gespielt. Erst war Tim gar nicht begeistert: „Ich hab wirklich keine Lust, mit Mädchen zu spielen.“ Ich hätte mir denken können, dass Luisa ihm dafür den Ball durch die Beine schieben würde. Das hatte dieser alte Angeber auch wirklich verdient! Und weil es für einen Fußballer das Schlimmste ist, wenn ihm jemand den Ball durch die Beine spielt, hat Tim das ganze Spiel über gar nichts mehr zu uns gesagt. Dafür haben sich die Jungen gegenseitig angemeckert: „Spiel doch ab!“ oder „Du blinde Flasche!“ – so ging es die ganze Zeit. Ein paar Jungen aus der neunten Klasse haben zugeschaut und gejohlt.

Wir hatten uns vorher überlegt, ganz ruhig zu spielen. Erst einmal haben wir aufgepasst, dass wir kein Gegentor bekamen. Kurz vor Schluss hat Luisa dann einen Alleingang gestartet. Den Sven hat sie umkurvt, an Daniel ist sie einfach vorbeigelaufen und Tim hat sich nicht getraut, sie noch einmal anzugreifen. Als sie frei vorm Tor stand, hat Luisa den Ball versenkt, ganz cool, oben rechts. Da war auch unser zweiter Sieg perfekt. Und jetzt soll noch einer sagen, Mädchen könnten nicht gut Fußball spielen.

2 Wie steht ihr zum Frauen- und Mädchenfußball? Haben die Jungen und Mädchen in eurer Klasse hierzu unterschiedliche Ansichten? Sprecht gemeinsam darüber.

3 In der Schülerzeitung soll ein Bericht über die hier geschilderten Fußballspiele der Klasse erscheinen.
Zur Erinnerung:
Ein Bericht verwendet eine sachliche Sprache und muss die W-Fragen beantworten:
- **Was** ist passiert?
- **Wann** und **wo** ist es passiert?
- **Wer** ...

Schreibt einen solchen Bericht.
Verwendet dabei nicht mehr als ca. 100 Wörter.
So könnte euer Text beginnen:

Am letzten Mittwoch spielten die Mädchen und Jungen der Klasse 7d gegeneinander Fußball, um für die Schulmeisterschaft ...

Eine Geschichte vervollständigen

Wir wollen Meister werden!

Die ganze Woche über hatten sie über nichts anderes geredet: das Spiel, das letzte der Saison. Und wenn sie das auch noch gewinnen sollten, dann hätten sie den Meistertitel gewonnen, ein Erfolg, mit dem niemand gerechnet hätte. Und sie wären aufgestiegen. Zum ersten Mal in der Vereinsgeschichte des VfL würde dann eine Mannschaft auf Bezirksebene spielen. Alles, was sie jetzt tun mussten, war, den FC Neustadt zu schlagen.

Sie hatten viel mehr Zuschauer als sonst, die alle nur eines sehen wollten: den Sieg und den Aufstieg. „Schönspielerei nützt heute nichts", hatte der Trainer gesagt, „heute zählt nur der Erfolg. Und fangt euch bloß kein Gegentor ein!"

So spielten sie dann auch. Es war bestimmt kein schönes Spiel, aber die ganze Mannschaft kämpfte bis zur Erschöpfung. Eine Viertelstunde vor Schluss gelang Oliver ein Kopfballtreffer. Eins zu null! Das würde reichen! Wenn bloß hinten nichts mehr passierte … Zunächst ging auch alles gut, doch der FC Neustadt musste alles nach vorn werfen und wurde mit jeder Minute stärker. Alex im Tor hatte drei gefährliche Schüsse zu parieren. Noch zehn Minuten! Jetzt kamen sie kaum noch aus der eigenen Hälfte heraus, weil sie die Bälle einfach blind nach vorn bolzten. Noch fünf Minuten, noch vier, noch drei! Da senste Bulle einen Neustädter um, direkt vor der Strafraumgrenze. Der Schiedsrichter pfiff sofort Freistoß für den FC. Die Nummer zehn legte sich den Ball hin und nahm Anlauf. Er hämmerte den Ball mitten in die Mauer, dort wurde er abgefälscht. Oliver stand als Abwehrspieler auf der Torlinie und sah den Ball kommen. In einem hohen Bogen stieg er auf und fiel dann geradewegs aufs Tor zu. Oliver sprang hoch und wollte den Ball wegköpfen, ehe der ins Tor ging. Doch schon als er lossprang, war ihm klar: Da kommt er nicht mehr ran. Der Ball geht rein, direkt unter die Latte. Und ehe er wusste, was er tat, zuckte seine Hand zum Ball und boxte ihn über die Querlatte des Tores.

„Hand!!", brüllten die Neustädter, „Schiri! Das war Handspiel!" Oliver wurde speiübel. Jetzt war alles aus. Die ganze Saison war so erfolgreich verlaufen. Das Ziel war zum Greifen nahe. Aber er hatte alles vermasselt. Jetzt musste es Elfmeter für Neustadt geben. Und gleich steht es eins zu eins und der Traum ist aus.

Der Schiedsrichter ließ sich nicht davon beeindrucken, dass er von Spielern beider Mannschaften umringt wurde. Er kam langsam auf Oliver zu. „Du da!", sagte er, „Nummer sechs! Wie hast du den Ball abgewehrt? Mit dem Kopf?" Er machte eine Pause. „Oder mit der Hand?" (…)

1 Fasst in zwei, drei Sätzen zusammen, worum es in dieser Geschichte geht.

2 Erzählt, in welcher Situation sich Oliver und seine Mannschaft am Ende der Saison befinden.

3 Erklärt euch gegenseitig den Begriff *Fairplay*.

4 Überlegt, wie die Geschichte weitergehen könnte.

5 Hier werden euch drei verschiedene Versionen des Endes der Geschichte vorgestellt. Lest sie zunächst alle durch.

A (…) Dann war das Spiel zu Ende. Es folgte die größte Fete, die das Vereinsheim je erlebt hatte. Ein paar Große aus der A-Jugend hatten die Musikanlage aufgebaut: We are the champions, my friend. Spieler, Eltern, Freunde rannten durcheinander. Alles lachte und jubelte, das halbe Dorf schien auf den Beinen zu sein. Oliver war mittendrin. Sonst gehörte er nicht zu den auffälligen Spielern. Aber heute hatten ihn schon Dutzende umarmt und gedrückt. Er hatte es allen gezeigt. Er war der Matchwinner! Oliver grinste, so breit er nur konnte: „Jaaa! Wir sind Meister!“ Sie hatten es tatsächlich geschafft. Und er war der Held des Aufstiegs.

B (…) Dann war das Spiel zu Ende. Beim Schlusspfiff waren sie umgefallen und einfach liegen geblieben. Sie hatten sich schon als Meister gefühlt, doch jetzt jubelten die anderen. Oliver hatte das Gesicht in den Händen vergraben und konnte die Tränen nicht zurückhalten. Was für eine Enttäuschung! Er konnte nicht glauben, was gerade passiert war. Trotz allem wusste er, dass es richtig gewesen war, die Wahrheit zu sagen. Jetzt kamen die Mitspieler auf ihn zu.

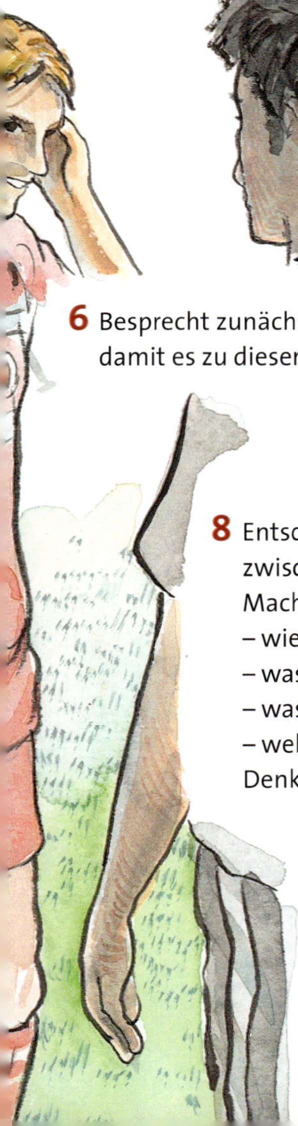

C (…) Dann war das Spiel zu Ende. Es folgte die größte Fete, die das Vereinsheim je erlebt hatte. Ein paar Große aus der A-Jugend hatten die Musikanlage aufgebaut: We are the champions, my friend. Spieler, Eltern, Freunde rannten durcheinander. Alles lachte und jubelte, das halbe Dorf schien auf den Beinen zu sein. Nur Oliver hatte sich auf sein Fahrrad gesetzt und war ohne Abschied weggefahren. Ihm war immer noch übel. Was hatte er bloß getan? Das Letzte, was er jetzt ertragen konnte, war die Meisterfeier.

6 Besprecht zunächst Schluss **A**. Was muss passiert sein, damit es zu diesem Ende kommt?

7 Vergleicht die drei Versionen miteinander: Worin bestehen die entscheidenden Unterschiede?

8 Entscheide dich für einen Schluss. Jetzt kannst du den fehlenden Teil zwischen dem Anfang der Geschichte und dem Schluss schreiben. Mache dabei deutlich,
- wie Oliver sich dem Schiedsrichter gegenüber verhalten hat,
- was er dabei denkt und fühlt,
- was die Mitspieler und Gegenspieler tun,
- welche Rolle der Schiedsrichter spielt.

Denke beim Schreiben an die wörtliche Rede der Beteiligten!

9 Stellt euch eure Geschichten gegenseitig vor.

Einen Sachtext verstehen

Die Abseitsregel

„Das Runde muss ins Eckige“ – so einfach ist Fußball.
Sogar Kinder können schon die offiziellen Fußballregeln verstehen.
Aber: Wann steht ein Spieler im Abseits? Angeblich können selbst manche Fußballprofis diese Regel nicht vernünftig erklären.

Regel 11 – Abseits

Abseitsposition
Ein Spieler befindet sich in einer Abseitsstellung, wenn er der gegnerischen Torlinie näher ist als der Ball und der vorletzte Abwehrspieler. (vgl. Abb. 1)
Der Torwart wird hierbei auch zu den Abwehrspielern gezählt!

Ein Spieler befindet sich nicht in einer Abseitsstellung,
- in seiner eigenen Spielfeldhälfte oder
- auf gleicher Höhe mit dem vorletzten Abwehrspieler (vgl. Abb. 2) oder
- auf gleicher Höhe mit den beiden letzten Abwehrspielern.

Die Abseitsstellung selbst ist noch keine Regelübertretung.

♦ **Regelübertretung**
Der Schiedsrichter pfeift nur abseits, wenn der angreifende Spieler im Moment der Ballabgabe durch einen Mitspieler aktiv am Spielgeschehen teilnimmt, indem er:
- ins Spiel eingreift oder einen Gegner beeinflusst [z. B. dem gegnerischen Torwart die Sicht versperrt] oder
- aus seiner Stellung einen Vorteil zieht [indem er z.B. ein Tor erzielt] (vgl. erneut Abb. 1).

Aber Achtung! Keine Regelübertretung liegt vor, wenn ein Spieler den Ball direkt erhält von
- einem Abstoß des Gegners,
- einem Einwurf (vgl. Abb. 4) oder
- einem Eckstoß.

♦ **Strafbestimmungen**
Nach jeder strafbaren Abseitsstellung verhängt der Schiedsrichter einen indirekten Freistoß für die gegnerische Mannschaft an der Stelle, wo sich der Verstoß ereignete.

♦ **Anweisungen des DFB [Auswahl]**
- Entscheidend für die Bewertung, ob ein Spieler sich in Abseitsstellung befindet, ist immer seine Position im Augenblick der Ballabgabe durch den Mitspieler, nicht im Moment der Ballannahme. (vgl. Abb. 3)
- Ein Spieler verstößt nicht gegen die Regel, wenn er in Abseitsstellung ist und über die Grenzlinien des Spielfeldes geht, um dem Schiedsrichter klar zu zeigen, dass er am Spiel nicht teilnimmt.
- Der Schiedsrichter-Assistent zeigt nur strafbares Abseits an.

1 Am besten setzt ihr euch für diese Aufgabe in Gruppen zusammen. Dabei ist es sinnvoll, wenn sich einige der Gruppenmitglieder mit Fußball auskennen.

2 Lest euch die Abseitsregel genau durch. Versucht, euch dann zu erklären, wann ein Spieler abseits steht bzw. wann der Schiedsrichter das bestraft.

3 Eure Arbeitsergebnisse könnt ihr der Klasse als kurzen Vortrag vorstellen. Das geht besonders gut, wenn ihr dabei Abseitsstellungen auf Plakaten oder als Tafelbilder präsentiert. Oder ihr erklärt es mit Hilfe eines Balls auf dem Pausenhof.

4 Wenn ihr mehrere Gruppen bildet, ist es natürlich auch möglich, dass jede eine andere Fußballregel erarbeitet und erklärt. Dazu müsstet ihr euch vorher ein Regelbuch besorgen. Oder ihr schaut im Internet nach unter: www.dfb.de. Dort findet ihr auch die offizielle Formulierung der Abseitsregel.

5 Die Fußball-Spezialisten unter euch können jetzt erklären, wie sich Abwehrspieler verhalten müssen, wenn sie eine Abseitsfalle aufbauen.

6 Überlegt einmal, welchen Zweck die Abseitsregel hat. Was wäre Fußball ohne Abseits?

ZEITUNG LESEN – ZEITUNG MACHEN

1 Wann und wo lesen Leute Zeitung?
Erzählt von euren Beobachtungen.
Wann und wo lest ihr Zeitung?

2 Wie viele Zeitungsnamen könnt ihr hier
auf diesen beiden Seiten entdecken? Zählt einmal.
Welche Zeitungen kennt ihr?

3 Viele Zeitungen weisen schon in ihrem Namen
auf ihr Verbreitungsgebiet hin.
Seht euch die Zeitungsnamen hier daraufhin noch einmal genau an.
- Welche Zeitungen heißen nach Städten (5), nach Flüssen (2), nach Land und Leuten (2)? Wenn ihr euch nicht sicher seid, schaut im Atlas nach.
- Einige Namen geben Hinweise, wann oder wie oft die Zeitung erscheint. Sucht Beispiele (2).
- Wonach heißen die Zeitungen bei euch?

4 Welche Zeitungen kennt ihr, die man
in ganz Deutschland kaufen kann?

5 Wann spricht man eigentlich von **Zeitungen**, wann von **Zeitschriften**?
Wie kann man das schon am Aussehen unterscheiden?
Gibt es auch inhaltliche Unterschiede?
Lest dazu die Erklärungen und tauscht euch aus.

Zeitungen
- erscheinen regelmäßig täglich oder wöchentlich (Tageszeitung, Wochenzeitung)
- sind meist auf großen Seiten aus einfachem Papier gedruckt und nicht zusammengeheftet
- informieren hauptsächlich über das aktuelle Tagesgeschehen

Zeitschriften
- erscheinen wie Zeitungen regelmäßig, aber in größeren Abständen (wöchentlich, monatlich …)
- haben kleinere, geheftete Seiten und sind meist auf höherwertigem (glänzendem) Papier gedruckt
- informieren häufig über spezielle Themen oder Sachgebiete

6 Bringt Zeitungen von zu Hause mit in die Schule.

Tipp:
- Ruft in einer Zeitungsredaktion in eurer Nähe an.
- Bittet für die Dauer dieser Unterrichtseinheit um eine kostenlose Lieferung einer Tageszeitung im Klassensatz. Besprecht das aber vorher mit eurem Lehrer, eurer Lehrerin.
- Verabredet auch feste Zeiten, wann ihr im Unterricht Zeitung lesen dürft.

Zeitungen sehen unterschiedlich aus

23 Millionen Tageszeitungs-Exemplare werden täglich in Deutschland verbreitet. Viele Leute haben eine Tageszeitung, wie z. B. die Braunschweiger Zeitung, fest abonniert. Diese **Abonnement-Zeitungen** werden in der Regel auch einzeln verkauft. Aber manche **Boulevard**[1]**-Zeitungen**, wie z. B. die Bild-Zeitung, werden nur im Einzelverkauf angeboten. Man kann sie nicht abonnieren.

Gefälschter Führerschein
Dieter Bohlen
von Polizei auf Mallorca
abgeführt
Bild
GUARDIA CIVIL
Mensch, sooo glücklich!
Grönemeyer küsst neue Liebe
NACHRICHTEN
Endlich!
Wird Maureen das neue Star-Model?
Sternschnuppen zucken am Himmel
Football's coming home.
Bella Ba

BRAUNSCHWEIGER ZEITUNG
UNABHÄNGIG · NICHT PARTEIGEBUNDEN
Keine Algenpest – Badespaß in der Region ungetrübt
Die Stones machten Dampf, und Hannover kochte
Städte drohen Bundesregierung
Becker schlägt in Braunschweig auf
Hund humpelt selbst zum Tierarzt
Leser kritisieren Mißfelder scharf

[1] Boulevard, der, *französisch* [bulewar] – breite Straße

1 Die Meldungen mit der dicksten Schlagzeile und dem größten Foto nennt man „Aufmacher".
– Welche Unterschiede seht ihr auf den ersten Blick?
– Zu welcher Zeitung würdet ihr lieber greifen? Warum?

2 Vergleicht die beiden Titelseiten miteinander. Bearbeitet die Aufgaben in Gruppen. Teilt euch die Arbeit.

- Wo ist die Aufmacher-Schlagzeile platziert?
- Wie sieht sie aus – Schriftgröße, -farbe, Hintergrund?
  - Wie viele Fotos gibt es?
  - Welches Bild fällt am meisten auf?
  - Wo befindet es sich auf der Seite?
- Wie lang sind die Texte?
- Welche Farben herrschen auf der Seite vor?
- Gibt es Anzeigen? Wie viele?
- Wo steht der Name der Zeitung?

	Boulevard-Zeitung	Abonnement-Zeitung
Name:	in der Mitte der Titelseite	...
Schlagzeile:	...	...
Fotos:	...	...

3 Tragt eure Ergebnisse zusammen und besprecht sie.

4 Besorgt euch die Titelseiten von einer Boulevard-Zeitung und einer Abonnement-Zeitung.
– Schraffiert die Bilder schwarz, die Schlagzeilen rot und die Texte grün.
– Was stellt ihr fest?

Eine eigene Titelseite zusammenstellen

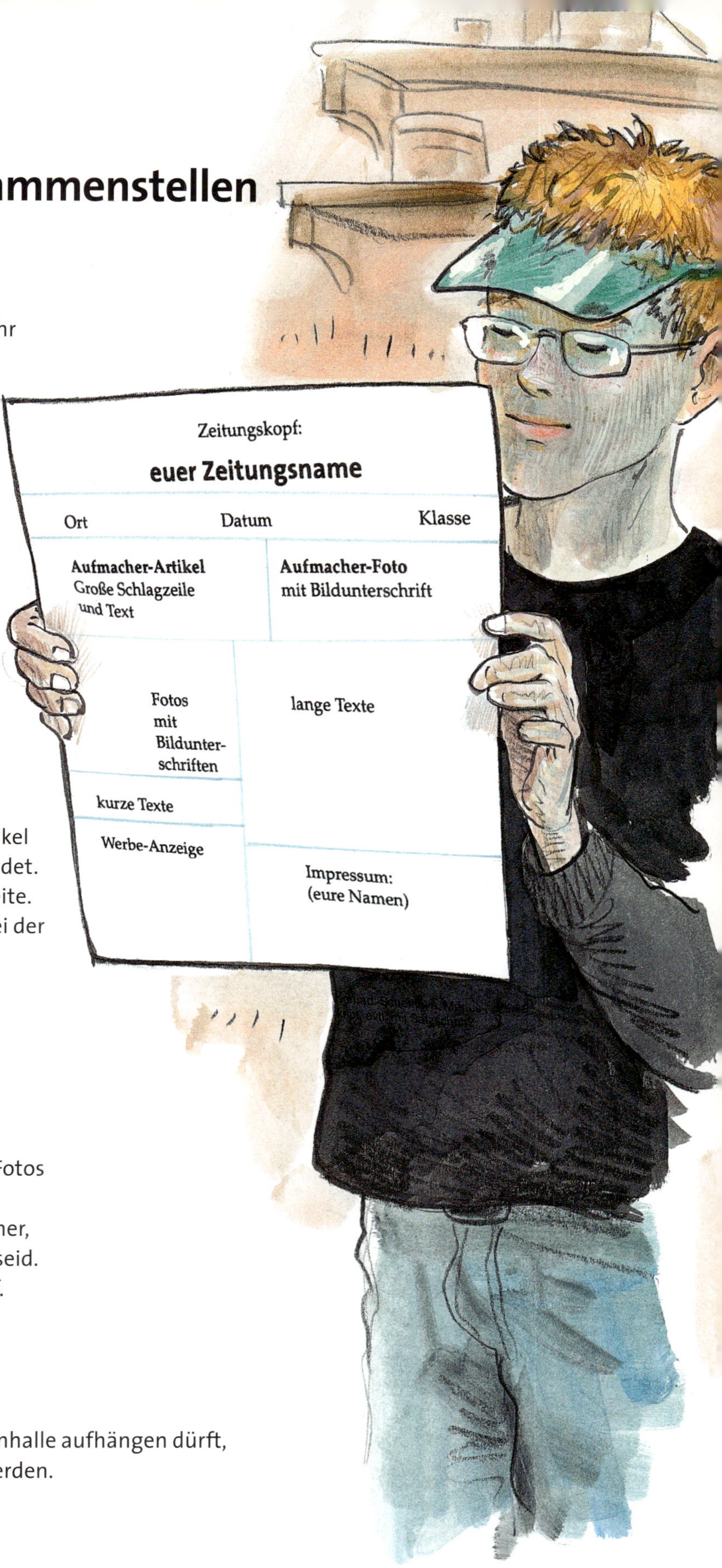

1 Gestaltet einmal selbst eine Titelseite mit interessanten Beiträgen. Am besten macht ihr das in der Gruppe zu dritt oder zu viert:

- **Das braucht ihr:**
  - einen großen Bogen Tonkarton
  - Buntstifte, Filzmaler ...
  - mehrere Scheren
  - Klebestifte
  - und natürlich Zeitungen zum Zerschnippeln

- **So könnt ihr vorgehen:**
  - Denkt euch einen Namen für eure Zeitung aus.
  - Zeichnet ihn auf den Karton oder setzt ihn aus ausgeschnittenen Buchstaben zusammen.
  - Blättert nun in euren Zeitungen. Schneidet Artikel und Fotos aus, die ihr besonders interessant findet.
  - Trefft gemeinsam eine Auswahl für eure Titelseite.
  - Das **Lay-out** könnte so ähnlich aussehen wie bei der Abbildung.

- **Überlegt:**
  - Welche Schlagzeilen und Fotos sind als Aufmacher geeignet?
  - Wo wollt ihr sie platzieren?
  - Wie sollen die anderen Texte und Fotos angeordnet werden?
  - Schiebt die Teile so lange hin und her, bis ihr mit der Wirkung zufrieden seid. Dann klebt alles dicht an dicht auf.

- **Wer soll eure Titelseiten lesen?**
  - Natürlich ihr selbst in eurer Klasse.
  - Aber wenn ihr sie z. B. im Flur oder in der Pausenhalle aufhängen dürft, können sie auch von vielen anderen gelesen werden.

Den Aufbau von Zeitungen untersuchen

Hier sind Überschriften von einzelnen Zeitungsseiten.
Diese so genannten **Sparten** helfen euch dabei, euch schneller in der Zeitung zurechtzufinden.

WIRTSCHAFT

SPORT

LOKALES[1]

POLITIK

ANZEIGEN

LESERBRIEFE

KULTUR

1 Findet ihr diese Sparten auch in eurer Zeitung? Blättert sie durch. Welche anderen Sparten gibt es noch?

2 In den Zeitungsverlagen sind einzelne Redaktionen[2] für die verschiedenen Sparten zuständig. Die Sparte *Lokales* wird zum Beispiel von der Lokalredaktion betreut. Wie heißen die übrigen Redaktionen?

3 Lest die folgenden Schlagzeilen und ordnet sie den Sparten zu:

1 Staatstheater: 40 000 Zuschauer mehr

2 US-Wirtschaft wächst stärker

3 Kanzler und Außenminister treten zur Wiederwahl an

4 Skandal im Gemeinderat – Bürgermeister droht mit Rücktritt

5 VfL-Amateure mit geballter Offensivkraft

4 Schneidet die Sparten eurer Zeitung aus.
Wenn ihr sie untereinander aufklebt,
habt ihr ein Inhaltsverzeichnis für die Zeitung.

5 Legt eine Wochentabelle an und tragt für jeden Tag die Sparten ein.
- Was stellt ihr fest?
- Welche Seiten erscheinen jeden Tag? Welche nur selten?
- An welchem Wochentag ist die Zeitung am dicksten?
- Wann gibt es die meisten Sportseiten, wann die meisten Anzeigen?
- Fällt euch sonst noch etwas auf?

Seite	Montag	Dienstag …
1	Titelseite	Titelseite
2	Politik	Wirtschaft
3	Hintergrund	…
…		

6 Stellt für eure Klasse eine Wandzeitung zusammen,
die nur die Sparten enthält, für die ihr euch besonders interessiert.

- Schreibt die Sparten in großen Buchstaben auf farbiges Papier und heftet sie nebeneinander an die Pinnwand.

- Macht es wie die Zeitungsprofis und bildet für jede Seite eine Redaktion, eine Fachgruppe. Als Lokalredakteure kümmert ihr euch dann z. B. um Nachrichten aus eurer Umgebung und betreut die Lokalseite. Als Sportredakteure stellt ihr die Sportseite zusammen usw.

- Setzt euch jeden Tag in eurer „Redaktion" zusammen und schneidet die interessantesten Berichte und Fotos für eure Seite aus. Pinnt sie unter eure Sparte.

- Aktualisiert eure Wandzeitung regelmäßig: Ersetzt veraltete Beiträge durch neue.

[1] lokal: örtlich, das Lokale – Nachrichten aus dem Ort
[2] die Redaktion: Gruppe von Redakteuren einer Zeitung, Zeitschrift; die Tätigkeit von Redakteuren, Redakteurinnen: der Redakteur, die Redakteurin: schreibt und überarbeitet Texte und macht sie druckfertig

Bilder und Texte zuordnen

Berichterstattung vor Ort – die Lokalredaktion

In der Heimatzeitung wird ausführlich darüber berichtet, was in eurer Umgebung, in eurer Nachbarschaft so alles passiert. Für diese lokale, d. h. örtliche Berichterstattung sind die Lokalredakteure zuständig. Sie sind viel unterwegs, um direkt vor Ort zu recherchieren, d. h. Informationen zu sammeln.

1 Hier sind Fotos vom Arbeitsablauf in einer Lokalredaktion. Welche Tätigkeiten könnt ihr erkennen?

2 Ordnet die folgenden Sätze den sechs Fotos zu. Notiert: Foto 1-d

Arbeitsalltag einer Lokalredakteurin

a) Das Ergebnis der Besprechung wird in den Terminplan eingetragen. So hat die Redaktion immer einen Überblick, wer auf welcher Veranstaltung ist.
b) Zurück in der Redaktion geht die Arbeit am Computer weiter. Die Redakteurin schreibt ihren Text. Sie wählt die Digital-Fotos am Monitor aus und textet die Bildunterschriften. Sie speichert alles im Zentralcomputer ab.
c) Vor Ort wird recherchiert. Die Redakteurin sammelt Informationen, interviewt z. B. Leute. Sie achtet auf interessante Hinweise und macht sich Notizen …
d) Jeden Morgen bespricht das Redaktions-Team die Termine für den Tag. Worüber soll berichtet werden? Wer fährt wohin? Wie lang sollen die Artikel werden?
e) … und macht Fotos mit der Digitalkamera.
f) Dann geht's los. Die Lokalredakteurin fährt zu ihrem ersten Termin.

3 Lest euch nun den Text *Arbeitsalltag einer Lokalredakteurin* in der richtigen Reihenfolge vor.

Eine Anfrage schreiben – faxen – mailen

Lokalredakteure haben einen abwechslungsreichen Beruf: Sie sind viel unterwegs und können sicher viel Interessantes berichten. Ladet doch einmal eine Redakteurin, einen Redakteur eurer Heimatzeitung zu euch in die Klasse ein. Das macht ihr am besten schriftlich, per Fax oder E-Mail.

1 Lest das **Impressum** der Gifhorner Rundschau. Welche wichtigen Angaben findet ihr dort?

> **GIFHORNER RUNDSCHAU**
>
> **Gifhorner Rundschau**
> Impressum:
> Redaktion: 38581 Gifhorn, Steinweg 66,
> Tel.: (0 53 71) 81 70 14 / Fax: (05 31) 81 70 33
> Verantwortlicher Lokalredakteur:
> Dirk Kühn / Sprechstunden werktags
> nach Vereinbarung …

2 Hier ist ein Einladungsbrief abgedruckt. Lest ihn durch und beantwortet dann die folgenden Fragen.
- Wie begründet Jens seine Bitte?
- Was teilt er über seine Klasse mit?
- Was schlägt er als Termin vor?

> Jens Müller, Klasse 7c *(Absender)*
> 1) …
> Im Lehmanger 17
> 38527 Neudorf
> Tel.: (0 53 04) 12 34 44
> Fax: (0 53 04) 12 34 45
>
> 23. Mai 2 … *(Datum)*
>
> Gifhorner Rundschau *(Adresse mit Leerzeile vor der Ortsangabe)*
> 2) Herrn …
> 3) …
>
> 4) …
>
> Einladung zu einem Besuch in der Schule *(Betreffzeile)*
>
> 5) …, *(Hier fehlt die höfliche Anrede.)*
>
> wir, die Klasse 7c, beschäftigen uns im Unterricht gerade mit dem Thema „Zeitung“ und lesen jeden Tag die Gifhorner Rundschau. Am besten gefällt uns der Sport- und der Lokalteil. Deshalb möchten wir gerne mehr über die Arbeit in der Lokalredaktion erfahren.
>
> Würden Sie uns etwas von Ihrem Berufsalltag erzählen? Wir laden Sie ganz herzlich ein, uns in der Schule zu besuchen.
>
> Wann könnten Sie uns besuchen? Uns würde es am besten an einem Dienstag- oder Donnerstagvormittag zwischen 8 und 13 Uhr passen.
>
> Meine Klasse (10 Mädchen / 15 Jungen) und die Klassenlehrerin Frau Elke Scholz würden sich sehr über eine Zusage freuen.
>
> 6) … *(Hier fehlt ein Gruß.)*
>
> Jens Müller

Der linke Seitenrand beträgt 2,5 cm

3 Bei solchen offiziellen Briefen werden ganz bestimmte äußere Formen eingehalten. Schaut euch einmal daraufhin diesen Brief an. Besprecht die Informationen in den Kästchen.

4 Notiert die fehlenden Angaben für die sechs Ziffern. Lest dazu auch im Impressum nach.
1) Christoph-Kolumbus-Schule, 2) …

5 Schreibt nun einen eigenen Einladungsbrief.

Nachrichten aus aller Welt

Zur Berichterstattung in der Heimatzeitung gehören auch Nachrichten aus Deutschland und der Welt. Die Redaktionen erhalten die Meldungen von **Nachrichtenagenturen** und Berichterstattern. Nachrichtenagenturen gibt es in vielen Ländern: in den USA z. B. **ap** *(associated press)*, in Deutschland **dpa** *(Deutsche Presse-Agentur)* oder **ots** *(Originaltextservice)*. Texte und Fotos gelangen über Nachrichten-Satelliten, aber auch per Post und Fax zu den Redakteuren.

1 So sieht ein Monitor mit Agenturmeldungen aus. Schaut genau hin, was könnt ihr entdecken?
- Welche Redaktion hat hier gesucht? Wie heißt das Stichwort?
- Wo findet ihr das Kürzel der Nachrichtenagentur, die hier die Nachrichten bereitgestellt hat?
- Mehrere Meldungen kommen aus dem Ausland. Welche sind es?
- Wo steht die aktuellste Meldung?
- Wie viele Meldungen werden für die halbe Stunde von 14:26 Uhr bis 15:07 Uhr allein für den Bereich **Politik** angezeigt?
- Wie viele könnten es wohl in 24 Stunden sein? Was schätzt ihr?

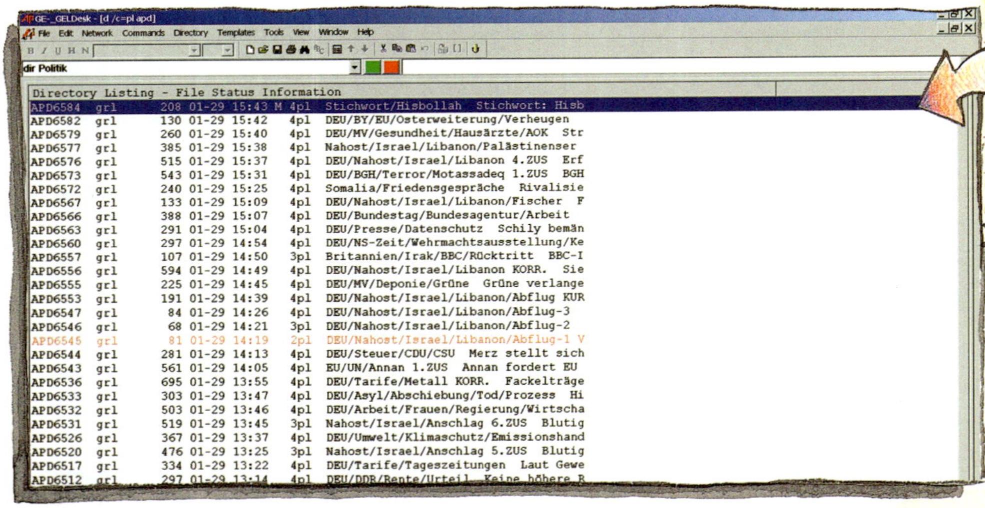

GE-_GELDesk - [d /c=pl apd]

File Edit Network Commands Directory Templates Tools View Window Help

dir Politik

Directory Listing - File Status Information

APD6584	grl	208	01-29	15:43	M	4pl	Stichwort/Hisbollah Stichwort: Hisb
APD6582	grl	130	01-29	15:42		4pl	DEU/BY/EU/Osterweiterung/Verheugen
APD6579	grl	260	01-29	15:40		4pl	DEU/MV/Gesundheit/Hausärzte/AOK Str
APD6577	grl	385	01-29	15:38		4pl	Nahost/Israel/Libanon/Palästinenser
APD6576	grl	515	01-29	15:37		4pl	DEU/Nahost/Israel/Libanon 4.ZUS Erf
APD6573	grl	543	01-29	15:31		4pl	DEU/BGH/Terror/Motassadeq 1.ZUS BGH
APD6572	grl	240	01-29	15:25		4pl	Somalia/Friedensgespräche Rivalisie
APD6567	grl	133	01-29	15:09		4pl	DEU/Nahost/Israel/Libanon/Fischer F
APD6566	grl	388	01-29	15:07		4pl	DEU/Bundestag/Bundesagentur/Arbeit
APD6563	grl	291	01-29	15:04		4pl	DEU/Presse/Datenschutz Schily bemän
APD6560	grl	297	01-29	14:54		4pl	DEU/NS-Zeit/Wehrmachtsausstellung/Ke
APD6557	grl	107	01-29	14:50		3pl	Britannien/Irak/BBC/Rücktritt BBC-I
APD6556	grl	594	01-29	14:49		4pl	DEU/Nahost/Israel/Libanon KORR. Sie
APD6555	grl	225	01-29	14:45		4pl	DEU/MV/Deponie/Grüne Grüne verlange
APD6553	grl	191	01-29	14:39		4pl	DEU/Nahost/Israel/Libanon/Abflug KUR
APD6547	grl	84	01-29	14:26		4pl	DEU/Nahost/Israel/Libanon/Abflug-3
APD6546	grl	68	01-29	14:21		3pl	DEU/Nahost/Israel/Libanon/Abflug-2
APD6545	grl	81	01-29	14:19		2pl	DEU/Nahost/Israel/Libanon/Abflug-1 V
APD6544	grl	281	01-29	14:13		4pl	DEU/Steuer/CDU/CSU Merz stellt sich
APD6543	grl	561	01-29	14:05		4pl	EU/UN/Annan 1.ZUS Annan fordert EU
APD6536	grl	695	01-29	13:55		4pl	DEU/Tarife/Metall KORR. Fackelträge
APD6533	grl	303	01-29	13:47		4pl	DEU/Asyl/Abschiebung/Tod/Prozess Hi
APD6532	grl	503	01-29	13:46		4pl	DEU/Arbeit/Frauen/Regierung/Wirtscha
APD6531	grl	519	01-29	13:45		3pl	Nahost/Israel/Anschlag 6.ZUS Blutig
APD6526	grl	367	01-29	13:37		4pl	DEU/Umwelt/Klimaschutz/Emissionshand
APD6520	grl	476	01-29	13:25		3pl	Nahost/Israel/Anschlag 5.ZUS Blutig
APD6517	grl	334	01-29	13:22		4pl	DEU/Tarife/Tageszeitungen Laut Gewe
APD6512	grl	297	01-29	13:14		4pl	DEU/DDR/Rente/Urteil Keine höhere R

Es ist eine wahre Nachrichtenflut aus dem In- und Ausland, die die Zeitungsredaktionen täglich rund um die Uhr erreicht. Natürlich kann davon nur ein kleiner Teil in der Zeitung gedruckt werden. Die Redakteure und Redakteurinnen müssen die wichtigsten und interessantesten Meldungen für ihre Leser und Leserinnen auswählen, bearbeiten und druckfertig machen.

2 Stellt euch vor, ihr seid Redakteure und betreut die Sparte „Rund um die Welt“. Die Seite ist fast voll, es ist nur noch Platz für eine weitere Nachricht. Hier sind vier Nachrichten zur Auswahl.
- Lest sie euch erst einmal durch und sprecht darüber, worum es darin geht.
- Welche Meldung würdest du für die Zeitung auswählen? Entscheide dich.
- Finde für diese Nachricht eine passende Schlagzeile.
- Lest euch eure Schlagzeilen vor und begründet eure Auswahl.

1

Venedig. Polizisten in Venedig sollen nach 33 Jahren bei Fahrten durch schmale Kanäle wieder auf Ruderboote umsteigen. Das sei besser für die Umwelt, als mit Motorbooten durch die Lagune zu kurven, schlug ein örtlicher Polizeichef vor.

2

Montpellier. Zwei Männer im Alter von 70 und 81 Jahren sind im südfranzösischen Montpellier an der Legionärskrankheit gestorben. Insgesamt seien im Laufe dieser Woche 20 Fälle der von Bakterien ausgelösten Lungenentzündung in der Region aufgetreten.

3

Rom/Cremona. In Italien ist das weltweit erste Klon-Pferd geboren worden. Das Erbmaterial stammt von der Stute, die das Fohlen namens „Prometea“ auch ausgetragen hat. Die Forscher erhoffen sich, dass der Klon-Erfolg zu Fortschritten etwa bei der Zucht von Rennpferden führen wird.

4

Moskau. Ein Kugelblitz hat gestern ein Mädchen in der russischen Stadt Jekaterinenburg getötet. Nach Augenzeugenberichten rollte der Blitz zunächst an Stromleitungen entlang und dann in einen Teich. Am Ufer verletzte er zwei Mädchen und traf ein drittes tödlich in den Rücken.

3 Eine alte Journalistenregel heißt *„Nur eine schlechte Nachricht ist eine gute Nachricht.“* Erklärt euch diesen Satz:
- Was bedeutet das Wort *gute* hier?
- Für wen ist eine „schlechte“ Nachricht „gut“? Warum?

4 Untersucht, ob in eurer Heimatzeitung mehr schlimme oder mehr erfreuliche Nachrichten stehen.
- Was erwartet ihr als Ergebnis eurer Untersuchung?
- Teilt die Zeitungsseiten unter euch auf. Führt eine Strichliste und zählt:
  ☹ schlechte Nachrichten
  ☺ gute Nachrichten
  😐 nicht einzuordnen
- Besprecht euer Untersuchungsergebnis. Wurden eure Erwartungen bestätigt?

WM-Gold nach 73 Sekunden ☺
Münchener Judoka überrascht Konkurrenz in Japan

„Feuerwand war zehn Meter hoch“ ☹
Waldbrand-Experten halfen beim Löscheinsatz an Bahnstrecke bei Eschede

Erste private Mautstraße eröffnet

😐 Publikum wählt seine Lieblingsband
Abschlusskonzert des 9. Rockwettbewerbes im Oktober

Frontalzusammenstoß mit tödlichem Ausgang

Immer mehr Kinder kriminell
Vor allem Raub und Diebstahl sind „jugendtypische Delikte“

Pleitewelle in Niedersachsen
Starker Anstieg in Gastronomie und Landwirtschaft

Den Aufbau von Nachrichten untersuchen

Diese Nachricht wurde von der Deutschen Presse-Agentur verbreitet.

Text 1

Braunschweig (dpa) – Frankreich hat in Braunschweig den Supercup im Basketball gewonnen. Die Franzosen besiegten Gastgeber Deutschland mit 76:68 (36:32). Schwerer als die Niederlage wog für die Auswahl des Deutschen Basketball-Bundes, dass Superstar Dirk Nowitzki schwer verletzt wurde. Der NBA-Profi wurde mit einer Sprunggelenksverletzung ins Krankenhaus gebracht.

1 Formuliert eine Schlagzeile für den Text und eine Bildunterschrift für das Foto.

Das ist der übliche Aufbau einer Zeitungsmeldung:

Die wichtigste Information steht am Anfang.
Dann folgen wichtige Zusatzinformationen und interessante Einzelheiten.
Den Schluss bilden weniger wichtige Einzelheiten.

2 Überlegt, welche Vorteile das für die Leser hat.

3 Untersucht, ob dieser Aufbau auf Text 1 zutrifft.

4 Lest eine weitere Zeitungsmeldung:

Text 2

„Scooby" war seinen Besitzern nach einem Wirbelsturm entlaufen. Mit ihnen war er zuvor schon einmal in der Klinik gewesen. (A)
Ein verletzter Hund ist in der amerikanischen Stadt Corbin (Bundesstaat Kentucky) selbst zum Tierarzt gelaufen. Das von einem Auto angefahrene Tier war nach dem nächtlichen Unfall kilometerweit zur nächsten Tierklinik gehumpelt. (B)
Dort hatte „Scooby" so lange vor der Tür gewartet, bis ihn die Angestellten am Morgen gefunden hatten. Innerhalb des Gebäudes war der kleine Vierbeiner dann sofort in den Operationssaal gelaufen. (C)

5 Was ist an dem Aufbau falsch?
- Notiert die drei Absätze A, B, C in der richtigen Reihenfolge.
- Findet eine passende Schlagzeile.
- Lest euch dann alles vor.

6 In welcher Art von Zeitung könnte wohl folgende Meldung stehen? Findet eine passende Schlagzeile.

Text 3

Schulzentrum Nord (7c) Die beliebten Salzbrezeln sind ab sofort wieder im Schulkiosk erhältlich. Der Verkauf war vor drei Wochen wegen Lieferschwierigkeiten eingestellt worden. Hausmeister Werner Jäkel: „Jede Pause kamen Schüler und fragten nach den Brezeln. Jetzt habe ich einen neuen Lieferanten gefunden und gleich 500 Stück bestellt." Erste Test-Käuferinnen beurteilten die Qualität der Brezeln: „Knusprig und salzig, einfach lecker!"

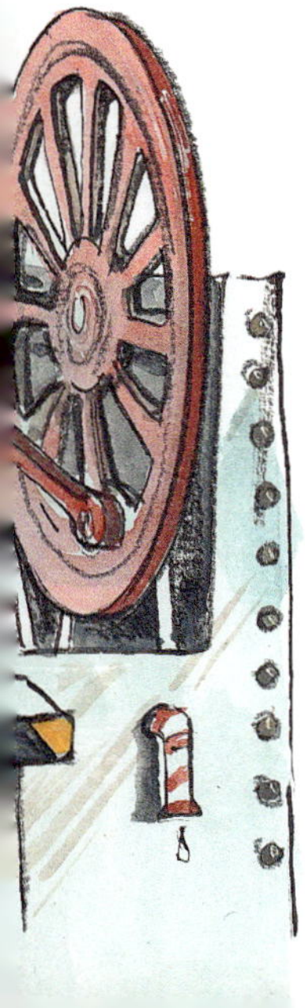

7 Was ist bei euch so alles los?
Verfasst Meldungen aus eurer Schule oder Freizeit.
- Achtet auf den richtigen Aufbau: Das Wichtigste zuerst.
- Lest euch anschließend eure Schul-News vor.

Neues aus dem Schülerrat

Klasse 7a zu Besuch bei der Braunschweiger Zeitung

Erfolgreiche Teilnahme am Erste-Hilfe-Kurs

Beachvolleyballfeld eingeweiht

Einen Zeitungsartikel kürzen oder verlängern

1 Das ist eine Schlagzeile aus der Bild-Zeitung:

Amok-Reh beißt Jungen Nase blutig

- Welches Wort macht neugierig?
- Welche Information wird vermittelt?

2 Lest nun den Artikel zu der Schlagzeile.

Düsseldorf – Völlig verängstigt blickt Marc (9) in die Kamera. Der Junge hat ein blaues Auge, seine Nase ist zerfleischt. Ein Reh hat ihn gebissen! Marc war in Düsseldorf mit Freunden zum Spielen in den Wald gegangen. Der Junge: „Plötzlich kam ein Reh aus dem Gebüsch gesprungen." Das angriffslustige Tier stürzte sich auf den Jungen, biss ihm in die Nase.

Blutüberströmt kam der Junge ins Krankenhaus, seine aufgerissene Nase wurde mit 9 Stichen genäht. Außerdem die Diagnose: Verdacht auf Tollwut! Marc wurde sofort geimpft. Dr. Stefan Roß von der Uni-Klinik Essen: „Dem Jungen geht es gut, es droht keine Gefahr. Die Impfstoffe sind hocheffektiv. Mit Spätfolgen ist kaum zu rechnen."

Was wird aus dem tollwütigen Reh? Es ist geflüchtet, wird jetzt von den Förstern gesucht, damit es nicht noch mehr Tiere ansteckt.

3 Berichtet kurz in eigenen Worten, was passiert ist.

4 Untersucht den Artikel:
- Welche Sätze berichten sachlich über den Vorfall, welche eher gefühlsmäßig?
- Nennt Wörter, die Gefühle wie Mitleid, Erschrecken, Angst hervorrufen.
- Wer „spricht" im Text?

5 Stell dir folgende Situation vor:
Der Artikel ist fertig und soll gedruckt werden.
Doch er ist zu kurz! Er füllt nur drei Spalten.
In der Zeitung ist aber Platz für vier Spalten frei.
Es fehlt also noch Text.
Verlängere den Text um 40 bis 50 Wörter.
Die folgenden Anregungen können dir dabei helfen.
Suche dir etwas aus.

- **Ergänze die wörtliche Rede**
  – Was könnte Marc noch gesagt haben?
  – Lasst auch Freunde von Marc zu Wort kommen.
  – Lasst einen Förster berichten.

- **Ergänze Informationen**
  – Wo genau ist es passiert? Wann?
  – Wie heißen die Freunde von Marc?
  – Was haben sie gemacht?
  – Wie wurde Marc ins Krankenhaus gebracht?

oder

6 Stell dir die umgekehrte Situation vor:
Der Artikel ist mit 131 Wörtern zu lang.
In der Zeitung ist nur Platz für zwei Spalten.
Kürze den Text auf 80 bis 90 Wörter.

- Was kannst du einfach weglassen, z. B.:
  ~~Völlig verängstigt blickt~~ Marc (9) ~~in die Kamera.~~

- Was kannst du zusammengefasst wiedergeben, z. B.:
  Der Junge: „Plötzlich kam ein Reh aus dem Gebüsch gesprungen." Das angriffslustige Tier stürzte sich auf den Jungen, biss ihm in die Nase.
  → Ein Reh stürzte sich aus dem Gebüsch auf den Jungen und biss ihm in die Nase.

- Überprüfe mit den **W-Fragen**, ob dein gekürzter Text noch die wichtigsten Informationen enthält.

Nachrichtentexte beantworten immer einige der **6 W-Fragen**:

1. **Was** ist geschehen?
2. **Wer** war daran beteiligt?
3. **Wann** ist es geschehen?
4. **Wo** ist es geschehen?
5. **Warum** ist es geschehen?
6. **Wie** ist das Ganze ausgegangen?

Leserbriefe schreiben

1 Lest die folgende Zeitungsmeldung.

Politikerinnen machen sich für Schuluniformen stark

Berlin – Grietje Bettin und Katherina Reiche wollen den „Markenzwang" in deutschen Klassenzimmern bekämpfen. Die Politikerinnen fordern eine einheitliche Schulkleidung. Bettin sagte: „Die Schule wird zunehmend zum Laufsteg. Markenterror und Ausgrenzung sind oft die Folge." Reiche glaubt, dass Schuluniformen die Aufmerksamkeit wieder auf den Unterricht lenken. Sie würden ein Zusammengehörigkeitsgefühl vermitteln und Eltern wie Kinder entlasten.

2 Was haltet ihr von Schuluniformen?

3 Lest den Text noch einmal und erklärt die unterstrichenen Wörter.
- Was meint Frau Bettin, wenn sie sagt: *„Die Schule wird zunehmend zum Laufsteg."*?
- Was erhofft sich Frau Reiche von der Einführung von Schuluniformen?

4 Natürlich sind nicht alle Leute dieser Meinung.
Hier sind Leserbriefe zum Thema Schuluniform.

In vielen Ländern gibt es Schuluniformen. Warum also auch nicht bei uns? Schließlich ist das auch im späteren Berufsleben so: zum Beispiel der orange Overall bei der Müllabfuhr, der Blaumann bei den Handwerkern oder der weiße Kittel bei Ärzten.
Jens

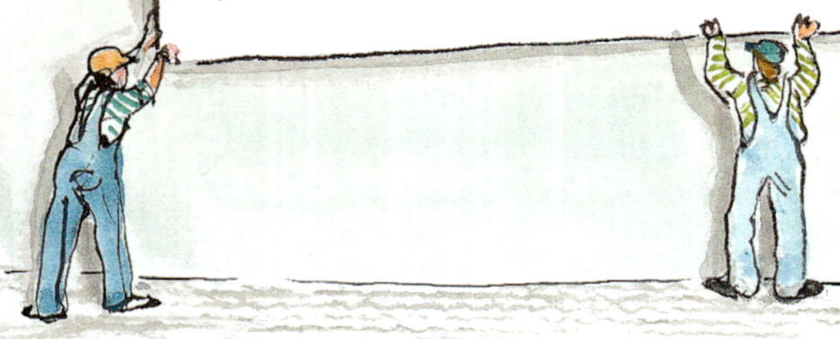

Ich weiß, dass Schüler, die nicht so toll angezogen sind, geärgert werden. Aber daran würde sich auch mit Schuluniformen nicht viel ändern. Für mich ist es wichtig, durch Probieren verschiedener Moderichtungen meinen eigenen Stil zu entdecken.
Tabea

Einmal eine Schuluniform zu kaufen, würde die Eltern auch billiger kommen, als andauernd Geld für Markenkleidung ausgeben zu müssen. Wenn bei uns einmal Schuluniformen eingeführt werden, sollten sie aber richtig cool aussehen.
Pia

Ich lasse mir nicht vorschreiben, was ich anziehe. An manchen Tagen will ich ein Skater sein und an anderen ein Gentleman. Je nachdem, wie ich mich fühle.
Tom

Es würde nie mehr Stress geben in der Frühe, da die Uniform schon zum Anziehen bereitliegt. Alle sind gleich angezogen, da kann keiner den andern modisch übertrumpfen.
Bibiana

Wenn jeder das Gleiche anhat, fehlen Farbe und Freude. Außerdem könnte man von Weitem seine Freunde nicht mehr von den anderen unterscheiden.
Mehmet

5 Wer ist gegen Schuluniformen?
Notiert die Begründungen.
Tabea: will eigenen Stil entwickeln
Tom: …

Wer ist dafür?
Mit welchen Begründungen?
Jens: im Berufsleben gibt es auch Uniformen
Pia: …

6 Was fordert Pia?

7 Wie sollte eine Schuluniform für eure Schule aussehen?

8 Würde es dir gefallen, eine Schuluniform zu tragen?
Begründe deine Meinung und schreibe einen Leserbrief.

9 Schreibt Leserbriefe zu aktuellen Zeitungsartikeln, die euch besonders interessiert oder aufgeregt haben. Schickt sie an eure Zeitung, am einfachsten und schnellsten geht das per E-Mail.

Wir machen eine Zeitung

1 Schaut euch diese Klassenzeitung an.

KOLUMBUS KURIER

ZEITUNG FÜR DIE CHRISTOPH-KOLUMBUS-SCHULE
1. Ausgabe 13. Mai 2... Preis: 30 Cent

Markenterror in der Klasse

Rektorin Gabi Hoppe ist für Schuluniformen. Im Interview mit den Kolumbus-Reportern Daniela und Erkan machte sich Frau Hoppe für die Einführung von Schuluniformen an der Kolumbus-Schule stark. „Dem Markenterror in den Klassenzimmern muss endlich ein …

Foto der Woche:

Die 7 c packt kräftig im Schulgarten an.

2 Wie sollte eine Zeitung für eure Klasse oder Schule aussehen? Nutzt die folgenden Tipps zur Umsetzung.

So wird's was – 10 Tipps

Tipp 1:
Allein geht's nicht. Gründet eine Redaktion. Trefft euch einmal in der Woche zu einer Redaktionssitzung.

Redaktionstreffen:
Montag, 6. Stunde im Klassenraum

Tipp 2:
Der Name der Zeitung sollte leicht zu merken sein. Sucht einen Namen, der euch gefällt.

Tipp 3:
Legt fest, was in eurer Zeitung stehen soll. Denkt dabei an die unterschiedlichen Interessen eurer Leser.
Witz und Kritik sind erlaubt. Aber haut nicht zu sehr auf den Putz. Zum Dampfablassen geht ihr besser auf den Bolzplatz.

1. Aktuelles
2. Interview mit dem neuen Hausmeister
3. Wichtige Termine im 1. Halbjahr
4. Bericht aus der Schulküche
5. Die neue Schulband
6. Rätselseite
7. Testbericht – Computerspiel
8. Mode – was ist in, was ist out?
9. Witze
10. Coole Sprüche von Lehrern und Schülern
11. Impressum

Tipp 4:
Teilt die Aufgaben unter euch auf.
Wer schreibt was?
Wer macht die passenden Fotos dazu?
Wer entwirft den „Kopf" für die Titelseite?

Tipp 5:
Ganz wichtig ist der Redaktionsschluss.
Legt fest, wann ihr mit euren Beiträgen fertig sein wollt. Haltet diesen Termin ein!

Redaktionsschluss
Freitag, 12.00 Uhr

Tipp 6:
Tragt euer Material zusammen. Sichtet Fotos und Texte.
Habt ihr treffende Schlagzeilen gefunden?
Vergesst die Bildunterschriften nicht.
Denkt daran, die Texte gegenseitig Korrektur zu lesen.
Viele Augen sehen mehr als zwei.

Tipp 7:
Eure Namen stehen im Impressum, denn ihr seid für den Inhalt eurer Zeitung verantwortlich.
Es muss also stimmen, was ihr schreibt.
Ihr dürft niemanden beleidigen oder verleumden.

Impressum
Texte: Mara Schmidt,
Paul Winter
Fotos: Nick Meier
Titel: Sonja Werner

Tipp 8:
Nun ist es Zeit für das Lay-out. Welches Seiten-Format wählt ihr? DIN A4 oder DIN A3? Entscheidet, was auf den einzelnen Seiten stehen soll. Gestaltet die Druckvorlagen mit Schere und Klebestift oder am Computer.

Tipp 9:
Druckt ihr in der Schule oder in einem Copy-Shop?
Auf jeden Fall kostet das erst einmal euer Geld.
Deshalb druckt für den Anfang nicht so viele Exemplare.
Etwas Geld könnt ihr über den Verkauf wieder hereinbekommen.
Aber mehr als 50 Cent oder 1 Euro sollte eure Zeitung nicht kosten.
Vielleicht findet ihr ja auch Sponsoren – Werbeanzeigen vom Geschäft nebenan, der Sparkasse, der Eisdiele …

NEU! NEU! NEU!
KOLUMBUS KURIER
Die ZEITUNG für EUCH

Wann? Freitag, 1. Pause
Wo? Schulkiosk
Preis? 30 Cent

NEU! NEU! NEU!

Tipp 10:
Macht rechtzeitig Reklame für eure Zeitung.
Kündigt auf Plakaten in der Schule an, wann und wo es eure Zeitung zu kaufen gibt und was sie kostet.

Gedichtwerkstatt

In dieser Werkstatt findet ihr verschiedene Gedichte.
Blättert die Seiten zunächst einmal in Ruhe durch
und verschafft euch einen Überblick.

Vielleicht bleibt ihr ja hier und da schon einmal
ein bisschen „hängen“ und beginnt zu lesen,
zu schmökern, euch zu amüsieren oder zu stutzen …

Die Überschriften zu den einzelnen Teilkapiteln
geben euch Hinweise darauf,
was ihr mit den Gedichten machen könnt
und worauf ihr einmal besonders achten solltet.

Hier ist ein kurzer Überblick:

1: Gedichte, die Geschichten erzählen

2: Mit Sprache spielen

3: Gedichten einen Sinn geben

4: Druckbilder befragen – und selbst herstellen

5: Gedichte zum Vortrag vorbereiten – oder inszenieren

Gedichte, die Geschichten erzählen

Die Rätsel eines Gedichtes verstehen

1 Lest das folgende Gedicht zunächst einmal leise.

Die Traumfischer

Denk dir: Auf riesenhaften dunklen Schiffen
segeln sie auf das Meer des Schlafs hinaus
bis zu den heimlichen Korallenriffen,
dort werfen sie die langen Netze aus.

Sehr ernste stille Leute sind die Fischer.
Ihr Kapitän ist alt – viel älter noch
als du dir denken kannst und wunderlicher,
auch ist er blind – und jeder folgt ihm doch!

Er kennt des Schlaf-Meers träumereichste Plätze.
Die Fischer warten, bis er ruft: „Holt ein!"
Dann ziehen sie an Bord die schweren Netze,
gefüllt mit tausend Träumen, groß und klein.

Da blinkt's und zappelt's bunt und vielgestaltig,
auch manches Gräuliche erspäht der Blick.
Gleichmütig lädt die Mannschaft und gewaltig,
nur was zu klein ist, werfen sie zurück.

Die vollbeladenen Schiffe endlich laufen
im Hafen ein mit Segeln weiß und schön,
auf einem Markt den Fang nun zu verkaufen.
Dort hab' ich alle Träume heut gesehn.

Den allerschönsten – sei er dir gedeihlich*! –
Hab' ich für dich, mein Liebling, mitgebracht.
Hier nimm! Du kannst ihn jetzt nicht sehen freilich,
doch warte nur erst, wenn du schläfst heut' Nacht!

Michael Ende

* gut tun

2 Hier werdet ihr Zeugen einer ganz besonderen Schiffsfahrt. Wohin geht diese Reise?

3 Was sind das eigentlich für Leute, von denen hier die Rede ist? Schaut in die 2. Strophe:
- Was erfahrt ihr über die Mannschaft?
- Und was ist das für ein merkwürdiger Kapitän? Wie stellt ihr ihn euch vor? Über welche besonderen Kenntnisse verfügt er?

4 Die Mannschaft folgt ihrem Kapitän, obwohl dieser blind ist. Wie erklärt ihr euch das?

5 Schaut euch einmal die 5. Strophe genauer an.
- Wie stellt ihr euch diese Szenerie vor?
- Wie mögen die Fischer für ihre „Ware" werben?
- Und die Kundschaft? Was mögen das für Leute sein? Wie sehen sie wohl aus? Wo kommen sie her?

6 Die Fracht der Schiffe ist recht bunt und vielfältig.
- Wie versteht ihr in diesem Zusammenhang Vers 14?
- Könnt ihr Beispiele für solche Art von Träumen nennen?

7 Diese Geschichte wird im Gedicht von jemandem ganz persönlich für eine andere Person erzählt. Schaut in den Text:
- Welche Hinweise findet ihr? Und wo?
- Wie stellt ihr euch die beiden vor?

8 Einige von euch könnten das Gedicht zu Hause einmal für den **gestaltenden Vortrag** vorbereiten.
- Die Verse 6 und 7 sowie 17 und 18 solltet ihr beim Lesen miteinander verbinden, indem ihr die Stimme **nicht** absenkt!
- Lasst beim Vortrag die **geheimnisvolle Stimmung** deutlich werden!

Die Stimmung eines Gedichtes lebendig machen

1 Am besten lasst ihr euch diesen Text zunächst einmal **vorlesen**.

Der Zipferlake

Verdaustig war's, und glasse Wieben
Rotterten gorkicht im Gemank;
Gar elump war der Pluckerwank,
Und die gabben Schweisel frieben.

„Hab Acht vorm Zipferlak, mein Kind!
Sein Maul ist beiß, sein Griff ist bohr!
Vorm Fliegelflagel sieh dich vor,
Dem mampfen Schnatterrind!"

Er zückt sein scharfgebifftes Schwert,
Den Feind zu futzen ohne Saum,
Und lehnt' sich an den Dudelbaum
Und stand da lang in sich gekehrt.

In sich gekeimt, so stand er hier:
Da kam verschnoff der Zipferlak
Mit Flammenlefze angewackt
Und gurgt' in seiner Gier.

Mit eins! und zwei! und bis aufs Bein!
Die biffe Klinge ritscheropf!
Trennt er vom Hals den toten Kopf,
Und wichernd sprengt er heim.

„Vom Zipferlak hats uns befreit?
Komm an mein Herz, aromer Sohn!
O blumer Tag! O schlusse Fron!"
So kröpfte er vor Freud.

Verdaustig war's, und glasse Wieben
Rotterten gorkicht im Gemank;
Gar elump war der Pluckerwank,
Und die gabben Schweisel frieben.

Lewis Carroll, Christian Enzensberger

2 Welche Stimmung habt ihr beim Zuhören empfunden?

3 Was habt ihr von dem Geschehen schon mitbekommen?
Tauscht euch darüber aus.

4 Wer könnte überhaupt der *Zipferlake* sein? Wie stellt ihr ihn euch vor?
– Schaut dazu einmal genauer in den Text.
– Ihr könnt ihn auch malen.

5 Welche Menschen kommen in dem Gedicht vor?
Wer spricht hier zu wem? Findet die Strophen.

6 Der Zipferlake hat einen Gegenspieler.
Was erfahrt ihr über ihn?
Und wer könnte das sein?

7 Die Strophen 3–5 spielen am Kampfplatz.
Schreibt eine Drehbuchseite mit genauen Anweisungen für eine Filmszene.
– Wie stellt ihr euch den Platz und seine Umgebung vor?
– Welche Tageszeit schlagt ihr vor?
– Wie ist das Wetter?
– Hört man etwas oder ist es unheimlich still?
– Wie soll sich der Zipferlake ankündigen?
– Woher kommt er? Wie bewegt er sich?

Man sieht eine Moorlandschaft mit knorrigen,
abgestorbenen Bäumen und Sträuchern.
An der Seite befindet sich der Dudelbaum.
Es ist schon dämmerig. Der Himmel ist ...
...

8 Und nun – der Kampf!
Diese Strophe solltet ihr euch einige Male auf der Zunge zergehen lassen. Nehmt etwas Schwertähnliches in die Hand und begleitet damit den Lesevortrag.
Probiert aus, wo die Hiebe sitzen: *und eins und ...*
Natürlich könnt ihr euch hier noch Hintergrundgeräusche einfallen lassen.

9 Die erste und die letzte Strophe des Gedichtes sind im Wortlaut absolut identisch.
Aber: Würdet ihr sie auch absolut gleich betonen und sprechen?
Es hat sich ja etwas verändert!

Mit Sprache spielen

Der verdrehte Schmetterling

Ein Metterschling
mit flauen Bügeln
log durch die Luft.
Er wurde einem Computer entnommen,
dem war was durcheinandergekommen:
irgendein Rädchen,
irgendein Drähtchen,
und als man es merkte,
da war's schon zu spätchen.
Da war der Metterschling schon feit wort …
Wanz geit …
Mir lut er teid.

Mira Lobe

1 Lest einmal laut.
Achtung: Lest so, wie es da steht!

2 Erklärt, wie dieses Gedicht **gemacht** ist.
Nennt entsprechende Verse als Beispiel.

3 Treibt dieses Verfahren noch ein bisschen weiter auf die Spitze!
Versucht ebenfalls ein solch „verdrehtes" Gedicht zu schreiben.
Klärt dazu folgende Fragen:
- Welche Zeilen aus dem Gedicht von Mira Lobe könnt ihr übernehmen?
- Welche Zeilen müsst ihr **eurem Tier** anpassen? Was müsst ihr dazu über euer Tier wissen?

4 Auch von den folgenden Tieren kannst du eines für dein *verdrehtes Gedicht* auswählen:

Wüstenfuchs Klapperschlange Schnabeltier

Feuerqualle Wühlmaus Tintenfisch

5 Das folgende Gedicht ist etwas für Profis unter euch, die besonders gerne tüfteln:

kein fehler im system

kein fehler im system
kein efhler im system
kein ehfler im system
kein …
kein ehlefr im system
kein ehlerf im system
kein ehleri fm system
kein ehleri mf system
kein ehleri ms fystem
kein ehleri ms yfstem
kein ehleri ms ysftem
kein …
kein ehleri ms ystefm
kein ehleri ms ystemf
fkei nehler im system
kfei nehler im system
kefi nehler im system
keif nehler im system
kein fehler im system

eugen gomringer

6 Lest die Überschrift – und dann das Gedicht. Was fällt euch auf?

7 Worin besteht der „Kniff" in diesem Gedicht? **Wie** hat Gomringer das gemacht? Schaut aufmerksam hin.

8 Knobelt einmal:
Versucht herauszufinden, wie die Verse 4 und 12 nach dem System von Eugen Gomringer lauten müssen.
Tipp: Ihr kommt der Bauweise gut auf die Spur, wenn ihr Vers für Vers genau verfolgt, wohin sich die einzelnen Buchstaben **verschieben**.

9 Die Überschrift wirkt auf den ersten Blick ironisch. Und dennoch stimmt sie.
Begründet das.
Berücksichtigt dabei die folgende Übersetzung des Begriffes *System*.

System:
1: Prinzip, Ordnung, nach der etwas organisiert oder aufgebaut wird; Plan, nach dem vorgegangen wird
2: Gefüge, einheitlich geordnetes Ganzes

Gedichten einen Sinn geben

Wie gut, dass ein Hase nicht lesen kann,
dachte der Hase und rieb sich die Pfoten.
Er holte tief Luft und öffnete dann
die Tür mit der Aufschrift „Zutritt verboten“.

Frantz Wittkamp

1 Was meint ihr: Ob der Hase wirklich nicht lesen kann? Begründet und nennt entsprechende Hinweise aus dem Text.

2 Auch die folgenden Gedichte von Frantz Wittkamp verbergen besondere Überraschungen. Ihr kommt diesen „Überraschungsmomenten“ auf die Spur, wenn ihr die unvollständigen Verse ergänzt. Drei Pünktchen stehen immer für ein fehlendes Wort.

Tipp:
Das **Reimschema** hilft euch, passende Wörter zu finden.

Entweder ergänzt ihr einen **Paarreim:**
a
a
b
b

oder einen **Kreuzreim**:
a
b
a
b

Übermorgen bin ich verreist.
Morgen geht's nicht, wie du ja weißt.
Heute kann ich nicht, tut mir sehr leid.
Gestern allerdings hatte … …

Komm, wir teilen brüderlich
Den Apfel in der Mitte.
… der Hälften esse ich,
und du bekommst … …

Der Wald ist endlos. Ein Käuzchen lacht.
Überall lauert der schwarze Mann.
Gott sei Dank ist … … ,
sodass er mich … … … kann.

Manchmal, wenn ich im Garten liege
Und langsam ziehen die Wolken dahin,
fühle ich deutlich, wie ich …
Ich glaube, dass ich ein … …

Gestern

Gestern hab ich mir vorgestellt,
ich wär der einzige Mensch auf der Welt.
Ganz einsam war ich und weinte schon,
da klingelte … das Telefon.

Frantz Wittkamp

3 Welches Wort fehlt wohl im letzten Vers? Erprobt verschiedene Möglichkeiten. Vergleicht anschließend eure Ergebnisse.

überraschend   unverhofft   plötzlich   mit einem Mal
unvermittelt   schon   leider
endlich   unerwartet   jäh   urplötzlich
schlagartig   auf einmal

4 Ihr habt bestimmt Wörter ausgewählt, die in ihrer Bedeutung sehr ähnlich sind.
– Warum ist das so? Lest dazu auch noch einmal den dritten Vers.
– Könnt ihr eure Wahl jetzt begründen?

5 Probiert nun einmal aus, was passiert, wenn ihr das Wort *leider* einsetzt. Lest den Text laut.

6 Frantz Wittkamp hat das Wort *leider* ganz bewusst ausgewählt. Das Originalgedicht findet ihr auf Seite 219 abgedruckt.
– Welche Wirkung erreicht er damit bei euch als Lesern?
– Warum rechnet man als Leser **gerade nicht** mit diesem Wort? Denkt an eure Ergebnisse aus Aufgabe 4.

7 Wie erklärt ihr euch, dass hier jemand einmal einsam sein will?

8 Habt ihr euch auch schon einmal gewünscht, so richtig einsam und allein zu sein? Möchtet ihr davon erzählen?

Druckbilder befragen – und selbst herstellen

1 Schaut euch diese drei Gedichte einmal aufmerksam an.
Was ist das Besondere an ihnen?

Geschichte eines Hauses

Wohnung Wohnung
Wohnung Wohnung
Wohnung Wohnung
Wohnung Wohnung

Wohnung Wohnung
Wohnung Wohnung
Wohnung Wohnung
Büro Büro

Wohnung Wohnung
Wohnung Büro
Büro Büro
Büro Büro

Büro Büro
Büro Büro
Büro Büro
Büro Büro

Hans Manz

Vorgang

Die Bevölkerung der Erde nimmt zu.

Die Bevölkerung der Erde nimmt zu.

Die Bevölkerung der Erde nimmt zu.

Die Bevölkerung der Erde nimmt zu.

Die Bevölkerung der Erde nimmt zu.

Die Bevölkerung der Erde nimmt zu.

Die Bevölkerung der Erde nimmt zu.
Die Bevölkerung der Erde nimmt zu.
Die Bevölkerung der Erde nimmt zu.

Hans Manz

				blüte	blüte	blüte
			zweig	blatt	blüte	
		blüte	zweig	blatt		
	blatt	blüte	zweig			
zweig	blatt	blüte				

eugen gomringer

2 Was haben eigentlich die äußeren Formen der Gedichte mit dem Inhalt zu tun? Unterhaltet euch darüber.

3 Auch die folgenden Texte von *Eugen Gomringer* haben etwas gemeinsam. Tauscht euch aus.

ping pong
    ping pong ping
    pong ping pong
        ping pong

schweigen schweigen schweigen
schweigen schweigen schweigen
schweigen   schweigen
schweigen schweigen schweigen
schweigen schweigen schweigen

w w

d i

n n n

i d i d

w w

eugen gomringer

4 Versucht nun einmal selbst, ob ihr mit den folgenden Begriffen ähnliche Textbilder herstellen könnt.
– Tauscht eure Ergebnisse anschließend in einer kleinen Ausstellung aus. Gebt euch auch Rückmeldung darüber, was ihr für besonders gelungen haltet.
– Auch mit dem Computer könnt ihr sehr gut „mit Schrift zeichnen“!

Berg Kreislauf gleichmäßig ungleichmäßig

Schlange rund Mauer Trichter

aufwärts Rolltreppe Feder

Gedichte zum Vortrag vorbereiten

1 Etwas für Profis:

Kinogartenkinder

Kino
Kirche
Kindergarten

Kirchenkino
Kinderkino
Gartenkino

Kinokirche
Kinderkirche
Gartenkirche

Kinokinder
Kirchenkinder
Gartenkinder

Kinogarten
Kirchgarten
Kindergarten

Kirchenkinderkino
Kinderkirchenkino
Kirchgartenkino
Gartenkirchenkino
Gartenkinderkino
Kindergartenkino

Kinokinderkirche
Kinderkinokirche
Kinogartenkirche
Gartenkinokirche
Gartenkinderkirche
Kindergartenkirche

Kinokirchenkinder
Kirchenkinokinder
Kinogartenkinder
Gartenkinokinder
Gartenkirchenkinder
Kirchgartenkinder

Kinokirchgarten
Kirchenkinogarten
Kinokindergarten
Kinderkinogarten
Kinderkirchgarten
Kirchenkindergarten

Kurt Leonhard

2 **Achtung**: Das **laute** Lesen müsst ihr üben!

3 Beim Vortrag des folgenden Gedichtes dürft ihr einmal so richtig ins Komische übertreiben – nach Herzenslust!
Denn genau darum geht es hier: um die Herzensgefühle eines verliebten Walfischfräuleins.

Liebesseufzer eines Walfischfräuleins

O du Wal meiner Wahl! Wie ihn gibt's keinen im Meer mehr!
Wer, der wie er, zwölfeinhalb Tonnen schwer wär'?
Wenn ich nur wüsste,
ob er so fühlte wie ich,
als ich ihn unweit der Küste küsste …

Hoffentlich!
Ich hoff' endlich,
dass er um meine Flosse anhält
und sich nicht immer so schüchtern stellt.
Denn ich möchte, statt immer allein sein,
sein sein.

Mira Lobe

4 Versucht, bei eurem Vortrag auch die Sprachspielereien von Mira Lobe voll zur Wirkung kommen zu lassen.
- Schafft durch Pausen besondere Betonungen.
- Variiert mit eurer Stimme bei Wörtern, die ähnlich oder sogar gleich klingen, aber etwas ganz anderes bedeuten:
  Meer – mehr
  schwer – wär
  Küste – küsste
  allein sein – sein sein

5 Das Gedicht auf der nächsten Seite lässt sich sehr gut durch **abwechselndes Sprechen** inszenieren. Aber auch das **Sprechen im Chor** bietet sich hier an. Probiert einmal aus, was ihr für besonders gelungen haltet.

Tipp:
Welche Wirkung erzielt ihr, wenn ihr die letzten drei Zeilen **ganz normal entrüstet** fragt?

Zornig

OOOOOOOOOOOOOOOOOOOOOh!
O
du
bist
aber
wirklich
o
ein ganz mieser
Typ
OOOOOOOOOOOOOOOOOOOOOh!
O
du
bist ein echtes
o
ein Mistvieh ein Stinkvieh ein bequackter
Tunkerstunk
das
bist
du
o
eine stingende Kausgekurt das bistu ein
verkarkter ein verhissener Zwiftgerg ein
echter Margmagel
das pistu
ehrlich
OOOOOOOOOOOOOOOOOOOOOh!
O
dir
piept
es hohl im Gestrinkasten
du Tinkstier mit Meisenmack du gargräugender kekelkatzter Keisscherl o du unbezogenes Grind
o du unverbogenes Krind
o du Säuschal o du Scheusaaaaaaaaaaaaaal!
Sag
mal
hast du sie nicht alle?

Annemarie Wietig

6 Das folgende Gedicht von Robert Gernhardt haben wir euch einmal für einen Vortrag vorbereitet.

Das bedeuten die einzelnen Markierungen:

- Wort unterstrichen: das Wort beim Lesen besonders betonen, die Stimme dabei **nicht** absenken!
- senkrechter Strich: | kleine Pause
- doppelter Strich: || größere Pause
- Pfeil nach oben: ↱ Stimme oben lassen

7 Lest euch den Text zunächst einmal leise durch, damit ihr ihn kennen lernt.

Gehst du tags die Straße lang, ↱
bist du nicht alleine. |
Denn dein Schatten | folgt dir stumm ↱
über Stock und Steine. |
Das weiß jeder. | Doch was macht ↱
so ein Schatten | in der Nacht? ||

Nun | – im Schutz der Dunkelheit ↱
nutzt er seine freie Zeit |
und trifft an verschwieg'nen Orten ↱
andre Schatten | aller Sorten. |
Menschen-, Tier- und Vogelschatten, ↱
die am Tag zu schweigen hatten, ↱
schwatzen nun in trauter Runde, ↱
bis das Licht der Morgenstunde ↱
alle zwingt, | zurückzukehren – |
womit wir beim Thema wären: ||

Zwar hab ich es nie gesehn, |
doch man sagt, | es sei geschehn, ↱
dass ganz pflichtvergess'ne Schatten ↱
keine Lust zur Rückkehr hatten. |
Solche Schatten | – wird berichtet – |
hab' man überall gesichtet. |
Statt bei ihrem Herrn zu bleiben, |
würden sie nun Unfug treiben. |
Ja, sie dienten fremden Herrn, ↱
grad als ob's die eignen wär'n. |
Doch! Das hört man in der Tat. |
Vielleicht ist's wahr. | Daher mein Rat: ↱

Gehst du tags die Straße lang, ↱
und es folgt dir einer, ↱
schau dir mal den Schatten an. |
Ist es wirklich deiner? ||

Robert Gernhardt

8 Sicher habt ihr bemerkt, dass Robert Gernhardt seinen Text mit einem kleinen Augenzwinkern geschrieben hat. Lasst diese Komik bei eurem Vortrag lebendig werden.

9 Und nun erprobt euch im lauten Vortragen! Wenn euch der gesamte Text am Anfang zu lang ist, könnt ihr auch vier Gruppen bilden, die die Strophen des Gedichtes arbeitsteilig erarbeiten.

Praxis Rechtschreiben

Wie lernt man das Rechtschreiben eigentlich?

In den vorhergehenden Schuljahren hast du bereits viele Wörter geübt und eine Menge über die Rechtschreibung erfahren. Manche Zwölf- bis Vierzehnjährigen können deshalb schon zwischen 2 000 und 4 000 Wörter richtig schreiben. Viele Schüler schaffen das aber noch nicht. Aber auch dann solltest du nicht den Mut verlieren, denn du kannst deine Rechtschreibung auch in den nächsten Schuljahren noch wesentlich verbessern. Was kann man aber tun, wenn man ein guter Rechtschreiber werden möchte?

- Du müsstest sehr viele verschiedene Wörter, die du dir gemerkt hast, in Sätzen richtig schreiben können. Das gelingt aber bei manchen Wörtern nur, wenn du sie immer wieder übst. „Übung macht den Meister“ – ist ein altes Sprichwort, das auch auf das Rechtschreiben zutrifft.

- Du müsstest möglichst viele Wörter, bei denen du noch unsicher bist, mit Hilfe des Nachdenkens ableiten können. Rechtschreiben hat nämlich sehr viel mit Nachdenken zu tun. Besonders bei der Groß- und Kleinschreibung, bei der Schreibung des Wörtchens *dass* und bei der Kommasetzung geht ohne Nachdenken wenig. Denn hier muss man auch etwas über die Grammatik wissen!

- Du müsstest Wörter, deren Schreibung man nicht durch Nachdenken ableiten kann, möglichst schnell in einem Wörterbuch finden können. Dazu wäre es auch wichtig, dass du in selbst geschriebenen Texten gelegentlich einmal zum Wörterbuch greifst, wenn du bei einem Wort unsicher bist. Denn je öfter man nachschlägt, umso schneller und leichter findet man auch die Wörter. Außerdem ist ein Text, der fehlerfrei geschrieben ist, für den Leser schneller und einfacher zu erfassen.

In den einzelnen Einheiten von „Praxis Rechtschreiben“ kannst du lernen, wie du zu einem besseren Rechtschreiber wirst:

- über die Schreibung von Wörtern nachdenken;
- Regelmäßigkeiten in den Wörtern und Rechtschreibregeln herausfinden;
- die Rechtschreibung trainieren, und zwar üben „mit Köpfchen“;
- immer wieder auch einmal an der Schreibung eines Wortes Zweifel haben und dann
- im Wörterbuch nachschlagen.

Wörter mit ck und k

ck-Wörter

1 Sprecht die Wörter deutlich aus.

eckig Hacke
Zecke Stock Decke
packen zucken
schicken lockig Spucke

2 Sprecht jetzt einmal die beiden Wörter *Hacke* und *Haken* nacheinander aus.
Welches **a** ist ein kurzer Vokal,
welches **a** ist ein langer Vokal?

3 Schreibt nun die Wörter untereinander auf.
Markiert jeweils den Buchstaben **vor** dem **ck**.

4 Zu welchen Wörtern, die ihr notiert habt,
könnt ihr hier verwandte Wörter finden?
Schreibt sie zu den passenden Wörtern.
eckig: Rechteck ...

Rechteck ungeschickt Stöcke hacken stockfinster
gelockt Packung bedeckt gehackt spucken
schickte Locken verdeckt gespuckt anecken packte

Ein **ck** steht nur nach einem ?.

5 Jetzt kannst du die Regel für die ck-Schreibung ergänzen.
Der Begriff *Vokal* muss darin vorkommen.

6 Ergänze die folgenden zusammengesetzten Wörter.
In ihnen stecken Wortteile mit **ck**.

Augenbl***
Buchdr***
B***pulver
Heuschr****
R***grat
Schr***gespenst
R***sack
Stubenho****
Frühst***
Le****bissen
Spazierst***
Pizzabä****

Die Buchstabenverbindung **ck** wird beim Trennen der Wörter nicht auseinandergerissen:
Schre-cken, be-de-cken.

7 Schreibe diese Wörter
mit Trennungsstrichen auf:
Ba-cke ...

Backe Schrecken Hacke erschrocken
necken flicken dreckig Mücken
Bäckerei verstecken Wecker Lücke

k-Wörter

Kalk Balken Bank Quark Funke Birke merken
stark Gedanke Wolken Park Schranke Falke schenken

1 Schreibe die Wörter ab und unterstreiche den Buchstaben, der vor dem **k** steht.
Ka<u>l</u>k …

2 Was ist euch an der Schreibweise der k-Wörter aufgefallen?

3 Das Ergebnis eurer Überlegungen solltet ihr in einem kurzen Merksatz zusammenfassen:

> Nach den Konsonanten ?, ? und ?
> schreiben wir ein einfaches **k**.

4 Setze aus den Wortbausteinen weitere Wörter mit **k** zusammen und schreibe sie auf.

mel			zan			par			erkran		
wel	**k**	en	wan	**k**	en	stär	**k**	en	versen	**k**	en
bewöl			win			wir			trin		

5 Achtet beim deutlichen Sprechen der Wörter rechts auf die Laute **vor** dem **k**.
In welchen Wörtern findet ihr Langvokale, in welchen Doppellaute?

quaken
ekeln
schaukeln
spuken
quieken
einhaken
streiken

6 Schreibt die Wörter aus Aufgabe 5 auf.
Ergänzt weitere Wörter, die hier im Bild dargestellt sind.

7 Fasst auch hier das Ergebnis eurer Untersuchung in einem Merksatz zusammen:

> Ein **k** steht auch nach ? und
> nach den Doppellauten ? und ?.

8 Diese zusammengesetzten Wörter sind durcheinandergeraten.
Schreibe sie richtig auf.

Bahnhaken Spukwerk Türuhr Bettmarke Merktier
Angelschranke Handschloss Parkklinke Brieflaken Stinkheft

Der k-Laut in Fremdwörtern

Die folgenden Wörter kommen aus anderen Sprachen.
Sie werden alle mit **k** geschrieben. Diese Wörter müsst ihr euch merken.

Diktat Sekunde hektisch Aktion Politik direkt
Paket Lokomotive aktuell Insekt Rakete Lokal Musik
Fabrik praktisch Technik Doktor Inspektor Rektor

1 Schreibt diese Wörter nach dem Alphabet geordnet auf.
Diktiert sie euch dann gegenseitig.

2 Sucht aus der Wörterliste die vier Wörter,
in denen das **k** am Ende steht.
Unterstreicht in den Wörtern das **k** und den Buchstaben,
der **davor** steht. Was stellt ihr fest?

3 Setze die passenden Wörter aus der Aufgabe 1
in die Lücken des folgenden Textes ein
und schreibe die Lösungswörter auf.

Die ? zieht meist mehrere Wagen, die auf Gleisen fahren.
Eine Minute lässt sich in 60 ? zerlegen.
Die artenreichste Klasse von Tieren sind die ?.
Ohne ? wäre die Raumfahrt nicht denkbar.
Wenn einer spricht und der andere das Gesprochene schreibt,
so ist das ein ?.
In vielen Krimis ist der ? die wichtigste Figur.
Wenn jemand sich furchtbar aufgeregt verhält, dann ist er ?.
Wer schwer krank ist, muss auf jeden Fall zum ?.
Dass wir im Flugzeug große Entfernungen in kurzer Zeit zurücklegen können,
verdanken wir der modernen ?.

4 Es gibt auch einige Fremdwörter, in denen **kk** steht.
Schreibt diese Fremdwörter auf
und ergänzt in Klammern die richtige Bedeutung.

Zusammenklang 4. Fall Kaffeesorte Stromspeicher
Herrenjackett Handharmonika Röhrennudeln

Sa**o
A**u
A**usativ
A**ord
A**ordeon
Ma**aroni
Mo**a

ck-Wörter und k-Wörter üben

1 Namen werden nicht immer nach den Regeln unserer Rechtschreibung geschrieben. Welche der folgenden Namen müssten nach unseren Regeln anders geschrieben werden? Begründet eure Meinung.

Ackermann Baacke Francke Starckmann
Haucke Wieckendorf Wanne-Eickel Struck

2 Schreibe die Wörter der linken Spalte ab. Notiere zu ihnen jeweils zwei weitere Wörter aus der Sammlung rechts, die sich reimen.
Glocken – trocken, Socken; schenken – …

Glocken
schenken
Kranke
Ecken
Stücke
Jacke
Bank
Heck
Quark

versenken Gedanke Decken
Flecken Brücke Hacke
Schranke trocken lenken
Lücke
Park Socken keck
Schrank Backe stark
Dank Speck

3 Schreibe die Wörter mit Sternchen (**k** oder **ck**) richtig auf. Ordne sie dabei in zwei Gruppen:

Wörter mit k	Wörter mit ck

1) Beim Abschied win*te mein Freund mir noch einmal zu.
2) Am ersten Ferientag gu*ten wir gleich zwei schre*lich spannende Krimis.
3) „Einen Augenbli*, bitte“, sagte die Dame an der Kasse.
4) In der Pause zan*ten sich einige Schüler heftig.
5) Das Gebä* vom Konditor schme*te uns ausgezeichnet.
6) Wir blieben fast im Verkehr ste*en und erreichten unseren Zug erst in letzter Se*unde.
7) Mit viel Geschi* befestigte er das Bild an dem schwachen Ha*en.
8) Nach dem Frühstü* hatte er schon viele Fle*en auf seinem T-Shirt.

Wörter mit tz und z

tz-Wörter

Satz schätzen Netz witzig Schnitzel verletzen Klotz
Schmutz Platz nützlich petzen Gesetz blitzen sitzen
kritzeln Geschwätz spitzig schwitzen Schutz entsetzlich

1 Ihr habt sicher sofort erkannt: Alle diese Wörter werden mit **tz** geschrieben. Schreibt sie in drei Gruppen auf.

Nomen: Satz ...
Verben: schätzen ...
Adjektive: witzig ...

2 Manche der Wörter in Aufgabe 1 reimen sich. Sprecht sie deutlich aus und schreibt sie auf.

3 Untersucht, wie die Vokale **vor** dem **tz** in den Wörtern ausgesprochen werden.
Sprecht dazu einmal das folgende Wortpaar deutlich aus:
sitzen – siezen
Wo könnt ihr einen Kurzvokal, wo einen langen Vokal hören?

4 Fasst jetzt das Ergebnis eurer Untersuchung zusammen:

Wir schreiben ein **tz** nur nach einem ?.

5 Schreibe die tz-Wörter, die miteinander verwandt sind, in Gruppen auf.
witzig, Witzfigur ...

witzig besitzen Putzerei Witzfigur verletzen
Klötze witzlos Bremsklotz putzen
Besitz beschmutzen Schmutz verschmutzen
Sitz Verletzung geputzt klotzig verletzt

6 Bilde zusammengesetzte Wörter und schreibe sie mit dem Artikel auf.

BERG WASSER AFFEN
UMWELT FELL BÄREN
\+
TATZE MÜTZE SPITZE
HITZE SCHUTZ PFÜTZE

z-Wörter

Salz Tanz Sturz

Walze Wanze Warze

1 Schreibt diese Wörter auf und ergänzt aus den Bildern weitere Beispiele.

2 Unterstreicht in den aufgeschriebenen Wörtern den Buchstaben, der **vor** dem **z** steht. Was stellt ihr fest?

3 Ordne die folgenden Wörter nach den Konsonanten **vor** dem **z**. Schreibe sie in einer Tabelle auf.

lz	nz	rz	andere Konsonanten
stolz	winzig	...	...

stolz winzig Harz Lefzen Ranzen Kerze
ganz würzen schmelzen einzeln Schmerz kurz
ächzen Pelz März Filz zwanzig Arzt
walzen glänzen Schmalz seufzen schwänzen
Stelzen abholzen Schanze schwarz schluchzen

4 Jetzt könnt ihr eure Erkenntnisse zusammenfassen. Vervollständigt den folgenden Merksatz.

Nach **?** schreiben wir immer **z**.

5 Hier sind zusammengesetzte Begriffe gefragt. Bildet sie aus den vorgegebenen Wörtern.

Schanze
Sprung Baum Harz
Docht Schmelz Stift
Arzt Filz Kinder
Kerzen Punkt

1) Bei dieser Temperatur wird ein fester Stoff flüssig.
2) Hier zeigt ein Skispringer, was er kann.
3) So „blutet“ ein Baum, wenn er verletzt wird.
4) Den benutzt du selber oft im Unterricht.
5) Ein Baumwollfaden, der von Wachs oder anderen Stoffen umgeben ist.
6) Er kann Kinder wieder gesund machen.

Auch diese Wörter werden mit **z** geschrieben.

heizen Kreuz Schnauze duzen

Geiz kreuzen Kauz siezen

6 Diktiert euch die Wörter gegenseitig.
Unterstreicht jeweils die Buchstaben, die **vor** dem **z** stehen.

7 Jetzt kannst du auch die zweite Regel über die Schreibung der z-Wörter aufschreiben.
Der Begriff *Vokal* muss in dieser Regel vorkommen.

Ein **z** steht auch nach ? und nach den Doppellauten ?, ? und ?.

8 Die folgenden Wörter sind mit den Wörtern aus Aufgabe 6 verwandt.
Schreibe die Wortfamilien auf.
Geiz: geizig, Geizhals ...

geizig schnäuzen Käuze Heizung Kreuzung Geizhals

kauzig geduzt anschnauzen überheizt Duzfreund ankreuzen

9 Bildet mit den Wörtern der Wortfamilien witzige Sätze.
In ihnen sollen mindestens drei z-Wörter vorkommen.
Der Geizhals heizt der Kreuzung ein.

10 Auch einige Fremdwörter schreibt man nur mit **z**.

Akazie Medizin Trapez Kapuze Rezept Komplize

Setze die passenden Wörter in die folgenden Sätze ein.

1) Früher meinten die Leute, dass die ?, die am schlechtesten schmeckt, am besten hilft.
2) Mit einem ? kann sowohl eine Kochanleitung als auch die Verschreibung eines Arztes gemeint sein.
3) Ohne eine dick gefütterte ? kann man in der Arktis nicht überleben.
4) Der Artist zeigt auf dem ? seine Kunststücke.
5) Die ? kommt sowohl als Baum als auch als Strauch vor.
6) Taschendiebe haben bei ihren Beutezügen oft ?.

tz oder z?

1 Die zusammengesetzten Wörter sind durcheinandergeraten.
Schreibe sie richtig auf. Witzbold ...

Witzkragen, Purzellicht, Filzautomat, Latzotter,
Geizbold, Kerzenbaum, Münzstift, Kreuzhose,
Blitztablette, Dampfmatratze,
Schmerzschlag, Luftwalze

2 Hier findest du eine Reihe von Ortsnamen.
Einige sind so geschrieben, wie es den Regeln der Rechtschreibung entspricht.
Andere müssten nach den Regeln heute eigentlich anders geschrieben werden.
Welche Ortsnamen gehören zu welcher Gruppe?
Begründet eure Meinung.

3 Entscheide über die Schreibweise der Wörter mit Sternchen.
Wenn du im Zweifel bist, so erinnere dich an die Regeln der z- und tz-Schreibung.

1) Im Garten stibi*en die Stare die schönsten Kirschen.
2) Nach dem schlechten Spiel machte der Trainer in der Kabine Raba*.
3) Unser Bäcker backt immer nur sal*ige Bre*eln.
4) Das Kind trägt heute eine pu*ige Kapu*e.
5) Du solltest niemanden verärgern, also nicht trie*en oder vergrä*en.
6) Schade, jetzt fallen die Klö*e um!
7) Der Einbrecher hatte eine rei*ende Kompli*in.

Die s-Laute

Ihr wisst natürlich bereits, dass die Schreibung der **s-Laute** gar nicht so einfach ist.
Wir schreiben manchmal den **s-Laut** so:

mit **s**	mit **ss**	mit **ß**
Düse	*Fluss*	*Gruß*
speisen	*lassen*	*fließen*
riesig	*gewiss*	*heiß*

Aber ihr erinnert euch wahrscheinlich auch daran: Es gibt eine Reihe von Hilfen, um die Probleme der s-Laut-Schreibung zu lösen.

Auf den folgenden Seiten könnt ihr noch einmal trainieren, auf welche Merkmale in den Wörtern ihr achten müsst.
Dann könnt ihr meistens recht gut entscheiden, ob ein Wort mit **s**, **ss** oder **ß** geschrieben wird.

Merkmale: Ist der s-Laut stimmhaft oder stimmlos?

1. Regel:
Signalwort: ***lesen***
Das **stimmhafte s** wird immer als **s** geschrieben:
lesen, Drüse, leise, unser.

Wenn ihr also wisst, dass in einem Wort ein **stimmhaftes s** vorliegt, könnt ihr eigentlich keinen Fehler machen. Aber ein **stimmhaftes s** kann man nur bei deutlicher Aussprache erkennen. Es wird als weicher (gesummter) Laut gesprochen.

1 Haltet euch einmal die Ohren zu.
Dann sprecht die drei Wortpaare deutlich aus:

riesig – rissig   lasen – lassen   reisen – reißen

In welchen Wörtern hörst du das **s** deutlich?
In diesen Wörtern wird das **s stimmhaft** gesprochen.
In welchen Wörtern hörst du das **s** so gut wie gar nicht, weil es **stimmlos** ist?

Tipp:
Wird ein Wort mit **s** geschrieben, so werden auch alle verwandten Wörter so geschrieben.

2 Aus diesen Wörtern kannst du sieben Wortfamilien zusammenstellen. Schreibe sie auf.
Vielleicht findest du auch jeweils noch ein weiteres verwandtes Wort.
verspeist, Speise, speisen ...

verspeist Brause grasen kreisen
anreisen lösen auslosen abgegrast
kreisrund losen Speise Gräser lösbar
gebraust speisen grasgrün ungelöst
Reiseziel Lose brausen Kreise

3 Schreibt die fehlenden Verbformen nach dem folgenden Muster auf.

beweisen - er bewies - er hat bewiesen
reisen - sie reiste - sie ist gereist
lesen - ? - ?

sausen -...
niesen -...
rasen -...

Merkmale: Ist der Vokal vor dem s-Laut kurz oder lang?

Stra | ße – Gạs | se

1 Hier seht ihr zwei Wörter mit **s-Laut**,
wie sie im Wörterbuch verzeichnet sind.
Wenn ihr sie nacheinander deutlich sprecht,
könnt ihr den Unterschied gut hören.

Welcher Vokal vor dem **s-Laut** wird kurz gesprochen, welcher lang?
Wie werden die Kürze und die Länge im Wörterbuch gekennzeichnet?

2 Welcher **s-Laut** klingt stimmhaft (gesummt),
welcher klingt stimmlos?

2. Regel:
Signalwort: ***Gasse***
Ist der Vokal vor dem stimmlosen **s** kurz,
schreiben wir **ss**.
Die erste Silbe endet in diesen Wörtern
mit einem **s**: *Kis-sen, mes-sen, ris-sig.*

3. Regel:
Signalwort: ***Straße***
Ist der Vokal vor dem stimmlosen **s** lang,
schreiben wir **ß**.
Die erste Silbe endet dann mit einem Vokal:
Grü-ße, schlie-ßen, drau-ßen.
Achtung: Laute wie **ei**, **au** und **ie** sind **lange Vokale**!

3 In den folgenden Wörtern fehlt der **s-Laut** (**ss** oder **ß**).
Sprecht euch immer zunächst das Wort deutlich vor.
Schreibt es dann auf.
Wenn ihr unsicher seid, ob ihr es richtig geschrieben habt,
dann geht noch einmal zu den beiden Regeln zurück.

Grö*e	e*en	Spä*e	sto*en
flei*ig	Grü*e	Blä*e	verge*en
bi*ig	au*en	pa*en	genie*en
pre*en	lä*ig	verbü*en	Nä*e

Tipp:
Wird ein Wort mit **ss** geschrieben,
so werden auch andere Wortformen
meist mit **ss** geschrieben.

4 Sucht zu *Biss, Masse, passen, nass*
verwandte Wortformen mit **ss**.

Schreibt sie nebeneinander auf.
Biss – bissig ...

passend bissig massenhaft verpasst
Nässe anpassen massig nasskalt Imbiss
Bissen massenweise patschnass

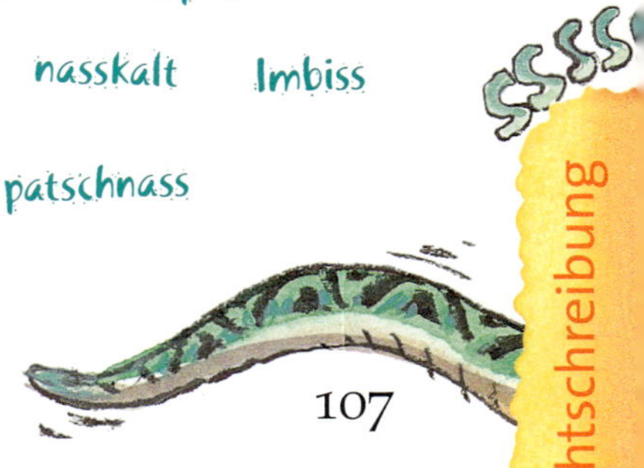

5 Bei diesen Wörtern musst du besonders gut aufpassen.
In ihnen ist der Vokal vor dem **s-Laut** in bestimmten Wortformen kurz, in anderen ist der Vokal lang. Entsprechend steht **ss** oder **ß**.
Schreibe die Lückenwörter richtig auf.

lassen – er ließ, sie lie*en
essen – er aß, sie a*en
wissen – du wei*t, das Wi*en
vergessen – er verga*, sie verga*en

beißen – sie biss , der Bi*
fließen – er flo*, der Flu*
schließen – sie schlo*, das Schlo*
gießen – sie go*, der Regengu*

6 Mrs Fox hat im folgenden Text die stimmlosen **s-Laute** durch ein Zeichen ersetzt.
Schreibt die rätselhaften Wörter richtig auf.

Liebe Rechtschreibfreunde,

ich hatte in der letzten Nacht einen stre#igen Traum. Ein Monster mit bla#er Haut kam in mein Verlies, in das man mich eingeschlo#en hatte. Es fa#te mich an den Schultern und pre#te mich gegen die wei#e Wand. Ich wu#te nicht, wie mir wurde. Ich hörte mich schreien: „La# mich hier raus!“ Doch es lie# mich nicht nach drau#en. Es flüsterte mir ins Ohr: „Das pa#t dir wohl nicht?“ Dann verlie# es den Raum und drehte den Schlü#el in der Tür um. Da wurde mir doch ein bi#chen schlecht, und ein dicker Klo# machte sich in meinem Hals breit. Wi#t Ihr, wie ich aus meinem Gefängnis wieder heraus-gekommen bin? Ich fa#te den Entschlu#, mich in den Daumen zu bei#en. Kaum war das pa#iert, wachte ich auf. Ich kann Euch sagen, ich sa# in Schwei# gebadet in meinen Ki#en.

Gru# und Ku#
Eure Mrs Fox

Besondere Wörter mit s-Lauten

Wörter mit der Nachsilbe *-nis*

Die Nachsilbe **-nis** schreiben wir mit **s**, aber im Plural wird das **s** verdoppelt: *Hindernis – Hindernisse.*

1 Aus diesen Verben und Adjektiven kannst du Wörter mit der Nachsilbe **-nis** bilden. Schreibe sie im Singular und Plural auf. Setze jeweils den Artikel davor.
das Ereignis – die Ereignisse

ereignen ergeben gleich erkennen erleben geheim verhalten finster hindern wagen verzeichnen

Fremdwörter mit den Wortbausteinen *-is, -as, -us*

Dosis Bambus Kürbis Virus
Basis Humus Realismus
Praxis Organismus Luxus
Atlas Zirkus Arktis
Egoismus Ananas Diskus

Fremdwörter mit den Nachsilben **-is**, **-as** und **-us** werden immer mit einfachem **s** geschrieben: *gratis, Atlas, Omnibus.*

2 Schreibe die Wörter in alphabetischer Reihenfolge auf. Diktiert sie euch dann gegenseitig.

3 Erklärt euch gegenseitig die Bedeutung dieser Wörter. Wenn ihr Zweifel habt, so nehmt ein Wörterbuch zu Hilfe.

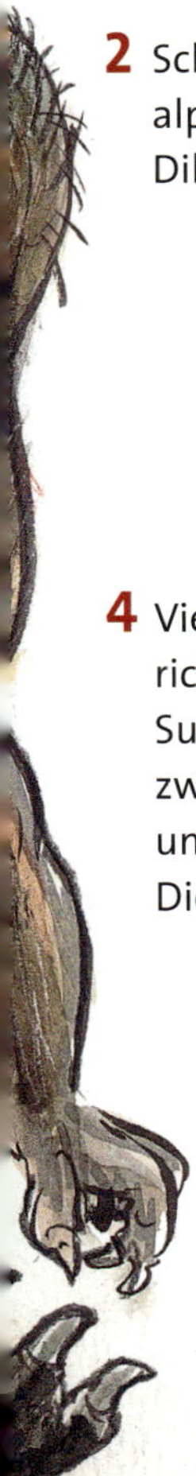

Besonders schwierige Wörter mit s-Lauten

Kie* Schwei* mie* Ga* Spa* Glei*
Klo* schlie*lich blo* Gru*

4 Vielleicht werdet ihr diese Wörter nicht auf Anhieb richtig schreiben können. Sucht deshalb zu diesen Wörtern jeweils zwei verwandte Wörter aus der Wörterliste rechts heraus und schreibt sie zusammen auf. Die Wörter der Wörterliste sind alphabetisch geordnet.

bloße (Füße) – bloßstellen – entgleisen – Gase – gasförmig – Gleise – Grüße – grüßen – Kiesel – Kieselstein – Klöße – Klößchen – mieses (Wetter) – Miesepeter – schließen – Schließfach – Schweißtropfen – schweißtreibend – spaßig – Späße

5 Verwendet die folgenden Wörter, die häufig falsch geschrieben werden, in kurzen Sätzen. Diktiert sie euch gegenseitig.

raus ein bisschen am besten am größten

Das h, mit dem wir Silben trennen

Wenn wir die folgenden Wörter in Silben sprechen, können wir das **h** hörbar machen:
*blü-**h**en* *dro-**h**en* *ge-**h**en*

Hätten wir dieses **silbentrennende h** nicht, dann sähen solche Wörter so aus:
blüen, droen, geen, Rue, Schue, Zeen …

1 Schreibt die Verben in der Grundform und mit Silbentrennungsstrichen auf:
ge-hen …

leiht geht steht naht seht zieht näht flieht verzeiht ruht glüht

2 Zu einigen Verben in Aufgabe 1 findet ihr hier verwandte Wörter.
Stellt die Wortfamilien zusammen.

nahe verleihen Ziehung ruhig näher
Erziehung Ruhe Nähe umziehen einsehen
zusehen Ausleihe ruhelos sehenswert leihweise

3 Vervollständigt nun die folgende Regel:

Das **silbentrennende h** steht meistens dann, wenn die **?** Silbe mit einem **?** endet (**na-**) und die zweite Silbe mit einem Vokal anfängt (**-he**). Auch die verwandten Wörter schreibt man dann mit einem **h**: *näher, Nähe, Annäherung.*

Das **silbentrennende h** steht nicht in Wörtern mit **au** *(kauen)*, **äu** *(Schläue)* und **eu** *(Reue).*

4 Weitere Übungen mit Wörtern, die ein **silbentrennendes h** haben:

- alle Wörter nach dem Alphabet ordnen;
- zu einigen Wörtern Reimwörter suchen;
- sich die Wörter gegenseitig diktieren;
- einige Wörter in kurzen Sätzen verwenden.

fähig Weihnachten ruhig fröhlich
Vieh beinahe Frühling drehen
sprühen früh Stroh verleihen
verstehen mähen froh ehe

5 In diesem Brief von Mrs. Fox fehlt in zehn Wörtern das **silbentrennende h**.
Schreibe diese Wörter richtig auf.

Dear Mr Korkenzieeer,

die naeliegende Frage, ob ich auch Kinder habe, weil ich mich doch so glüend mit ihnen beschäftige, kann ich nicht bejaen. Aus meiner frueren Ee mit meinem eemaligen Mann sind leider keine Kinder hervorgegangen. Mit der Erzieung von Kindern habe ich also beinae nichts zu tun. Lassen Sie mich bitte in Zukunft mit solchen Fragen in Rue!

Mit freundlichen Grüßen
Agatha Fox

Das Dehnungs-h

In manchen Wörtern hat das **h** die Aufgabe, zu zeigen, dass ein Vokal lang ist. Die Silbe, in der das **h** steht, soll besonders auffällig gemacht werden.

*ne**h**men*	*ke**h**ren*	*Sa**h**ne*
*ne**h**-men*	*ke**h**-ren*	*Sa**h**-ne*

Wir nennen dieses h **Dehnungs-h**.

1 Ordnet diese Wörter mit **Dehnungs-h** nach dem Alphabet und schreibt sie mit Silbenstrichen auf:
be-neh-men ...

Dehnung Lehre Mahnung Gefahren Jahre
stehlen Kühle wühlen verwöhnen Wohnung
Uhren mehrere benehmen prahlen versöhnen
während Rohre ehren

2 Die Wörter mit **Dehnungs-h** haben noch andere Besonderheiten. Vergleicht dazu die vier Wortreihen. Achtet besonders darauf, welche Buchstaben jeweils **nach** dem **h** stehen.

a) fehlen, zahlen, johlen, Fohlen
b) nehmen, nachahmen, zähmen, Rahmen
c) gähnen, dröhnen, dehnen, Sahne
d) bohren, führen, kehren, Möhre

3 Fasst nun eure Beobachtungen zusammen:
Steht das **Dehnungs-h** nach Kurzvokalen oder Langvokalen?
Vor welchen Buchstaben kommt ein **Dehnungs-h** vor?

> Das **Dehnungs-h** steht immer nur nach ?.
> Es steht auch nur vor den Konsonanten ?, ?, ?, und ?.

4 Ergänzt in den Wortreihen der Aufgabe 2 die folgenden Wörter mit **Dehnungs-h**. Sucht selbst noch jeweils zwei Beispiele für jede Reihe.

Föhn hohl Kahn kühl lahm wahr
zahm mehr Mohn Ohr Pfahl
Rahm Ruhm sehr Sohn Strahl

Aber Vorsicht!

Auch wenn dem langen Vokal ein **m**, **n**, **r** oder **l** folgt, steht oft nur der einfache Vokal: *sich schämen, hören, Tal.*

5 Schreibt die folgenden Wörter auf.
Ihr könnt sie gleich nach den Wortanfängen ordnen.
Was fällt euch auf?

sch	sp	qu	t
Schemel	...	...	...

Schemel quälen Tore schwören schnüren quer Spule spülen schwer Töne schonen schälen Schule Spur Spuk Tränen Schönheit Täler schmal schmoren Türen

6 Das Ergebnis eurer Beobachtungen:

Nach den Wortanfängen ?, ?, ? und ?
steht **niemals** ein **Dehnungs-h**.

7 Diese Wortpaare spricht man jeweils gleich aus.
Die Wörter haben aber eine unterschiedliche Bedeutung und werden deshalb auch unterschiedlich geschrieben.
Setzt die Wörter in die passenden Satzlücken ein.

Wal – Wahl
leeren – lehren
malen – mahlen
Meer – mehr

Wer die ? hat, hat die Qual.

Die Gäste ? das Glas in einem Zug.

Die Kinder ? für den Theaterabend ein großes Bühnenbild.

Alle großen Ströme fließen in das ?.

Der ? ist ein großes Säugetier, das im Meer lebt.

Früher konnte man Kaffeebohnen nur mit einer Handmühle ?.

Ein Euro ist ? wert als ein Cent.

Viele Eltern ? ihre Kinder den richtigen Umgang mit Haustieren.

Das h in Fremdwörtern

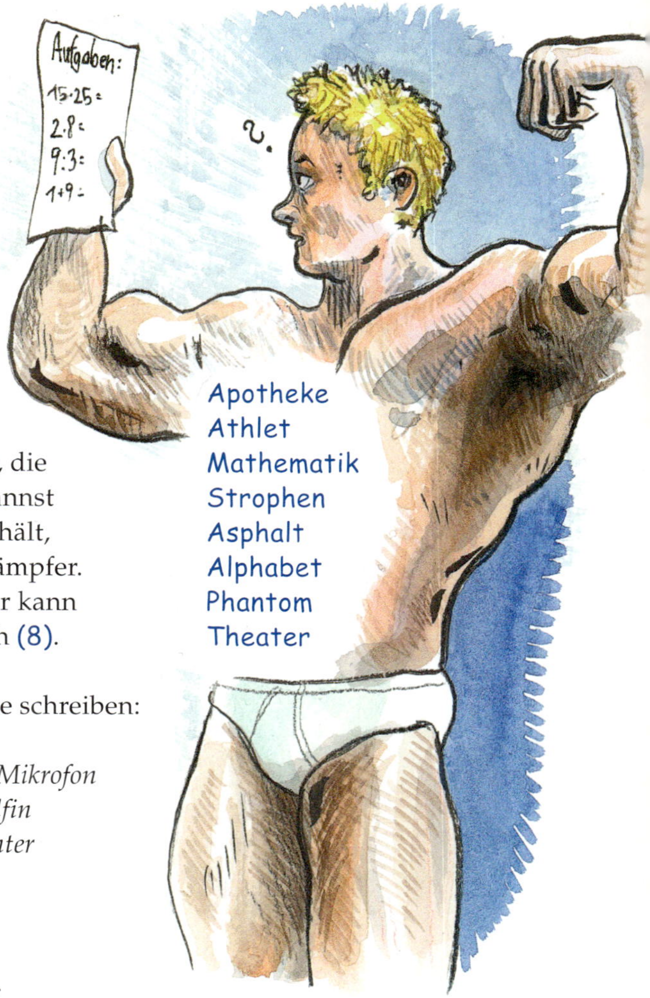

In Fremdwörtern steht das **h** häufig in Verbindung mit **t**, **p** und in wenigen Wörtern auch mit **r**: *Thema, Triumph, Rheuma*

1 Setze in die Lücken der Sätze die passenden Fremdwörter ein.

Apotheke
Athlet
Mathematik
Strophen
Asphalt
Alphabet
Phantom
Theater

Ein Gedicht hat meist mehrere (1). – Die (2) ist die Wissenschaft, die sich mit Zahlen, Mengen und Größen beschäftigt. – In der (3) kannst du Medikamente kaufen. – Ein Trugbild, das einen zum Narren hält, ist ein (4). – (5) ist die griechische Bezeichnung für einen Wettkämpfer. – Im (6) werden Bühnenstücke aufgeführt. – Aus Erdöl oder Teer kann man (7) herstellen. – Die Folge sämtlicher Buchstaben heißt auch (8).

Manche Fremdwörter kann man auf zweifache Weise schreiben:

Photographie oder *Fotografie*
Phantasie oder *Fantasie*
Orthographie oder *Orthografie*
Mikrophon oder *Mikrofon*
Delphin oder *Delfin*
Panther oder *Panter*

2 Setze das passende Fremdwort ein.
Verwende die Schreibweise, die dir am besten gefällt.

a) Das Fremdwort ? ist eine andere Bezeichnung für Rechtschreibung.
b) Nur Sänger mit einer vollen Stimme wagen es, ohne ? zu singen.
c) Der ? benutzt zur Orientierung im Wasser eine Art Echolot.
d) Die Digitalkamera ist eine wichtige Neuentwicklung auf dem Gebiet der ?.
e) Beim Schreiben von Science-Fiction-Geschichten kommt es vor allem auf viel ? an.
f) Der ? ist eine Großkatze, die ihre Opfer meist von Bäumen herab anfällt.

Kurzer Test zu Wörtern mit h

3 Welche der folgenden Wörter haben ein **Dehnungs-h**, welche ein **silbentrennendes h**?

früher, fliehen, Zahlen, Fährte, gezähmt, Beziehung, Drehung, ablehnen, versöhnen, entleihen, Gefahren, bemühen

4 In welchen Phantasiewörtern könnte ein **Dehnungs-h** stehen, in welchen nicht? Begründe.

schmö?len, Tü?me, Bro?nen, quö?men, spa?gen, ro?men, ru?len, nü?men, Ta?f, Se?re

5 Die Hälfte dieser Wörter muss mit **h** geschrieben werden. Welche?

bejaen, (sie) blüten, Geräte, erneuern, vernäen, schwören, verhönen, Verzeiung, entzweien, Träne

Strategien anwenden: andere Wortformen suchen

Manche Wörter kennst du so gut, dass du sie ohne Probleme richtig schreiben kannst. Bei anderen aber bist du unsicher. Natürlich kannst du dann jemanden fragen oder im Wörterbuch nachschlagen.

Es gibt aber auch die Möglichkeit, selbst die richtige Schreibweise zu finden. Auf den folgenden Seiten kannst du noch einmal die Strategien wiederholen, mit denen du die richtige Schreibweise eines Wortes selbst finden kannst.

Strategie 1: Verlängern

Durch diese Strategie kannst du herausbekommen, wie man bestimmte Wörter am Ende schreibt, z. B. mit **d** oder **t**, **b** oder **p**, **g** oder **k**.

*Lie**d** – Lie**d**er*
Dass wir das Ende dieses Wort mit **d** und nicht mit **t** schreiben, hören wir gut in der verlängerten Form: *Lieder.*

- Nomen kann man am einfachsten verlängern, wenn man den **Plural** bildet (*Lied* – ***Lieder***).

*blei**b**! – blei**b**en*
In *bleib* schreiben wir am Ende ein **b** und nicht ein **p**, weil in der verlängerten Form ein **b** steht.

- Verben kann man am einfachsten verlängern, indem man den **Infinitiv** sucht (*bleib* – ***bleiben***).

*klu**g** – klü**g**er*
Hier hört man in der verlängerten Form deutlich ein **g**, sodass auch in *klug* am Ende ein **g** stehen muss.

- Adjektive kann man am einfachsten verlängern, wenn man eine **Steigerungsform** findet (*klug* – ***klüger***).

1 Erprobe die Strategie des Verlängerns an folgenden Wörtern. Sie werden fast alle mit **b**, **d** oder **g** geschrieben. Aber Vorsicht: In jede Gruppe hat sich ein Wort eingeschlichen, das anders (also mit **p**, **t** oder **k**) geschrieben wird.

Schreibe immer auch das verlängerte Wort auf:
Gib her! – geben …
wütend – wütender …

b oder p?	d oder t?	g oder k?
Gi* her!	wüten*	die Bur*
der Die*	halbrun*	das Vol*
plum*	frem*	der Zwer*
sie schrie*	die Wel*	weni*
gro*	der Hel*	Der Weg ist lan*.
Das ist lie*.	das Spielfel*	ban*

Besonders bei Verbformen mit **t** am Ende kann die **Strategie des Verlängerns** eine wichtige Hilfe sein:

Aus *lügt* mach' *lügen*,
also mit **g** geschrieben.

Aus *hinkt* mach' *hinken*,
also mit **k** geschrieben.

Aus *klebt* mach' *kleben*,
also mit **b** geschrieben.

Aus *hupt* mach' *hupen*,
also mit **p** geschrieben.

Diese Hilfe kannst du aber nur nutzen, wenn du den Laut in der verlängerten Form richtig aussprichst.

2 Wende jeweils die Strategie des Verlängerns auf die folgenden Lückenwörter an. Sprich die verlängerten Wörter deutlich aus. Schreibe die ergänzten Lückenwörter und die verlängerten Wörter richtig auf.

Er hat sich beim Heben die rechte Schulter verren*t. – Beim Verkauf verlan*te sie für den PC einen fairen Preis. – Pit win*te seiner Freundin zu. – Der Anorak hän*t am Garderobenhaken. – Er zan*te sich oft mit seiner Schwester. – Das undichte Boot versin*t im Wasser. – Sie schie*t den Schlitten kräftig an. – Schlaftrunken rei*t sich das Kind die Augen. – Beim Vulkanausbruch be*te die Erde. – Die Grille zir*t im Gras. – Er kle*t die Briefmarke auf den Umschlag. – Nach der Reparatur des Schlauches pum*te der Mechaniker den Reifen wieder auf.

Strategie 2: Verkürzen

Durch diese Strategie kannst du sehen, wie ein Wort in der Mitte geschrieben wird, z. B. mit **ä** oder **e**, mit **äu** oder **eu**.

länger – lang *schmäler – schmal*

Häute – Haut *Sträucher – Strauch*

Wir fragen hier also immer danach, wo das Wort herkommt. Bei Adjektiven gehen wir dabei auf das Grundwort zurück, bei Nomen in der Mehrzahl auf die Einzahl.

1 Schreibe die Lückenwörter richtig auf. Ergänze jeweils ein weiteres verwandtes Wort. Du findest solche Wörter auch im Wörterbuch.
Kräuter – Kräutertee ...

Kr**ter kommt von Kraut,
Br**te komm von Braut,
Schl**che kommt von Schl**ch,
Z**ne kommt von Z**n.

Pl*ne kommt von Plan,
W*nde kommt von Wand,
R*nder kommt von R*nd,
B*nder kommt von B*nd.

Strategie 3: Suchen eines verwandten Wortes

Wenn man zu einem Wort ein verwandtes Wort findet, kann man meist besser erkennen, wie das Wort geschrieben wird. Auch hier suchst du am besten ein kürzeres Wort, das in dem längeren Wort steckt.

Verlängerung – lang *nämlich – Name*	In dem Wort *Verlängerung* steckt das Wort *lang*, in dem Wort *nämlich* das verwandte Wort *Name*. Weil diese verwandten Wörter mit **a** geschrieben werden, steht in *Verlängerung* und *nämlich* ein **ä** und kein **e**. Und weil das Wort *nämlich* von *Name* kommt, dürfen wir es auch nicht mit **h** schreiben.
betäubt – taub	Wir schreiben *betäubt* mit **äu**,weil es von einem Wort mit **au** abgeleitet ist.
herrlich – Herr	Das Wort *herrlich* schreiben wir deshalb mit **Doppel-r**, weil darin das Wort *Herr* steckt.
Kenntnis – kennen	*Kenntnis* müssen wir mit **Doppel-n** schreiben, denn es ist von dem Wort *kennen* abgeleitet.

e oder ä?

nebens*chlich – sich r*chen – das Gel*nde – überqu*ren – sich erk*lten – die Qu*lerei – kr*ftig – zuf*llig – Gep*ck – m*chtig – verd*chtig – der Anf*nger – gl*nzend

1 Schreibe neben diesen Wörtern immer auch ein verwandtes Wort mit **a** auf.
Achtung: ein Wort wird mit **e** geschrieben!
nebensächlich – Sache …

äu oder eu?

großm**lig – fr**ndlich – aufr**men – ausr**chern – vertr**mt – vorl**fig – die Verk**ferin – s**bern – verl**gnen – die H**lboje – K**ze – die Br**che

2 Schreibe die Wörter auf. Ergänze jeweils ein verwandtes Wort mit **au**. Achtung: Es haben sich drei Wörter mit **eu** eingeschlichen!
großmäulig – Maul …

3 Schreibe die Wörter richtig auf. Du kannst immer ein verwandtes Wort als Rechtschreibhilfe heranziehen. Notiere beide Wörter.

der mächtige He**scher	das eindru**svolle Argument
ein Stü**chen Schokolade	ein bi**chen Sonne
der schre**liche Unfall	die unglau*liche Geschichte

Schreck
Biss
glauben
Stück
Druck
Herr

Verben können zu Nomen werden

Der Weltraumtourist

Das **Verreisen** in ferne Länder ist heute nicht mehr ungewöhnlich. Urlauber finden beim **Studieren** der Reiseprospekte viele Angebote für ihre Traumziele. Der Amerikaner Dennis Tito hält aber nicht viel vom **Blättern** in Reiseprospekten. Wahrscheinlich wusste er auch schon vorher, dass sein **Suchen** in den Katalogen umsonst sein würde. Sein Reiseziel war nämlich der Weltraum. Für eine Summe von umgerechnet 22 Millionen Euro stand seinem **Herumfliegen** im Weltraum nichts mehr im Wege.

1 Tourismus im Weltraum – was haltet ihr davon?

2 In dem Text sind fünf Wörter hervorgehoben. Was fällt euch daran auf?

3 Wenn diese Wörter hier großgeschrieben werden, müssen sie zu Nomen geworden sein. Seht euch jetzt einmal die Wörter an, die **vor** diesen markierten Wörtern stehen. Schreibt dazu die großgeschriebenen Wörter mit ihren Begleitern auf und ordnet sie in die folgende Tabelle ein.

Artikel + Nomen	Präposition + Artikel + Nomen	Pronomen + Nomen
…	beim (= bei dem) Studieren	sein Suchen

4 Sucht auch aus der Fortsetzung des Textes die Verben heraus, die zu Nomen geworden sind. Es sind insgesamt vier. Achtet dabei auf ihre Begleitwörter. Ordnet die Beispiele in die Tabelle der Aufgabe 3 ein.

Aus der Zeitung konnten wir erfahren, dass Dennis Tito bei seinem Weltraumflug richtig ins Schwärmen geriet. Als Weltraumtourist musste er auch nicht ans Arbeiten in der Weltraumstation denken. Gefährlich war nur das Abkoppeln der Fähre von der Weltraumstation. Aber am 6. Mai 2001 verlief das Landen des Weltraumtouristen auf der Erde ohne Probleme.

Signalwort: ***beim Schreiben***

Verben können als **Nomen** gebraucht werden
und werden dann großgeschrieben.
Meistens weisen bestimmte **Begleitwörter** auf die Großschreibung hin:
Solche Begleitwörter können sein:
Artikel *(ein, das …)*,
Präpositonen + Artikel *(vom (= von dem), beim (= bei dem) …)* oder
Pronomen *(sein, ihr …)*.

5 Schreibe die folgenden Sätze mit richtiger Groß- und Kleinschreibung auf.
Achte bei allen Nomen auf die Begleitwörter,
die auf die Großschreibung hinweisen.
Vergleicht anschließend eure Lösungen.

Vor dem start musste der weltraumtourist fast ein jahr zum trainieren nach russland. Auch für den drahtigen 60-jährigen war das fliegen im weltraum kein kinderspiel. Sein körper wurde beim starten und im weltraum stark belastet. Im unterschied zu den anderen astronauten durfte er nicht am forschen in der raumstation teilnehmen. Nur in der bordküche war sein mitmachen erwünscht.

6 Ergänze die folgenden Sätze durch Beispiele
mit dem richtigen Begleitwort.
Denke an die Großschreibung.

Während der vielen Liegestütze kam ich ganz schön ?.

Bei Kilometer 35 dachte der Läufer das erste Mal ?.

Die kleinen Kinder waren ? bald sehr müde.

Bei unserer Party hatte ich ? keine Lust.

Er hat sich ? die rechte Hand verstaucht.

Im Hintergrund hörte man ? der Zuschauer.

Erst am Wochenende kam ich endlich ?.

das	schwitzen
ans	aufhören
zum	toben
ins	tanzen
vom	spielen
beim	jubeln
zum	ausschlafen

Adjektive können zu Nomen werden

Der Trainer ermunterte die neuen Mitspieler.
Der Trainer ermunterte die Neuen.

1 Ist es nicht erstaunlich, dass *neuen* einmal klein- und einmal großgeschrieben wird?
Vergleicht genauer, mit welchen anderen Wörtern *neuen/Neuen* in den Beispielsätzen steht.

die ***N****euen – die neuen Mitspieler*

2 Auf welche Beispiele passen die beiden Begründungen?

a) Hier ist ein Adjektiv selbst zu einem Nomen geworden.
b) Hier gehört das Adjektiv zu einem Nomen.

3 Auch in den folgenden Sätzen sind Adjektive zu Nomen geworden.
Sie stehen nach bestimmten Begleitwörtern.
Schreibe diese Nomen mit ihren Begleitwörtern heraus.

In deinem Brief stand viel Neues drin.

Du hast wirklich nichts Wichtiges vergessen.

Ich dagegen kann wenig Aufregendes berichten.

Du weißt ja sowieso schon alles Interessante.

Signalwort: ***alles Gute***

Adjektive können als **Nomen** gebraucht werden und werden dann großgeschrieben: *die Neuen, das Besondere, nichts Wichtiges.*
Vor diesen Nomen stehen als **Begleitwörter**
meist der Artikel *der, die, das, ein* oder Wörter wie *viel, wenig, alles, manches, etwas, nichts.*
Auf die Großschreibung weisen aber auch die **Endungen** der Adjektive (**-e**, **-en**, **-es**) hin: *etwas Merkwürdiges.*

4 In den folgenden Sätzen findest du drei Adjektive, die hier als Nomen gebraucht werden. Schreibe sie mit den Begleitwörtern auf. Unterstreiche die Endungen der großgeschriebenen Wörter.

Über die Fische kann man einige interessante Dinge lesen. Es ist sicher etwas Merkwürdiges, wenn sich Fische aus dem Wasser erheben und manchmal über 200 Meter fliegen. Das Besondere an ihren Flossen ist, dass sie wie Flügel ausgebreitet werden können. Lachse schwimmen tausende von Kilometern im Meer und finden dann doch ihre Heimatflüsse wieder. Dabei zeigt sich das Außergewöhnliche darin, dass sie offenbar ihren Heimatfluss am Geschmack und Geruch erkennen.

5 Schreibe die folgenden Beispielsätze auf. Achte dabei besonders auf die Adjektive, die zu Nomen geworden sind. Unterstreiche diese Wörter und die davor stehenden Begleitwörter.

NÄCHSTE WOCHE MACHEN WIR EINE FAHRT INS BLAUE.

DIE NEUGIERIGEN ZUSCHAUER HATTEN SCHON LANGE NICHT MEHR SO ETWAS LUSTIGES ERLEBT.

DIE PARTY WAR ZIEMLICH LANGWEILIG, DENN ES PASSIERTE NICHTS BESONDERES.

ÜBER DIE NEUE KLASSENLEHRERIN HATTEN WIR SCHON VIEL GUTES GEHÖRT.

KAREN KNIFF IHRE AUGEN ZUSAMMEN, WEIL SIE SICH AN DAS HELLE GEWÖHNEN MUSSTE.

DIE VORSICHTIGEN KÖNNEN AUCH DIE MUTIGEN SEIN.

DIE LETZTE WETTERVORHERSAGE VERSPRACH WENIG ERFREULICHES.

Zeitangaben

Ganz schön anstrengend

Ich bin **heute** noch ganz fertig und **gestern** war ich total kaputt. Das war vielleicht eine verrückte Woche. Am **Mittwoch** hatte ich schon **morgens** richtig Stress. Ich schrieb nämlich **vormittags** die letzte Mathearbeit und gegen **Abend** musste ich mit meinen Eltern zu meiner Oma fahren, um ihren Geburtstag zu feiern. Am **Donnerstag** gab es dann die nächste Klassenarbeit. Der **Vormittag** war mir damit verdorben und **nachmittags** ging es gleich zum Training. Der **Freitagmorgen** war endlich so, dass ich verschnaufen konnte.

1 In diesem Text sind die Zeitangaben hervorgehoben. Schreibt sie nach Groß- und Kleinschreibung geordnet auf. Bei den großgeschriebenen Zeitangaben solltet ihr auch wichtige Begleitwörter notieren.

großgeschriebene Zeitangaben	kleingeschriebene Zeitangaben
am Mittwoch	heute

2 Wenn ihr die Begleitwörter und die Endungen der Zeitangaben beachtet, dann könnt ihr die Merksätze vervollständigen:

Signalwort: ***am Montag***
Zeitangaben werden **großgeschrieben**, wenn vor ihnen ein ?, ein Pronomen oder eine Präposition steht.
Beispiele: ?, *an diesem Abend, gegen Mittag.*

Signalwort: ***montags***
Zeitangaben werden **kleingeschrieben**, wenn es sich um einfache Adverbien wie ? und ? handelt oder wenn sie mit einem ? am Ende geschrieben werden. Beispiele: *gestern, morgen,* ?.

3 Entscheidet über die Groß- und Kleinschreibung der Zeitangaben in den folgenden Sätzen. Ordnet sie in die Tabelle der Aufgabe 1 ein.

Eigentlich habe ich ja am DIENSTAGNACHMITTAG Training, aber es war diesmal auf den DONNERSTAG verlegt worden. Auf alle Fälle war ich erst um 9 Uhr ABENDS zu Hause und musste dann noch mein Referat vorbereiten, das ich am nächsten TAG halten sollte. Zum Glück konnte ich das Referat gegen MITTAG halten. Und MORGEN hat der Stress endlich ein Ende, denn am SAMSTAG schlafe ich ganz lang und stehe erst MITTAGS auf.

Getrennt- und Zusammenschreibung

Wann wir Wörter getrennt- und wann wir sie zusammenschreiben, ist nicht immer einfach zu entscheiden.

Es gibt aber einige Hilfen für die richtige Schreibung. Man sollte z. B. darauf achten, zu welcher Wortart die Wörter gehören.

Nomen + Verb

Signalwörter: ***Rad fahren***

Nomen und Verb werden in der Regel getrennt geschrieben:
Rad fahren, Ball spielen, Angst haben, Ernst machen.

Andere häufig vorkommende Beispiele aus Nomen und Verb sind:
Ball spielen, Platz machen, Probe fahren, Ski laufen, Angst machen, Bescheid sagen, Auto fahren, Schuld haben, Schlitten fahren.

1 So könnt ihr euch diese Beispiele einprägen.

- Sie alphabetisch geordnet aufschreiben:
  Angst haben …
- Einzelne Verben mit anderen Nomen aufschreiben:
  Bus fahren, Skateboard fahren …
- Die Wörter im Perfekt aufschreiben:
  Er ist Rad gefahren. Sie hat Not gelitten.
- Die Wörter in Partnerarbeit gegenseitig diktieren.
- Sätze aufschreiben, in denen die Wörter vorkommen. Sie können auch witzig sein:
  Bevor du Ball spielst, musst du erst Angst haben.

2 Schreibe diese Sätze mit Verben wie *werden, können, sollen, müssen, wollen* auf.
Am Sonntag werde ich Rad fahren.

1) Am Sonntag fahre ich Rad.
2) Sie fährt den neuen Wagen Probe.
3) Das Gewitter macht mir Angst.
4) Sein kleiner Bruder spielt gern Ball.
5) An dem Unfall hat sie Schuld.
6) An Weihnachten fahren wir Schlitten.
7) Peter macht endlich Platz.
8) Ich sage deiner Mutter Bescheid.

3 Diesen kleinen Text könnt ihr euch gegenseitig in Partnerarbeit diktieren.
Kontrolliert anschließend gemeinsam.

Wir hatten in unserer Familie beschlossen, dass wir wieder einmal gemeinsam SPORT/TREIBEN wollten. Es war sicher nicht verkehrt, auf eine bessere Kondition WERT/ZU/LEGEN. Wir waren uns schnell einig, dass wir am Wochenende RAD/FAHREN wollten. Natürlich wollen wir nach der großen Anstrengung an einem schattigen Plätzchen RAST/MACHEN. Bestimmt wird unsere Mutter darauf achten, dass wir beim Essen und Trinken einen tollen PLATZ/FINDEN.

Diese Wörter werden immer getrennt geschrieben

Präge dir die Getrenntschreibung solcher Wörter ein:
zu Ende, wie viel, auf einmal und *gar nicht!*

Weitere Beispiele, die immer getrennt geschrieben werden:

zu oft
am wenigsten
wie weit
darüber hinaus
auf Wiedersehen
nach wie vor
eines Tages
im Voraus
gar nichts
zu wenig
wie oft
wie viele
zu weit
zu Hilfe
zu Fuß
so viele
zu viel
vor allem
wie hoch
wie viel
zu Ende

1 Wie ihr die Wörter einüben könnt:

- Diktiert euch die Wörter in Partnerarbeit.
- Ordnet sie nach dem Alphabet.
- Schreibt alle Wörter mit *zu* und *wie* auf.
  zu Ende …
- Schreibt die Beispiele auf, die ein Nomen enthalten.
- Schreibt Sätze auf, in denen die Wörter vorkommen:
  Du bist mir schon oft zu Hilfe gekommen.

2 Probiert aus, welche von den Wörtern oben in die einzelnen Sätze passen. Schreibt die Sätze auf.

1) Der letzte Bus war gerade abgefahren, sodass wir die ganze Strecke ? gehen mussten.
2) Ich weiß gar nicht, ? Geld ich noch zu bekommen habe.
3) Sie kann ihm nicht mehr glauben, denn er hat sie ? enttäuscht.
4) Weißt du, ? es noch bis zur Gipfelstation ist?
5) Du kennst den Film doch schon, ? willst du ihn dir eigentlich noch ansehen?
6) Noch bevor das Turnier ? war, reiste die Bremer Mannschaft ab.
7) Bloß gut, dass du mir nach dem Fahrradunfall so schnell ? gekommen bist.
8) Ich dachte an ?, da gab es plötzlich einen gewaltigen Knall.
9) Obwohl er letzte Woche kein Tor geschossen hat, hält der Trainer ? an seinem Stürmer fest.
10) In seinem Brief bedankte er sich schon ? für die Unterstützung.
11) Sie hatte schon immer ein Herz für Tiere, ? aber mag sie Pferde.
12) Er beschäftigt sich viel mit seinem neuen Computer, weil er sein Hobby ? zum Beruf machen möchte.
13) ? macht ihm das Arbeiten mit dem Computer auch viel Spaß.
14) Im Wald hatte Tim mit seinem Großvater ? Pilze gesammelt, dass sie davon eine Suppe kochen konnten.

Diese Wörter werden zusammengeschrieben

Diese Zusammensetzungen mit Verben werden im Infinitiv und in der Perfektform immer zusammengeschrieben:
heimgehen, heimzugehen, heimgegangen; stattfinden, stattzufinden, stattgefunden; schiefgehen, schiefzugehen, schiefgegangen.

In anderen Verbformen wird getrennt geschrieben: *Wir* ***gehen*** *jetzt* ***heim.***
Du solltest dir solche Wörter gut einprägen!

Weitere Beispiele, die zusammengeschrieben werden:

irreführen bloßstellen rarmachen zufriedengeben

preisgeben wichtigmachen bereithalten

durcheinanderreden heimzahlen aufeinanderlegen

kaputtgehen heimfahren teilnehmen madigmachen

1 Ordnet die Beispielwörter nach dem Alphabet und diktiert sie euch gegenseitig.

2 Verwende in diesen Sätzen die Futur- oder die Perfektform der Verben. Schreibe die Sätze auf.

1) An dem Training nimmt er nur selten teil.
2) An der Kasse hält er seinen Schülerausweis bereit.
3) Mit ihrem Anteil an unserem Sieg macht sie sich wichtig.
4) Sie legen in der Turnhalle die Matten aufeinander.
5) Vor dem Geburtstag gibt er sein Geheimnis nicht preis.
6) Mit seiner ständigen Nörgelei macht er uns das Spiel madig.
7) In dem Spiel geben wir uns mit einem Unentschieden zufrieden.
8) In der Diskussion reden einige Teilnehmer einfach durcheinander.

3 Setzt für die fett gedruckten Wörter passende Wörter aus den Beispielen oben ein. Schreibt die Sätze auf.

Vorbereitung auf das Handballturnier

Wir werden uns mit einer starken Mannschaft am Schulturnier im Handball **beteiligen**. Dieses Turnier soll am nächsten Freitag **durchgeführt werden**. Ina, unsere neue Mitschülerin, will sich als Kreisläuferin **zur Verfügung halten**. Vielleicht können wir damit die anderen Mannschaften ein bisschen **verwirren**. Da Ina im Handball ein Ass ist, kann eigentlich gar nichts mehr **danebengehen**. Wir werden vor Spielbeginn auf keinen Fall unsere Mannschaftsaufstellung **verraten**. Hoffentlich können wir am Freitag mit dem Siegerpokal **nach Hause fahren**. Wir lassen uns dann von niemandem unseren Turniersieg **schlechtreden**. Wir werden uns mit unserem Erfolg aber auch sicher nicht **aufspielen**.

Die Zeichen der wörtlichen Rede

Wenn etwas wörtlich gesagt wird, müssen wir das beim Schreiben besonders hervorheben. Wie ihr bereits wisst, dienen dazu die Anführungszeichen.

„So habe ich das nicht gesagt."

Bei der wörtlichen Rede steht aber fast immer ein Begleitsatz, in dem steht, **wer** spricht und **wie** etwas gesagt wird.
Der Begleitsatz kann **vor** oder **nach** der wörtlichen Rede stehen oder in die wörtliche Rede **eingeschoben** sein.

1. Steht der Begleitsatz **vor** der wörtlichen Rede, dann wird die wörtliche Rede durch einen Doppelpunkt angekündigt.
   Paul meinte: „So habe ich das nicht gesagt."

2. Der Begleitsatz kann auch **nach** der wörtlichen Rede stehen.
   „So habe ich das nicht gesagt", meinte Paul.
   „Das ist doch gelogen!", ärgerte sich Paul.
   „Hast du mir überhaupt zugehört?", fragte Paul.

1 Wenn ihr euch die Beispielsätze genauer anseht, könnt ihr den folgenden Merksatz ergänzen.

Zwischen der wörtlichen Rede und dem nachgestellten Begleitsatz steht immer ein ?.
Ist die wörtliche Rede eine Frage,
so muss ein ? gesetzt werden,
ist sie ein Ausruf, muss ein ? gesetzt werden.

2 Schreibe die folgenden Sätze auf und setze die richtigen Redezeichen ein.

Habt ihr alle Anweisungen verstanden? fragte der Trainer.
Ihr dürft die andere Mannschaft nicht zu ihrem Spiel kommen lassen riet der Mittelstürmer.
Stoppt den Gegner am besten schon an der Mittellinie! rief der Torwart.
Jeder muss sein Bestes tun forderte der Trainer.

3. Der Begleitsatz kann auch in die wörtliche Rede eingeschoben sein. Dann stehen Anführungszeichen bei beiden Teilen der wörtlichen Rede.
   Vor und **nach** dem Begleitsatz steht ein Komma.
   „So", meinte Paul, „habe ich das nicht gesagt."

3 Schreibe die wörtlichen Reden mit dem eingeschobenen Begleitsatz richtig auf.

Weshalb bist du so frech schrie der Wolf und trübst mir das Wasser?

Wie kann ich dir denn erwiderte das Lamm überhaupt das Wasser trüben?

Das Wasser fließt doch verteidigte sich das Lamm von dir zu mir herunter.

Auch dein Vater hat mich oft beharrte der Wolf in schlimmer Weise beleidigt.

4 In diesem Schülertext fehlen alle Redezeichen – auch die Doppelpunkte und die Kommas zwischen wörtlicher Rede und Begleitsatz. Schreibe den Text richtig auf. Wenn du unsicher bist, so schau noch einmal bei den Merksätzen und Beispielen auf Seite 125 nach.

Ein Unfall

Als wir gestern beim Mittagessen saßen, hörten wir plötzlich einen lauten Krach. Meine Mutter meinte erschrocken Was kann denn da passiert sein? Sofort rannte meine Schwester zum Fenster. An der Kreuzung rief sie sind zwei Autos zusammengestoßen. Da muss ich hin! sagte mein Bruder. Dann rief er vom Fenster aus Jetzt kommt schon der Krankenwagen mit Blaulicht. Bei dem Unfall sagte ich hat es doch bestimmt Verletzte gegeben. Ob wir da helfen können? fragte meine Schwester. Da sind doch schon genug Helfer da meinte unsere Mutter. Sicher hatte sie Recht und wir mussten zu Hause bleiben.

Das Komma zwischen Hauptsatz und Nebensatz

Es gibt drei Arten, wie ein Hauptsatz und ein Nebensatz miteinander verbunden sein können.

Bären greifen schnell an,
wenn sie sich bedroht fühlen.

1 Seht euch diesen Satz genauer an.
Welcher ist der Hauptsatz, welcher der Nebensatz? Begründet.
Schreibt den Satz auf.
Zeichnet über den Hauptsatz und den Nebensatz folgendes Satzmodell:

Hauptsatz , Nebensatz .
Bären greifen schnell an, wenn sie sich bedroht fühlen.

2 Unterstreicht in dem notierten Satzbeispiel das Einleitewort des Nebensatzes blau und das Prädikat rot.

Fast alle Nebensätze werden durch eine **Konjunktion** *(als, wenn, weil, dass …)* oder ein **Pronomen** *(der, die, das, welcher …)* eingeleitet.
Das **Prädikat** steht in diesen Nebensätzen am Ende.

3 Schreibt auch diesen Satz auf.

Nebensatz , Hauptsatz .
Wenn sie sich bedroht fühlen, greifen Bären schnell an.

4 Was hat sich in der Bauweise des Satzes gegenüber dem Beispiel oben geändert?
Zeichnet auch zu diesem Beispiel das richtige Satzmodell ein.

Auch so könnten die beiden Sätze miteinander verbunden sein:

Bären greifen, wenn sie sich bedroht fühlen, schnell an.

5 Schreibt diesen Satz auf und zeichnet das folgende Satzmodell darüber.

Hauptsatz-anfang , Nebensatz , Hauptsatz-ende .

6 Ordnet die folgenden Beispielsätze den richtigen Satzmodellen zu.

a) Zum Fußballtraining kam ich zu spät, weil ich erst mit meinem Hund Gassi gehen musste.
b) Als ich auf dem Sportplatz ankam, waren die anderen schon mit Lockerungsübungen beschäftigt.
c) Unter den Kameraden, die sich auf dem Rasen verteilten, vermisste ich meinen Freund.
d) Ich zog mich schnell um, damit ich nicht zu viel versäumte.
e) Während wir bei den Lockerungsübungen schwitzten, kam auch mein Freund angetrabt.
f) Er musste sich, als er auf den Platz lief, viele Frotzeleien anhören.

Fast ein Unfall

1) Es war in der Dämmerung als ein Reh aus dem Wald heraussprang.
2) Der Mann trat so fest auf die Bremse dass er fast die Gewalt über den Wagen verlor.
3) Das Reh sprang in die Büsche als der Wagen dicht an ihm vorbeirutschte.
4) Als er seine Rutschfahrt beendet hatte kam der Wagen zum Stehen.
5) Es dauerte eine Zeit lang ehe sich der Fahrer wieder beruhigt hatte.

7 Hier fehlen die Kommas.
Lest den Text erst einmal vor und achtet auf die Sprechpausen, die ihr macht.

8 Setzt beim Aufschreiben die Kommas an der richtigen Stelle ein.

9 Markiert in den Nebensätzen das Einleitewort blau und die Prädikate rot.

Pech gehabt!

a) ? wir in die Ferien fahren wollten hatten wir gleich Pech.
b) ? meine Mutter etwas vergessen hatte mussten wir auf sie warten.
c) Danach fuhr der Bus vor unserer Nase weg ? wir an die Haltestelle kamen.
d) ? wir schon alle Hoffnung aufgegeben hatten kam unsere Nachbarin vorbei.
e) Sie brachte uns rechtzeitig zum Bahnhof ? in der Stadt sehr viel Verkehr war.
f) Sie musste ? es immer wieder Staus gab häufig anhalten.
g) ? wir unseren Zug noch erreichen konnten mussten wir die letzten Meter hetzen.

als bevor weil obwohl
nachdem damit da

10 Setzt in die Beispielsätze oben die passenden Konjunktionen als Einleitewort für den Nebensatz ein.
Sprecht euch den Satz erst mündlich vor und setzt dann beim Schreiben die Kommas.
Vergleicht eure Lösungen.

Die Kommasetzung üben

1 a) Vor rund 5 000 Jahren fing man die ersten Wildpferde ein.
b) Man konnte sie zu Haustieren abrichten.
2 a) Man benutzte Pferde als Zugtiere.
b) Man züchtete sie als Reittiere.
3 a) Die umherziehenden Araber brauchten schnelle und leichte Tiere.
b) Die Ritter benötigten wegen ihrer Rüstung schwere und starke Tiere.
4 a) Die verschiedenen Pferderassen entstanden in der Reihenfolge.
b) Man konnte sie im Alltag nutzen.
5 a) Vor einigen Jahrzehnten wurden noch sehr viele Pferde gebraucht.
b) Man setzte sie in der Landwirtschaft ein.
6 a) In unserer Zeit wären Pferde fast ausgestorben.
b) Man würde sie im Sport und in der Freizeitkultur brauchen.

1 Verbinde die Sätze a) und b) zu Haupt- und Nebensätzen. Verwende dazu die Konjunktionen rechts.
Vor rund 5 000 Jahren fing man die ersten Wildpferde ein, damit man sie zu Haustieren abrichten konnte.

2 Schreibe die Sätze jetzt so auf, dass der **Nebensatz an erster Stelle** steht. Dabei musst du den Hauptsatz etwas umformulieren.
Damit man sie zu Haustieren abrichten konnte, fing man vor rund 5 000 Jahren die ersten Wildpferde ein.

Hättest du's gewusst?

1 PS (Pferdestärke) ist die Kraft die 75 Kilogramm in einer Sekunde einen Meter hoch heben kann. Die Berechnung der Pferdestärke geht auf James Watt zurück der die Dampfmaschine erfunden hat. Weil für den PS-Versuch besonders kräftige Brauereipferde verwendet wurden ist die Leistung eines normalen Pferdes eigentlich geringer als 1 PS. Der Mensch kann durchschnittlich etwa $\frac{1}{8}$ PS leisten während ein Elefant es auf ungefähr $1\frac{1}{2}$ PS bringt.

3 Lest euch diese Sätze zunächst einmal laut vor. Sprecht beim zweiten Leseversuch das Komma mit.

4 Schreibe nun die Sätze auf. Unterstreiche die Einleitewörter der Nebensätze blau und die Prädikate rot.

Das Wörtchen dass

Das Wörtchen *dass* hat es in sich!
Kein Wunder, dass dieses Wörtchen häufig falsch geschrieben wird.
Auch Erwachsene machen hier noch häufig Fehler.
Wenn du also noch Probleme hast, ist dies nichts Ungewöhnliches.

1 Schreibe die folgenden drei **dass-Sätze** auf.
Unterstreiche in den Nebensätzen die Konjunktion *dass* blau
und das Prädikat, das am Ende stehen muss, rot.

Ich bin mir sicher, dass du mich verstanden hast.
Dass du mir bald schreibst, hoffe ich doch sehr.
Deine Absicht, dass du uns besuchen wirst, finde ich toll.

2 Ihr könnt jetzt den Merksatz ergänzen.

Dass-Sätze sind **Nebensätze**. Man erkennt sie daran,
dass in ihnen das **Prädikat** am ? des Satzes steht.
Dass-Sätze werden immer durch ? vom Hauptsatz abgetrennt.

3 Setze im folgenden Text die Konjunktion *dass* in die Lücken ein.
Schreibe dann den Text auf.

4 Unterstreiche in den Sätzen die Konjunktion *dass* blau und das Prädikat am Ende des Nebensatzes rot.

Hallo, Sascha,

ich höre, ? Du zu meiner Party nicht kommst. Ich finde es einfach sehr schade, ? Du absagst. ? Du es Dir noch anders überlegst, hoffen wir natürlich alle. Wir meinen nämlich, ? Du uns sehr fehlst. Ich weiß ja auch, ? Du gern mit uns feiern würdest. Deswegen bitte ich Dich sehr, ? Du noch einmal darüber nachdenkst.

Tschüss!
Deine Lena

Ich …, dass du gelogen hast.
Aber ich …, dass du ehrlich zu mir bist.

5 Setzt einmal in die Lücken dieser beiden Sätze verschiedene Verben ein, die vor dem **dass-Satz** stehen könnten.

6 Stellt an der Tafel die Verben zusammen, die ihr in den Lücken verwendet habt.

7 Setzt in den folgenden Sätzen aus dem Antwortbrief von Sascha die fehlenden Verben und die Konjunktion *dass* ein.

Ich …, … ich nicht zu deiner Party kommen kann.
Aber ich …, … ihr auch ohne mich zurechtkommt.
Ich …, … du mir so nett geschrieben hast.
Ich …, … ihr auch ohne mich eine nette Party habt!

8 Ihr habt sicher schon eine ganze Reihe von Verben gesammelt, nach denen die Konjunktion *dass* häufig gebraucht wird. Ergänzt die Reihe der Beispiele.

meinen	möchten
glauben	wissen
finden	hoffen
denken	sehen
wollen	bitten
sicher sein	auffordern
annehmen	…

Nach **Verben**, die ausdrücken, dass wir etwas **sehen**, **hören**, **fühlen** oder **denken**, steht besonders häufig die Konjunktion *dass.* Zwischen Hauptsatz und dass-Satz steht immer ein **Komma**.
Ich hoffe, dass du morgen kommst.

9 Verbinde die folgenden Sätze jeweils so, dass der zweite Satz mit *dass* beginnt. Schreibe die Sätze auf. Achte darauf, dass das Prädikat im **dass-Satz** an das Ende rückt.

Ich wünsche mir …	In der Schule gibt es nur gute Zensuren.
Aber ich habe gemerkt …	Leider bekomme ich manchmal auch schlechte.
Meine Schwester hat erzählt …	Sie hat sich vor schlechten Zensuren gefürchtet.
Ich bin der Meinung …	Es sollte überhaupt keine Zensuren mehr geben.
Es könnte ja sein …	Manche Schüler haben dann mehr Erfolg.
Ich glaube aber …	Viele Eltern wollen Zensuren in der Schule.
Deshalb bin ich sicher …	Die Zensuren werden so bald nicht abgeschafft.

Teste deine Rechtschreibfähigkeit!

Den folgenden Rechtschreibtest könnt ihr gemeinsam in der Klasse durchführen. Du kannst dich aber auch allein testen. Dabei gibt es zwei Möglichkeiten:

a) Entweder schreibt ihr den Test jeweils nach den entsprechenden Rechtschreibeinheiten in einzelnen Blöcken,

b) oder ihr schreibt ihn am Ende des Schuljahres als Ganzes. Schreibe dabei die Lösungen des Tests auf ein Blatt Papier. Manchmal brauchst du nur die richtigen Zahlen und Buchstaben aufzuschreiben, manchmal musst du einzelne Wörter oder einen ganzen Satz schreiben. Vergleiche am Schluss deine Lösungen mit denen auf Seite 220. Gib dir selbst die Punkte, die am Rand stehen.

1 Hacke, Haken

a) Warum schreibt man *Hacke* mit **ck** und *Haken* nur mit **k**? Verwende bei deiner Begründung Begriffe wie Kurzvokal, Langvokal. 2

b) Ergänze die Buchstaben **k** oder **ck**:
*ba*en, sich e*eln, erschre*en, strei*en* 4

2 blinken, blicken

a) Warum schreibt man *blicken* mit **ck** und *blinken* mit **k**? Begründe! Verwende dabei Begriffe wie Kurzvokal, Konsonant. 2

b) Ergänze die Buchstaben **k** oder **ck**:
*hin*en, wi*eln, stri*en, versin*en* 4

3 winzig, witzig

a) Warum schreibt man *winzig* mit **z** und *witzig* mit **tz**? Begründe! 2

b) Ergänze die Buchstaben **z** oder **tz**:
*schmu*ig, her*lich, bol*en, pe*en* 4

4 Bautzen, Kreuzberg, Mertzig, Herzberg

a) Welche dieser vier Städtenamen müssten nach den Regeln eigentlich anders geschrieben werden? Nenne sie. 2

b) Wie heißt die Regel, nach der sie anders geschrieben werden müssten? 2

c) Ergänze in diesen Wörtern **z** oder **tz**:
*Bre*el, Bauklö*e, Raba*, Kapu*e* 4

Punkte insgesamt: 26

5 reißen, reisen

Welche Aussagen sind richtig? Schreibe die Buchstaben auf: 2

a) Man schreibt *reißen* mit **ß**, weil der s-Laut stimmlos ist.

b) Man schreibt *reißen* mit **ß**, weil es von *gerissen* stammt.

c) Man schreibt *reisen* mit **s**, weil der s-Laut stimmhaft ist.

d) Man schreibt *reisen* mit **s**, weil vor dem s-Laut ein **ei** steht.

6 Gasse, Straße

Warum schreibt man *Gasse* mit **ss** und *Straße* mit **ß**? Welche Aussagen sind richtig: 2

a) Weil das **a** in *Gasse* ein langer Vokal ist.

b) Weil das **a** in *Straße* ein langer Vokal ist.

c) Weil das **ß** in *Straße* stimmhaft ist.

d) Weil die erste Silbe in *Gasse* einen kurzen Vokal enthält.

7 geht, fährt

a) Beide Wörter werden mit **h** geschrieben. Schreibe die Fachbegriffe für die beiden Arten von **h** auf. 2

b) Ordne die folgenden Wörter den beiden Arten von **h** zu:
froh, fühlen, früher, führen 4

8 Dehnungs-h – oder nicht?

a) Welche der folgenden Fantasiewörter könnten ein Dehnungs-h enthalten? Schreibe sie auf: *bö*len, bö*nen, bö*fen, bö*ren, bö*pen, bö*wen.* 3

b) Begründe deine Entscheidung. Verwende dabei Begriffe wie Langvokal, Konsonant. 2

9 Der *Stengel* oder *Stängel* einer Blume?

Wie schreibt man dieses Wort? Begründe, indem du von dem Wort die Grundform mit **a** bildest, wenn es möglich ist. 2

Punkte insgesamt: 17

10 beim Turnen

Warum schreibt man *beim Turnen* groß? Welche Begründungen sind richtig? 2

a) Weil hier aus einem Adjektiv ein Nomen geworden ist.

b) Weil hier aus einem Verb ein Nomen geworden ist.

c) Weil vor Turnen das Signalwort *beim* steht.

d) Weil Turnen immer ein Nomen ist.

11 Ich wünsche dir alles GUTE.

a) Schreibe die Sätze in Groß- oder Kleinschreibung richtig auf: 4

– Ich wünsche dir alles GUTE. Es wird bald alles GUT.

– Mir kommt das etwas MERKWÜRDIG vor. Es geschieht etwas MERKWÜRDIGES.

Warum schreibt man *alles Gute* groß? Welche Begründung ist richtig? 1

b) Weil ein Adjektiv nach *alles* oder *etwas* immer zu einem Nomen wird?

c) Wenn ein Adjektiv nach den Signalwörtern *alles* oder *etwas* eine Endung mit **-e**, **-en-**, **-es** erhält, dann ist das ein Zeichen für ein Nomen.

12 morgen, Morgen

Schreibe die folgenden Sätze richtig auf:

a) Ja, MORGEN, MORGEN nur nicht HEUTE, sagen alle faulen Leute. 3

b) Ich fahre MORGEN schon ganz FRÜH am MORGEN in die Ferien. 3

c) Ich laufe ABENDS noch manchmal eine Runde, – manchmal noch spät am ABEND. 2

13 Rad fahren oder radfahren?

Was ist hier richtig: 2

a) Zwei Verben schreibt man immer getrennt.

b) Zwei Adjektive schreibt man immer getrennt.

c) Nomen und Verb schreibt man in der Regel getrennt.

14 Getrennt oder zusammen?

Schreibe richtig auf: 7

garnicht – gar nicht;
zuviel – zu viel;
teilnehmen – teil nehmen;
zuhilfe – zu Hilfe;
aufwiedersehen – auf Wiedersehen;
stattfinden – statt finden;
vorallem – vor allem.

Punkte insgesamt: 24

Zu erreichen sind im gesamten Test 67 Punkte.
Wenn du 55 oder mehr Punkte erreicht hast, bist du ein guter Rechtschreiber.
Wenn du unter 40 Punkte erreicht hast, musst du noch eine Menge üben!

Praxis Grammatik

Was kann man an der Grammatik lernen?

Manche denken, Grammatik sei zu nichts nütze,
und sie meinen vielleicht:
Man lernt nur eine Menge von Begriffen wie
Nomen, Adjektiv, Präsens oder *Nebensatz*,
mit denen man dann aber nicht viel anfangen kann.
Doch das ist nicht so!

Immer wenn wir sprechen oder schreiben,
ist die Grammatik im Spiel.
Der Kopf eines Menschen ist voll von Grammatik.
Wenn wir einen Satz schreiben wie:
Ich konnte nicht kommen weil ich gestern krank war. –
dann haben wir darin ein Komma vergessen.
Natürlich könnte man einfach sagen, wo das Komma hingehört.
Aber für das Lernen ist es viel praktischer, wenn ihr wüsstet,
warum das so ist; denn dann könntet ihr in vielen hundert Sätzen
richtige Kommas setzen und müsstet nicht bei jedem Satz
neu mit dem Überlegen anfangen.
Und dazu ist es nun sehr hilfreich, wenn ihr etwas
über grammatische Begriffe wie *Hauptsatz* und *Nebensatz*,
über *Konjunktionen* und *Wortstellung* wisst.

Grammatik hilft uns also, richtig zu sprechen und zu schreiben.
Wenn ich z. B. sage: *Ich stelle mein Rad am Zaun*, dann ist das falsch.
Wenn ich aber sage: *Mein Rad steht am Zaun,* dann ist das richtig.
Um das zu erklären, dazu brauchen wir auch wieder die Grammatik.

Die Grammatik hilft euch sogar dabei, anschaulicher,
verständlicher und genauer zu schreiben,
wenn ihr etwas über *Adjektive* und *Zeitformen* wisst.
Und die Grammatik hilft euch auch, einen Text besser zu verstehen,
wenn ihr z. B. ein Wort im Wörterbuch nachschlagen müsst
und die Erklärungen darin verstehen wollt.

Unser Grammatikteil heißt nicht umsonst *Praxis Grammatik*.
Es soll damit gesagt werden, dass Grammatik
etwas ganz Praktisches ist, das ihr bei vielen Gelegenheiten
gut gebrauchen könnt.
Ihr müsst eben nur anwenden, was ihr gelernt habt!
Und dabei will dieser Teil des Buches euch helfen.

Nomen

Wenn wir keine Nomen hätten

Grüner ___ im grünen ___

Eine ___ entdeckte einen ___ in einer ___ ___, die sie in einem ___ gekauft hatte. „Ich machte die ___ auf und sah in zwei große ___, die mich anstarrten“, sagte sie. Der ___ sei „unglaublich süß“, aber sie finde es nicht in ___, dass er in ihrem ___ saß. Der ___ wurde in ___ verpackt und wird auf der ___ als „tafelfertig“ bezeichnet. Der ___ beginnt nun ein neues ___ im schattigen ___.

1 Vermutet, worum es in dieser Zeitungsmeldung gehen könnte. Tauscht eure Vermutungen in der Klasse aus.

2 Ergänzt einmal die Nomen, die in diesen Text hineinpassen könnten. Ein Tipp: In der Zeitungsmeldung kommt ein Frosch vor. Schreibt den Text auf und vergleicht eure Fassungen.

Wie entstehen eigentlich Sternschnuppen?

Durch unser **Sonnensystem** wandern bekanntlich viele **Meteoriten**. Manchmal treten die **Meteoriten** mit sehr hoher ? aus dem **Weltall** in die ? ein. Die **Reibung** der **Atmosphäre** erzeugt eine enorme ?. Dadurch kommt es zum **Aufleuchten** und ? der **Meteoriten**. In klaren ? können wir diesen leuchtenden ? der **Meteoriten** als **Sternschnuppen** am ? erkennen.

3 In diesem Text sind schon einige Nomen eingesetzt. Andere müsst ihr ergänzen, wenn ihr wissen wollt, wie Sternschnuppen entstehen.

4 Schreibe den Text vollständig auf.
Wähle dazu die passenden Nomen aus:

Erdatmosphäre – Geschwindigkeit – Himmel – Hitze – Nächte – Streif – Verglühen

5 Was meint ihr, wozu man die Nomen in dem Text vor allem braucht?

a) Um auszudrücken, wie schnell sich die Sternschnuppen bewegen.
b) Um auszudrücken, von welchen Dingen und Vorgängen in dem Text die Rede ist.
c) Um auszudrücken, wie die Sternschnuppen aussehen.

Fast die Hälfte unserer Wörter gehört zur Wortart der **Nomen**.
Die Nomen sind die **wichtigste Wortart** in unserer Sprache.
Ohne Nomen kann man einen Text nicht oder nur schwer verstehen.

Kennt man aber die Bedeutung der Nomen, dann weiß man auch, worum es in dem Text geht.
Weil die Nomen so wichtig in unserer Sprache sind, werden sie **großgeschrieben**.

6 Schreibt mit Hilfe der folgenden Nomen eine kleine Geschichte.
Ihr müsst in eurer Geschichte nicht alle Nomen verwenden oder könnt auch weitere ergänzen.
Vergleicht anschließend eure Texte.

Schuljahresende – Freude – Ferien – Urlaubsreise – Hund – Eltern – Ferienhaus – Nordsee – Reisegepäck – Baby – Auto – Abfahrt – Landstraße – Schwester – Spinne – Panik – Autobahn – Radio – Hardrock – Stimmung – Kolonnenverkehr – Stau

Singular und Plural

Die meisten Nomen haben einen Singular (Einzahl) und einen Plural (Mehrzahl).
In unserer Sprache gibt es aber sehr verschiedene Möglichkeiten, den **Plural von Nomen** zu bilden.

1 Führt zuerst einmal folgendes Experiment durch:
Nehmt an, alle die Fantasiewörter gäbe es in unserer Sprache!
Welchen Plural würdet ihr diesen Wörtern geben?
Unterstreicht die Pluralform.
Schreibt so: die Muchtlinge, die …

der Muchtling, die Bacht, das Quipsel, der Bater, die Bichtel, das Schind, das Broch, das Tripo, der Schlein, der Kürgen, die Schau, der Feist, der Quann, das Bandy, das Klief

2 Zählt in der Klasse aus, welche Pluralformen ihr zu jedem Wort gebildet habt.
Gibt es auch Wörter, bei denen die meisten von euch dieselbe Pluralform gebildet haben?

3 Wie viele verschiedene Pluralformen habt ihr insgesamt gebildet?
Stellt sie an der Tafel zusammen:
Plural mit -e: Muchtlinge …
Plural mit -e und Umlaut: Bächte …
Plural mit ?: …

4 Hier seht ihr an richtigen Wörtern, wie der Plural gebildet wird.
Vergleicht die Singular- und die Pluralformen miteinander.
Beschreibt, was sich jeweils in der Pluralform verändert.

Stein – Steine	Wald – Wälder	Bild – Bilder
Nacht – Nächte	Bett – Betten	der Beutel – die Beutel
Straße – Straßen	Graben – Gräben	Radio – Radios

5 Übernehmt die folgende Tabelle in euer Heft.
Ordnet die verschiedenen Pluralformen in die Tabelle ein.
Unterstreicht dabei die Kennzeichen der Pluralform.

Endung -e: Steine	Umlaut + Endung -e: Nächte
Endung -n:	Umlaut + Endung -er:
Endung -en:	nur Umlaut:
Endung -er:	nur ein anderer Artikel:
Endung -s:	

6 Setzt auch die folgenden Nomen in den Plural.
Wenn ihr unsicher seid, dann greift zum Wörterbuch.
Tragt dann die Pluralformen in die Tabelle ein.
Übrigens: Von jeder Sorte findet ihr zwei.

Art Boden Brief Ende Feder
Geist Hobby Kahn Kalb
Kamera Kind Splitter Kultur Mann
Gleis Segel Traum Vater

7 Manche Nomen gibt es nur im Singular, andere gibt es nur im Plural.
Ordnet die folgenden Nomen den beiden Gruppen zu.
Wie können euch die Artikel dabei helfen?

das Glück die Butter das Gold die Geschwister
die Leute das Vieh die Masern der Hass
die Kälte die Ferien der Schnee die Trümmer

Einige Nomen sehen gleich aus,
haben aber eine unterschiedliche Bedeutung, z. B.
der **Kiefer** = *Schädelknochen* die **Kiefer** = *Nadelbaum*

Auch die **Pluralformen** dieser Wörter sind unterschiedlich.
(*Schädelknochen*) die **Kiefer** ← Kiefer → die **Kiefern** (*Nadelbäume*)

8 Ergänze auch zu den folgenden Nomen die richtigen Pluralformen.

(*Blumenbündel*)	?	← Strauß →	?	(*Laufvögel*)
(*Sitzmöbel*)	?	← Bank →	?	(*Geldinstitute*)
(*Frauen mit Kindern*)	?	← Mutter →	?	(*Teile von Schrauben*)
(*Verkehrszeichen, Warntafeln*)	?	← Schild →	?	(*Schutzwaffen*)

Mütter Banken
Strauße Muttern
Sträuße Schilde
Schilder Bänke

9 Jetzt könnt ihr diesen merkwürdigen Text so ändern,
dass er stimmt.

Sonderbares Erlebnis im Park

In unserem Stadtpark sitzen zwei Muttern
auf den grün gestrichenen Banken.
Eine hält zwei Strauße mit Sommerblumen
in der Hand. Eine zweite bemalt
gerade zwei Schilde. Auf dem einen steht:
„Schützt die beiden Kiefer in unserem Park!"

Artikel

Ein Experiment mit Artikeln

(I) In der Kabine fand ich ? Uhr,
die ich schon fieberhaft gesucht hatte.

(II) In der Kabine fand ich ? Uhr;
offenbar hatte sie jemand liegen gelassen.

1 Setzt einmal den bestimmten Artikel *die* und den unbestimmten Artikel *eine* probeweise in die Lücken ein. Können eigentlich beide Artikel in beiden Sätzen stehen?

2 Um welche Uhr handelt es sich wohl im ersten Satz? Um welche Uhr geht es im zweiten Satz?

A Schulsportfest

Eine Weitspringerin läuft an.
Ein Kugelstoßer macht sich warm.
Eine Weitspringerin tritt über.
Ein Kugelstoßer konzentriert sich.
Ein 100-m-Läufer zieht sich um.
Und dort springt ein Mehrkämpfer.
Und da sprintet ein 100-m-Läufer davon.

B Schulsportfest

Eine Weitspringerin läuft an.
Ein Kugelstoßer macht sich warm.
Die Weitspringerin tritt über.
Der Kugelstoßer konzentriert sich.
Ein 100-m-Läufer zieht sich um.
Und dort springt ein Mehrkämpfer.
Und da sprintet der 100-m-Läufer davon.

3 Die beiden Texte über das Schulsportfest sehen fast gleich aus. Lest euch die beiden Texte nacheinander vor. Wo findet ihr Unterschiede?

4 Teilt euch jetzt in zwei Gruppen auf. Zählt aus, wie viele Sportler und Sportlerinnen im Text **A** und wie viele im Text **B** vorkommen. Vergleicht eure Ergebnisse miteinander.

5 Sprecht darüber, wieso die Zahl der Personen in beiden Texten so unterschiedlich ist.

Eine Weitspringerin läuft mit großem Tempo an, während sich ein Kugelstoßer warm läuft. **Die** Weitspringerin nähert sich jetzt mit großen Schritten dem Absprungbrett – und tritt über.

6 Weshalb wechselt der Reporter hier vom unbestimmten zum bestimmten Artikel *(eine Weitspringerin – die Weitspringerin)*? Was wird durch den Wechsel zum Ausdruck gebracht?

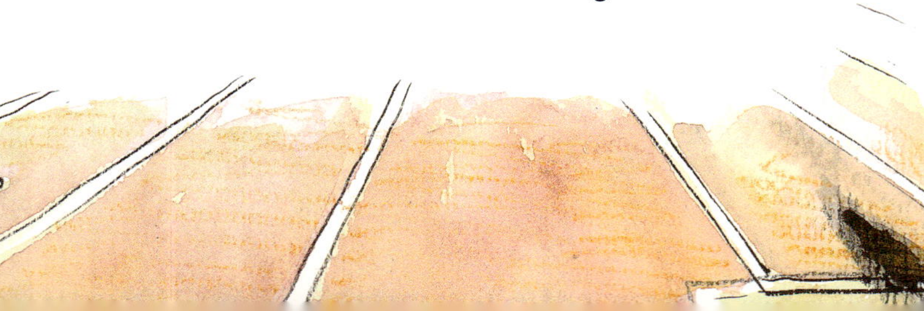

Grammatik

Drüben sehe ich ? Speerwerferin, die sich bereit macht.
Gleich wird auch dieser Wettkampf beginnen.
Jetzt tritt ? Speerwerferin mit kurzen, kräftigen Schritten an …

7 Wo würdet ihr in diesem Text den bestimmten Artikel *die*, wo den unbestimmten Artikel *eine* einsetzen? Begründet eure Wahl.

Die **unbestimmten Artikel** *ein, eine* bezeichnen etwas, was in einem Text vorher noch nicht vorgekommen ist, d. h., was bisher nicht bekannt ist.
Die **bestimmten Artikel** *der, die, das* beziehen sich auf etwas, was schon bekannt ist oder was vorher im Text genannt wurde.

8 Ersetze in dem folgenden Text die Balken durch den bestimmten oder unbestimmten Artikel. Schreibe den Text auf.

___ spannendes Spiel

1) ___ Volleyballspiel kann manchmal spannender sein als ___ Krimi.
2) Auf ___ gestrige Spiel trifft ___ Feststellung ganz bestimmt zu.
3) Wir spielten gegen ___ Mannschaft aus ___ anderen Schule.
4) ___ Spiel dauerte über zwei Stunden.
5) ___ ersten beiden Sätze gewann ___ gegnerische Team.
6) In ihrer Mannschaft hatten sie ___ Angreiferin, die uns den Ball regelmäßig in ___ Feld schmetterte.
7) Nach einiger Zeit hatten wir ___ gute Idee.
8) Wir stellten ___ größte Spielerin in unserer Mannschaft gegen sie in ___ Block.
9) Unsere Spielerin machte dann ___ großes Spiel gegen sie, nachdem sie schon ___ ersten Schmetterball von ihr erfolgreich geblockt hatte.

9 Vergleicht in der Klasse, welche Artikel ihr jeweils verwendet habt.
An welchen Stellen stimmt ihr alle überein?
Wo gab es Abweichungen?
An welchen Stellen sind beide Artikel möglich?

Die vier Fälle

Ein Wirbelsturm

Am Morgen hörten wir im Radio die Warnung vor einem Wirbelsturm, der rasch heranzog. Auf seinem Weg richtete *(wer?)* ? bereits großen Schaden an. Leider konnten die Meteorologen *(wen?)* ? in seiner Richtung nur ungenau vorhersagen. Viele Menschen konnten sich deshalb vor *(wem?)* ? nicht in Sicherheit bringen. Die Folgen *(wessen?)* ? waren katastrophal.

1 Setzt das Nomen *Wirbelsturm* mit dem bestimmten Artikel in die Lücken ein. Damit ihr die richtige Form findet, könnt ihr euch an den Fragen orientieren.

Bei den Nomen können wir **vier Fälle** unterscheiden. Da aber Nomen im Singular und im Plural stehen können, ergeben sich acht Formen.

Welche Fälle in einem Satz jeweils vorliegen, können wir durch bestimmte **Fragen** herausbekommen.

	Singular (Einzahl)	Plural (Mehrzahl)	Fragen
Nominativ (1. Fall):	***der Blitz*** *zuckt*	***die Blitze*** *zucken*	*Wer oder was?*
Genitiv (2. Fall):	*das Zucken* ***des Blitzes***	*das Zucken* ***der Blitze***	*Wessen?*
Dativ (3. Fall):	*sich vor* ***dem Blitz*** *fürchten*	*sich vor* ***den Blitzen*** *fürchten*	*Wem?*
Akkusativ (4. Fall):	***den Blitz*** *sehen*	***die Blitze*** *sehen*	*Wen oder was?*

Vorsicht vor dem Fliegenpilz!

a) Wenn man im Wald **ein* Fliegenpilz** findet, dann heißt es: Aufgepasst!
__Wen__ oder __was__ findet man?

b) ? **Fliegenpilz** wird nachgesagt, dass er äußerst giftig ist.
__Wem__ wird das nachgesagt?

c) Er ist nämlich **mit ? berüchtigten Knollenblätterpilz** verwandt.
Mit __wem__ ist er verwandt?

d) Wisst ihr eigentlich, welcher Tatsache der Fliegenpilz ? **Namen** verdankt?
__Wen__ oder __was__ verdankt er?

e) Früher hat man ? **Fliegenpilze** in Milch und Zuckerwasser aufgelöst, um damit Fliegen und anderes Ungeziefer zu vernichten.
__Wen__ oder __was__ hat man aufgelöst?

2 Lest die Sätze des Textes über den Fliegenpilz vor. Entscheidet dabei, wie die Artikel an Stelle der Fragezeichen lauten müssen. Die Fragesätze helfen euch dabei. Macht beim Sprechen den Unterschied zwischen dem Akkusativ-**n** und dem Dativ-**m** deutlich.

Mein Bruder fuhr gestern
mit **einem buntem** Mountainbike zur Schule.

Mein Bruder fuhr gestern
mit **einem bunten** Mountainbike zur Schule.

3 Sprecht euch die beiden Sätze deutlich vor.
Welcher der beiden Sätze ist richtig?

4 In welchem Fall stehen die beiden hervorgehobenen Wörter?

Steht ein Adjektiv zusammen mit einem Artikel vor dem Nomen, dann erhält nur der Artikel das **Dativ-m**:
*Nach eine**m** großen Spiel war der Klassenerhalt gesichert.*

Das trifft auch zu, wenn das Adjektiv mit einem Pronomen vor dem Nomen steht:
*Nach diese**m** großen Spiel war der Klassenerhalt gesichert.*

Ihr könnt es euch auch so merken:
Das **Dativ-m** erscheint nicht doppelt. **Einmal** genügt!

Aufgepasst!

1) Heute gehe ich mit meinem kleinem Bruder ins Kino.
2) Wir haben dem geschickten Jongleur lange zugesehen.
3) Auf diesen schönem Reiterhof wollen wir im nächsten Jahr die Ferien verbringen.
4) In einem verfallenen Haus fanden wir ein bisschen Schutz vor den starken Regen.
5) Wir dankten unserem langjährigem Trainer mit einem riesengroßen Blumenstrauß.

5 Lest die Sätze.
Fünf Wörter sind falsch gebildet.
Sucht und verbessert sie.

Witzig!

Robert war mit seine* Vater in de* neue* Autohaus. Der brauchte neue Scheibenwischer, die er an de* Ersatzteilstand kaufte. Vater brachte sie gleich an seine* alte* Auto an. Danach fuhren sie noch zu* Einkaufen ins Stadtzentrum. Vater parkte sein Auto vor de* alte* Krankenhaus. Nach einer halben Stunde kehrten sie vo* Einkauf zurück. Robert war als Erster an de* Auto und rief seine* Vater zu: „Bloß gut, dass du neue Scheibenwischer gekauft hast. Da kann der Strafzettel nicht so leicht vo* Auto wegfliegen!“

6 Setze beim Abschreiben dieses Textes jeweils die richtige **Dativform** ein.

Pronomen

Personalpronomen

Nicht so einfach zu verstehen!

Der Schiedsrichter deutete energisch auf den Elfmeterpunkt.
Betont langsam legte *er ihn* auf *ihn.*
Jetzt pfiff *er.*
Und nun trat *er* kurz und kräftig an und schoss.
Er sah *ihn* an sich vorbeizischen.
Sie tobten.

1 Warum ist es beim ersten Lesen schwierig zu sagen, wer was getan hat?

2 Welche Wortart ist ab dem ersten Satz durch die schräg gedruckten Wörter ersetzt worden?

3 Probiert zu zweit, den Text in verständlicher Form aufzuschreiben.

Pronomen stehen in einem Text für Nomen.
Das **Personalpronomen** tritt an die Stelle eines möglichen Nomens.
Es wird dann gleichsam zu einem Stellvertreter des Nomens.

Der Torwart hält den Foulelfmeter.

Er *hält* ***ihn.***

4 Den folgenden Text könnt ihr verbessern, wenn ihr an mehreren Stellen Personalpronomen verwendet. Schreibt den überarbeiteten Text auf.

Der Torschütze wurde von der Fankurve begeistert gefeiert.
Der Torschütze lief mit stolz gereckten Armen auf die Fankurve zu.
Einige Mitspieler spurteten hinter dem Torschützen her,
die Mitspieler versuchten, sich auf den Torschützen zu werfen.
Aber der Torschütze riss sich von den Mitspielern los
und stürmte mit einem glücklichen Lachen an der Bande entlang.
Der Torschütze war sehr stolz auf seine Leistung.

Possessivpronomen

Ein Mann fragt seinen Freund: „Mensch, wieso hast du denn vorhin in der Straßenbahn plötzlich so laut gelacht? Das Gedränge war doch alles andere als komisch."
„Da hast du Recht", sagt der Mann, „aber als der Typ neben mir sein Portmonee in meine Hosentasche steckte, da konnte ich einfach nicht anders."

1 Beim richtigen Vorlesen oder Erzählen dieses Witzes müsste man die Wörtchen *sein* und *meine* besonders betonen. Wieso eigentlich? Probiert das selbst einmal aus.

2 Die Wörtchen *sein* und *meine* stehen jeweils in Verbindung mit einem Nomen. Was bringen sie zum Ausdruck?
sein *Portmonee* ***meine*** *Hosentasche*

Das **Possessivpronomen** begleitet das Nomen und zeigt den Besitz oder die Zugehörigkeit an.
Die Zuschauer bejubeln ***sein*** *Tor.* *Der Treffer sicherte* ***ihren*** *Sieg.*

3 Suche aus diesen Sätzen alle Possessivpronomen heraus.
Schreibe sie mit den dazugehörigen Nomen auf:
deine Mannschaft …

1) „Deine Mannschaft hat doch nur durch einen Foulelfmeter gewonnen", neckte mich mein Freund.
2) „Das war eben euer Pech, dass der Schiedsrichter das Foul eures rechten Verteidigers klar erkannt hat", erwiderte ich.
3) „Und ihr hattet Glück, dass unser Mittelstürmer vor der Halbzeit seinen Fernschuss nicht verwandeln konnte", warf er ein.
4) „Na, dann waren Glück und Pech doch in unserem Spiel ziemlich gerecht verteilt", sagte ich schließlich.

4 Setze in den folgenden Text passende Possessivpronomen ein und schreibe den Text auf.

Vor der Klassenfahrt mussten mein Freund und ich zunächst ___ Fahrräder in Ordnung bringen. Mein Freund half mir beim Reparieren ___ Fahrrades. Schließlich hatten wir ___ Fahrräder auch auf Hochglanz poliert. Jeder verstaute ___ Gepäck in den Satteltaschen. Dann konnte ___ Fahrt losgehen. Leider ließ ich nach der ersten Rast ___ Schirmmütze liegen. Ich konnte ___ Ärger darüber kaum verbergen. Meine Freundin hatte ___ Fahrradbrille vergessen, sodass bald eine Mücke in ___ Auge flog. Zum Glück hatten wir genügend Getränke in ___ Satteltaschen. Schließlich hat ___ Klassenfahrt dann doch viel Spaß gemacht.

Verben

Wozu man Verben braucht

1) Viele Menschen stumm in einem weiß getünchten Zimmer.
2) Die einen in einer Zeitschrift, die anderen nur vor sich hin.
3) Ein alter Mann und seine Nase mit einem Taschentuch.
4) Ich mich müde und ziemlich bang hinter einer Zeitschrift.
5) Plötzlich die Tür auf und eine freundliche Stimme: „…"
6) Unsicher ich in das Zimmer und mich auf den Stuhl.
7) Die nette Dame mich an und sich nach meinem Befinden.
8) Die Untersuchung gar nicht weh und ich erleichtert.
9) Alles in Ordnung. Das eben die regelmäßige Pflege!

1 Lest die Sätze laut vor.
Könnt ihr gleich verstehen, wovon die Rede ist?

2 Welche Überschrift würdet ihr der kleinen Szene geben?

3 Eine Wortart kommt in diesen Sätzen überhaupt nicht vor – die Verben.
Warum stört das Fehlen der Verben beim Lesen?

4 Setze in die einzelnen Sätze passende Verben ein.
Schreibe sie mit den Satznummern auf einen Zettel.

5 Vergleicht in der Klasse eure Ergebnisse.
Lest einige Beispiele vor.

Zu jedem richtigen Satz gehört ein **Verb**.
Das Verb macht Sätze erst vollständig und gut verständlich.

Viele Menschen ? *stumm in einem weiß getünchten Zimmer.*
Viele Menschen ***warten*** *stumm in einem weiß getünchten Zimmer.*

An den Verben kann man erkennen,
was **jemand tut** oder **was genau geschieht**.

Infinitiv – Personalform

Spaß am Regen

1) Ich *(gehen)* gern im Regen mit meinem Hund *(spazieren).*
2) Es *(sein)* so lustig, wenn die Regentropfen auf den Schirm *(prasseln).*
3) Alles *(riechen)* dann so frisch und würzig.
4) Wenn im Sommer der Regen *(aufhören) (haben),*
   dann *(dampfen)* der Asphalt auf den Straßen.
5) Auch meinem Hund *(machen)* der Regen Spaß – auch wenn er dann
   häufig sein Fell *(schütteln).*

1 Lest die Sätze einmal so, wie sie hier stehen.

2 Alle Verben stehen hier (in Klammern) in der Form des Infinitivs.
In dieser Form findet ihr die Verben auch im Wörterbuch.
In Sätzen werden die Verben aber meistens in der Form verändert.
Notiert, wie die Verben in dem Text stehen müssen.
1) gehe ... spazieren

3 Vergleicht eure Ergebnisse in der Klasse.

4 Unter welchen Stichwörtern könnte man
die folgenden Verbformen im Wörterbuch finden?

hältst **sieht** **wünschst** **gibt** **blieben** **verloren**

Der **Infinitiv** ist die unveränderte Form eines Verbs:
setzen, schaden, sein.

In Sätzen werden die Verben aber meistens in veränderter Form verwendet.
Diese Form des Verbs heißt **Personalform**.
gehen → ich gehe

Diese Form des Verbs heißt Personalform,
weil man an ihr die Person wieder erkennen kann.
*Du geh**st**. Er geh**t** gern joggen. Sie geh**en** gern joggen.*

Zeitformen

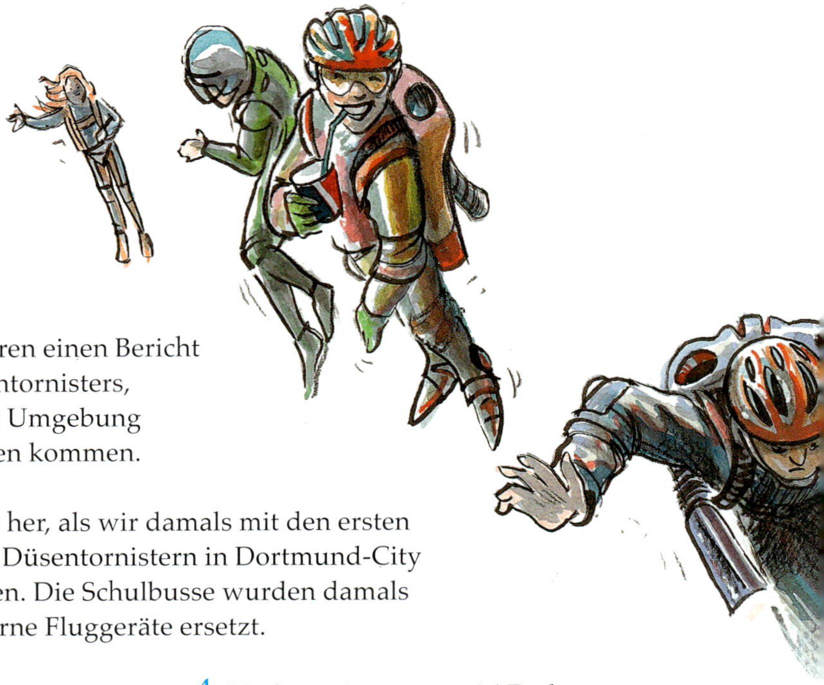

Ein erster Überblick

1 Liebe Zuhörerinnen und Zuhörer! Sie hören einen Bericht über den Einsatz des so genannten Düsentornisters, mit dem heute die ersten Schüler aus der Umgebung von Dortmund-City in die Schule geflogen kommen.

2 Es ist nun schon fast 20 Jahre her, als wir damals mit den ersten noch etwas vorsintflutlichen Düsentornistern in Dortmund-City in die Schule gerauscht kamen. Die Schulbusse wurden damals abgeschafft und durch moderne Fluggeräte ersetzt.

3 Eines Tages, ich erinnere mich noch genau, war es dann so weit. Die ersten Jungen und Mädchen kamen mit ihren Flugtornistern über dem Schulhof an. Das sah fantastisch aus!

4 Und nun ist es so weit! Da kommen die ersten Jungen und Mädchen mit ihren schnittigen Geräten angerauscht. Ein fantastischer Anblick!

5 Die Schüler tragen das Fluggerät wie einen Rucksack auf ihrem Rücken.

6 Wir Schüler trugen das Fluggerät wie einen Rucksack auf unserem Rücken.

7 Gelenkt wurde das Ding mit Steuerdüsen, die sich hinten und an den beiden Seiten des Rucksacks befanden.

8 Gelenkt wird das Ding mit Steuerdüsen, die sich hinten und an den beiden Seiten des Rucksacks befinden.

9 Natürlich besaßen alle Schüler einen Flugschein für den Düsentornister.

10 Natürlich besitzen alle Schüler einen Flugschein für den Düsentornister.

11 Jetzt setzen sie zur Landung an. Bei einigen sieht das noch etwas ungeschickt aus.

12 Als wir zu den ersten Landungsversuchen ansetzten, waren wir noch etwas ungeschickt.

13 Wie sie mit ihren Armen rudern und mit den Beinen strampeln! Die Lenkung klappt bei manchem wohl noch nicht so richtig.

14 Einige Schüler ruderten mit den Armen und strampelten mit den Beinen. Die Lenkung klappte bei manchem noch nicht so richtig.

15 Dann sanken sie in der Einflugschneise herab, streckten elegant die Beine nach vorn und segelten nacheinander auf den Schulhof herunter.

16 Jetzt sinken sie in der Einflugschneise herab, strecken elegant die Beine nach vorn und segeln nacheinander auf den Schulhof herunter.

17 So etwas muss man sehen, wenn man es glauben will!

18 Klasse, wie das aussieht! Und was für ein Spaß muss das für die Kids sein!

19 Das sah klasse aus, und es war ein Riesenspaß!

1 Hier sind die Abschnitte von zwei verschiedenen Texten ineinandergeschrieben: Der eine Text ist eine Reportage von einem Rundfunkreporter, der darüber berichtet, was er im Jahre 2350 beobachtet. Im anderen Text erzählt eine Mutter ihren Kindern, was sie im Jahre 2350 erlebt hat. Schreibt die Zahlen der Absätze auf, die zu dem einen und zu dem anderen Text gehören. Achtung: Ein Absatz gehört zu beiden Texten!
Reporter: 1 ...
Mutter: 2 ...

2 Lest euch jetzt die beiden Texte vor. Der Reporter **schildert aufgeregt** die Sensation. Die Mutter **erzählt ruhig** von ihren Erlebnissen.

Das **Präsens** gebrauchen wir vor allem dann, wenn wir von der **Gegenwart** sprechen: *Wir **schreiben** gerade etwas auf.*
Das **Perfekt** verwenden wir vor allem, wenn wir von etwas **Vergangenem mündlich** erzählen: *Gestern **haben** wir auch 'ne Menge **geschrieben**.*
Das **Präteritum** wählen wir meistens, wenn wir über etwas **Vergangenes schreiben**: *Wir **schrieben** gestern einen Aufsatz.*
Das **Futur I** gebrauchen wir manchmal, wenn wir über die **Zukunft** reden: *Und morgen **werden** wir sicher auch wieder irgendetwas **schreiben**.*

3 Hier ist zur Wiederholung ein kleiner Text.
Bestimme darin die Zeitformen:

Das kann doch nicht wahr sein!

Heute Nachmittag ging ich so durch die Stadt.
Ich habe mir die Schaufenster angesehen.
Da sehe ich plötzlich im Spiegel der Schaufensterscheibe die Dora.
Und neben ihr ging ein Junge.
Zum Glück haben mich die beiden nicht erkannt.
Ich dachte noch: Das kann doch nicht wahr sein!
Heute Abend beim Training werde ich das meinem Freund Toby erzählen.
Was der wohl dazu sagen wird!
Der liebt nämlich Dora.

Perfekt oder Präteritum?

Ein Dialog

Du siehst ja so traurig aus!
Lief dir eine Laus über die Leber?
Fraßest du etwas aus?
Verlorest du dein Portmonee?
Strittest du mit deinem Bruder?
Was ist denn mit dir los?

Nichts ist los!
Mir lief keine Laus über die Leber.
Ich fraß nichts aus.
Ich verlor auch nicht mein Portmonee.
Und ich stritt auch nicht mit meinem Bruder.
Ich habe einfach schlechte Laune.

1 Sprecht euch dieses Gespräch einmal mit verteilten Rollen vor.

2 Wie klingt denn das? Sicher kommt euch die Sprache merkwürdig vor. Würdet **ihr** so reden? Was würdet ihr anders machen?

Wenn wir miteinander über etwas **reden**, was in der **Vergangenheit** passiert ist, dann tun wir das meistens im **Perfekt**.
Das Perfekt wird folgendermaßen gebildet:

Aus *ich laufe* wird:	*ich …*	***bin …***	***gelaufen.***
aus *ich fresse etwas aus* wird:	*ich …*	***habe …***	***etwas ausgefressen.***
		Hilfsverb *haben* oder *sein*	Partizip II wird mit *ge-* gebildet

3 Schreibt (am besten in Gruppen) diese Sätze einmal so auf, wie sie im Text in wörtlicher Rede stehen würden. Verwendet die Verben dabei im Perfekt und unterstreicht die Verbform:
Felix fragte seinen Freund: „<u>Ist</u> dir eine Laus über die Leber <u>gelaufen</u>?"

4 Überprüft, ob ihr alle dieselben Sätze geschrieben habt.

5 Vervollständige die folgenden Reime.

Zeitform-Reime zum Üben

Greifen, griff, gegriffen,
kneifen, ?, gekniffen,
pfeifen, pfiff, ?,

streiten, stritt, gestritten,
reiten, ?, ?,
leiden, ?, ?,

kennen, kannte, gekannt,
rennen, ?, gerannt,
nennen, nannte, ?,

schleichen, schlich, geschlichen,
streichen, ?, ?,
vergleichen, ?, ?.

Das Präteritum

PEACE

Nicola ist gestern in die Stadt gefahren.
Sie ist von einem Kaufhaus ins andere gerannt.
Sie hat ein T-Shirt gesucht.
Aber mit dem Aufdruck PEACE hat sie keins gefunden.
Da ist sie wieder nach Hause gefahren.
Dort hat sie sich ein gebrauchtes T-Shirt herausgesucht.
Darauf hat sie mit Textilfarbe PEACE gemalt.
Danach ist sie zufrieden gewesen.

1 Lest euch den Text erst einmal gegenseitig vor.

2 Was hier geschrieben steht, ist schon vergangen. Alle Verben stehen im Perfekt, weil der Text mündlich erzählt wurde. In geschriebener Sprache sollte er aber im Präteritum stehen. Übertrage den Text in das Präteritum.
Schreibe also statt
Nicola ist gestern in die Stadt gefahren.
→ Nicola fuhr gestern in die Stadt.

3 Stellt eure Ergebnisse anschließend vor.
Wie hört sich der Text **nun** an? Sprecht darüber.

Wenn wir etwas **schriftlich** erzählen, was sich in der V**ergangenheit** abspielte, dann gebrauchen wir meistens das **Präteritum**.
Das Präteritum wird folgendermaßen gebildet:
An die meisten Verben wird ein **-e** angefügt:
Aus *sie sucht* wird: *sie suchte*; aus *sie lacht* wird: *sie lachte*.
Viele Verben werden im Präteritum aber durch andere Formen gebildet:
Aus *er* ***läuft*** wird: *er* ***lief***, aus *sie* ***fährt*** wird: *sie* ***fuhr***.

4 Die Verbformen im Präteritum sind manchmal gar nicht so einfach!
Schreibe die Verben im Präteritum auf.
Im Zweifelsfall schlage in einem Wörterbuch nach!
er beißt – er biss …

beißen biegen braten empfinden
fliehen frieren gewinnen kneifen kriechen
leiden messen pfeifen ringen schleichen
schwimmen spinnen stehlen streiten
verlieren waschen verzeihen zwingen

5 In jedem Absatz ist eine Zeile falsch. Findest du sie?

Reime mit Fehlern!

Beißen, biss, gebissen,
schmeißen, schmiss, geschmissen,
heißen, hiss, gehissen,

schwingen, schwang, geschwungen,
singen, sang, gesungen,
bringen, brang, gebrungen,

essen, aß, gegessen,
messen, maß, gemessen,
pressen, praß, gepressen,

fliegen, flog, geflogen,
biegen, bog, gebogen,
siegen, sog, gesogen.

Reime zum Umformen und Berichtigen

Der Kaufhausdieb

Ein Mann ist mal zu Neckermann gegangen,
hat eine Jacke anprobiert.
Das ist 'ne ganz besonders tolle gewesen,
hat aus allerfeinster Wolle bestanden.
Der Mann jedoch hat kein Geld besessen.
Da hat er sie, nur so zum Spaß,
unter seinen Mantel druntergezogen.
Dann ist er, so verkleidet, munter
zur Kaufhaustüre wieder rausgegangen.
Da ist der Detektiv vom Haus gekommen
und hat ihm seine Jacke ausgezogen.
So hat das Abenteuer geendet.
Die Jacke ist dem Mann sehr teuer gekommen!

Wolfgang Menzel

1 In diesem Text stehen die Verben im Perfekt.
Schreibe ihn ins Präteritum um.
Dann wird ein richtiges Gedicht daraus.

Der Kaufhausdieb

Ein Mann ging mal zu Neckermann,
probierte eine Jacke an.
...

Präteritum und Perfekt: Aber so steht es nicht immer im Wörterbuch!

Denken, dachte, gedacht,
lachen, lachte, gelacht,
schenken, schachte, geschacht,

lenken, lenkte, gelenkt,
schenken, schenkte, geschenkt,
denken, denkte, gedenkt,

kriegen, kriegte, gekriegt,
siegen, siegte, gesiegt,
lügen, lügte, gelügt,

sinken, sank, gesunken,
stinken, stank, gestunken,
hinken, hank, gehunken.

Lügen, log, gelogen,
betrügen, betrog, betrogen,
kriegen, krog, gekrogen,

riechen, roch, gerochen,
kriechen, kroch, gekrochen,
brechen, broch, gebrochen,

stechen, stach, gestochen,
brechen, brach, gebrochen,
riechen, rach, gerochen,

winken, winkte, gewinkt,
hinken, hinkte, gehinkt,
singen, singte, gesingt.

2 Die letzte Zeile in den Dreierreihen ist immer falsch!
Schreibe sie richtig auf.
Wie es richtig geht, findest du immer in einer anderen Reihe!
Nur einmal musst du selbst im Wörterbuch nachschlagen.

Ein Experiment mit den Zeitformen

Fahrradtour

a) Auf meiner Radtour kam mir auf einer Brücke ein Auto entgegen.
b) Ich fahre ganz dicht an den Rand.
c) Doch plötzlich verlor ich das Gleichgewicht
d) und bin über das Geländer in den Bach gestürzt.
e) Zum Glück ist der Bach nicht tief.
f) Der Autofahrer hält an und kam gleich die Böschung runter.
g) Er zieht mich aus dem Bach und hat gefragt:
h) „Ist dir was passiert?"
i) Wie kann man nur so fragen!
j) Er will gleich mit dem Handy nach dem Notarzt rufen.
k) Aber ich wollte das nicht.
l) Und dann steckt er sein Handy wieder ein.
m) Jedenfalls ist alles noch einmal gutgegangen.

1 In diesem Text geht es mit den Zeitformen ganz schön chaotisch zu. Seht euch den Aufsatz genau an und lest ihn euch gegenseitig vor.

2 Schreibe auf einen Zettel, welche Zeitformen in den einzelnen Sätzen vorkommen: a) Präteritum, b) Präsens, c) ..., d) ...

3 Sprecht über die einzelnen Zeitformen. Was würdet **ihr** anders machen?

4 Führt einmal folgendes Experiment durch:
- Bildet drei Gruppen.
- Die erste Gruppe schreibt den Text im Präsens,
- die zweite Gruppe im Präteritum,
- und die dritte Gruppe schreibt ihn im Perfekt,

– aber bitte jeden Satz von vorn bis hinten! Versucht einmal, wie das wohl geht!

Präsens:
Auf meiner Radtour kommt mir auf einer Brücke ein Auto entgegen. Ich fahre ...

Präteritum:
Auf meiner Radtour kam mir auf einer Brücke ein Auto entgegen. Ich fuhr ...

Perfekt:
Auf meiner Radtour ist mir auf einer Brücke ein Auto entgegengekommen. Ich bin ganz ...

5 Lest euch nun eure Texte vor. Sprecht darüber, was euch an den einzelnen Texten gefällt. Wo hört sich etwas komisch an? Und wo geht etwas ganz und gar nicht?

6 Bildet Gruppen und sprecht über einzelne Sätze genauer:

- Satz a): In welcher Zeitform würdet ihr am liebsten anfangen?
  - Im Präsens: *Auf meiner Radtour* ***kommt*** *mir auf einer Brücke ein Auto entgegen.*
  - Im Präteritum: *Auf meiner Radtour* ***kam*** *mir auf einer Brücke ein Auto entgegen.*
  - Im Perfekt: *Auf meiner Radtour* ***ist*** *mir auf einer Brücke ein Auto* ***entgegengekommen***.

Stimmt in der Gruppe darüber ab!

- Satz e): Für welche Zeitform würdet ihr euch hier entscheiden?
- Satz h): Welche Zeitform würde euch hier am besten gefallen?
- Satz i): Welche Zeitform würdet ihr hier wählen?
- Satz m): Und mit welcher Zeitform würdet ihr am liebsten den Text beenden?

Stimmt immer darüber ab!

7 Sammelt jetzt eure Ergebnisse an der Tafel und zählt sie aus:

Satz a): Präsens: I ...
Präteritum: III ...
Perfekt: II ...
Satz e): Präsens: ...
Präteritum: ...
Perfekt: ...

8 Jetzt schreibt jeder Einzelne den gesamten Text einmal so auf, wie er ihm am besten gefällt.
Denkt daran: Ihr dürft die Zeitformen wechseln, wenn es eurer Meinung nach zum Text passt!

9 Lest euch gegenseitig eure Texte vor und achtet darauf, wie es die anderen gemacht haben.

10 Und hier ist ein Text, auf den sich die Schülerinnen und Schüler eines 7. Schuljahrs in Wanne-Eickel einmal gemeinsam geeinigt haben. Was sagt ihr dazu?
Habt ihr es so ähnlich gemacht?
An welchen Stellen habt ihr andere Zeitformen gewählt?

Fahrradtour

Auf einer Radtour kam mir auf einer Brücke ein Auto entgegen. Ich fuhr ganz dicht an den Rand. Doch plötzlich verliere ich das Gleichgewicht und stürze über das Geländer in den Bach. Zum Glück war der Bach nicht tief. Der Autofahrer hielt an und kam gleich die Böschung runter. Er zog mich aus dem Bach und fragte: „Ist dir was passiert?" Wie kann man nur so fragen! Er wollte gleich mit dem Handy nach dem Notarzt rufen. Aber ich wollte das nicht. Und dann hat er sein Handy wieder eingesteckt. Jedenfalls ist alles noch einmal gutgegangen.

Das Präsens als „Alleskünstler“

Gedanken während der Deutschstunde

a) Heute Morgen **hat** doch der Schulbus tatsächlich eine viertel Stunde Verspätung!
b) Natürlich **komme** ich wieder mal zu spät!
c) Jetzt **sitze** ich hier und lese in meinem Sprachbuch.
d) Hoffentlich **klingelt** es bald!
e) Heute Nachmittag **gehe** ich erst zum Sportplatz, ehe ich meine Schularbeiten mache.
f) Aber meine Mutter **sagt** immer:
g) „Erst **kommt** die Arbeit, dann das Spiel!“
h) Mütter **sind** nun einmal so!

1 Alle Verben stehen in diesem kleinen Text im Präsens. Aber erzählt wird hier über ganz verschiedene Zeiten: über die Gegenwart, über die Zeit davor und über die Zeit danach.
- Von welchem Zeitpunkt aus ist das Ganze wohl gedacht? Und in welchem Satz steht das?
- Welche Sätze sagen etwas über die Vergangenheit?
- Welche Sätze sagen etwas über die Zukunft?
- Welche Sätze sagen, dass etwas immer so ist?

2 Trage deine Antworten in ein Schaubild ein:
1.: Satz, der in der Gegenwart gedacht ist: …
2.: Sätze, die etwas über die Vergangenheit sagen: …
3.: Sätze, die etwas über die Zukunft sagen: …
4.: Sätze, die etwas sagen, das immer so ist: …

Das **Präsens** ist eine Verbform, mit der man etwas **Gegenwärtiges** beschreiben kann:
*Ich **schreibe** mir das jetzt in mein Tagebuch.*
Man kann aber mit ihr auch **Vergangenes** kennzeichnen:
*Gestern **läuft** mir doch auf einmal meine Freundin über den Weg.*
oder **Zukünftiges**:
*Nächsten Sonntag **besucht** sie mich.*
Oft dient diese Form auch dazu, etwas **allgemein Gültiges** auszusagen:
*Ich **freue** mich immer, wenn ich sie sehe.*

3 Ergänze die fehlenden Präsensformen.
Wenn du unsicher bist, schau in einem Wörterbuch nach!

befehlen: *Er **befiehlt** uns etwas.*
brechen: *Er … sein Wort.*
essen: *Sie … gern Nudeln.*
schlafen: *… du schon?*
gelten: *Das … nicht!*
stechen: *Die Mücke …*

backen: *Sie … Eierkuchen.*
dürfen: *Er … das nicht.*
saufen: *Das Pferd …*
zugeben: *… du das zu?*
zuwerfen: *… mir den Ball zu!*
helfen: *Du … mir doch?*

mögen: *Er … mich nicht!*
erraten: *Das … du nie!*
anfangen: *Das Spiel … an.*
erschrecken: *Sie … immer so leicht!*
anhalten: *Sie … das Auto an.*
treffen: *Er … sich mit ihr.*

Das Plusquamperfekt: die Zeit davor!

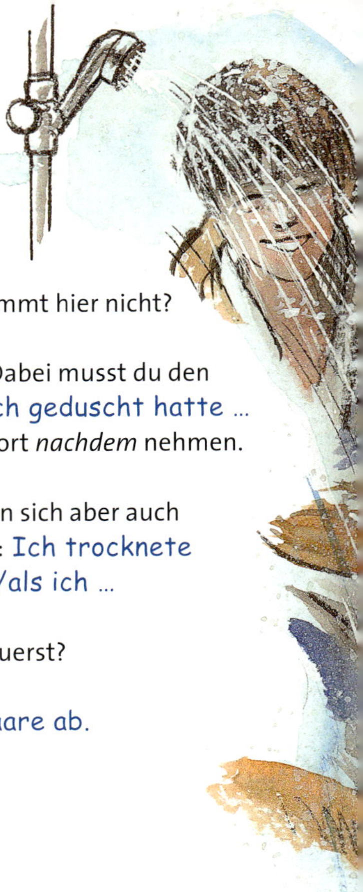

Das geht nicht gut!

Als ich duschte, trocknete ich mir die Haare ab. Als ich mir die Zähne putzte, setzte ich mich an den Frühstückstisch. Als ich mein Frühstück aß, ging ich zum Bus. Als wir einstiegen, fuhr der Bus ab. Als der Bus auf den Schulhof fuhr, stiegen wir aus.

1 Lest euch die Sätze vor. Was stimmt hier nicht?

2 Schreibe die Sätze richtig auf. Dabei musst du den **als-Satz** umformulieren: Als ich geduscht hatte …
Statt *als* kannst du auch das Wort *nachdem* nehmen.

3 Die beiden Teile der Sätze lassen sich aber auch umdrehen. Versuche es einmal: Ich trocknete mir die Haare ab, nachdem/als ich …

4 Was passiert in den einzelnen Sätzen eigentlich immer zuerst?
Schreibe so:
Erst dusche ich mich, dann trockne ich mir die Haare ab.

So viel Pech an einem Tag!

Nachdem Anna am Morgen ihr Rad aus dem Schuppen *(holen)*, *(bemerken)* sie einen Platten. Als sie am Nachmittag ihren Wellensittich füttern *(wollen)*, *(feststellen)* sie, dass er *(wegfliegen)*. Am Nachmittag *(finden)* sie das Buch nicht, das sie aus der Bücherei *(entleihen)*. Als sie es endlich *(finden)*, *(wollen)* sie noch etwas darin lesen. Da *(merken)* sie, dass ihre Brille *(verschwinden)*. Sie *(wissen)* nicht, wo sie sie *(hinlegen)*. Nachdem sie das Licht *(ausmachen)*, *(einschlafen)* sie.

5 Hier musst du die Verben in die richtigen Zeitformen setzen: Präteritum und Plusquamperfekt.

Das Plusquamperfekt wird wie das Perfekt mit den Hilfsverben *haben* und *sein* gebildet.

Perfekt:	*ich **habe** …*	*geschlafen*	*ich **bin** …*	*aufgewacht*
Plusquamperfekt:	*ich **hatte** …*	*geschlafen*	*ich **war** …*	*aufgewacht*
	Hilfsverb *haben/sein*	Partizip II mit *ge-*	Hilfsverb *haben/sein*	Partizip II mit *ge-*

Das Plusquamperfekt wird fast immer nur dann verwendet, wenn ein Ereignis, das in der Vergangenheit stattfand, **schon abgeschlossen** ist.
Man nennt diese Zeitform auch „Vorvergangenheit“:

*Nachdem wir das Zelt **aufgebaut hatten**,*	***stiegen** wir in unsere Schlafsäcke.*
*Als wir in die Schlafsäcke **gestiegen waren**,*	***erzählten** wir uns noch Witze.*
Plusquamperfekt: die Zeit **vor** der Vergangenheit	**Präteritum:** die Zeit in der Vergangenheit

Das Futur I: die Zeit danach

Hausaufgabe

a) Morgen **komme** ich einmal zu dir.
b) Dann **bereiten** wir die Hausaufgaben vor.

Morgen **werde** ich einmal zu dir **kommen**.
Dann **werden** wir die Hausaufgaben **vorbereiten**.

c) Du bringst am besten die Tageszeitung mit,
d) in der der Wetterbericht steht.
e) Dann schreiben wir zusammen eine witzige Wettervorhersage.
f) Ich tippe sie dann in meinen Computer.
g) Danach gebe ich das Blatt meiner Mutter.
h) Die lässt es am Montag kopieren.
i) Und am Dienstag zeigen wir unseren witzigen Wetterbericht dann allen in der Klasse.
j) Die wundern sich!

1 Formt die Sätze c) bis j) auch einmal in eine Verbform mit *werden* um wie in den ersten beiden Sätzen.

2 Lest euch den Text dann vor und sprecht darüber, wie er auf euch wirkt.

3 Wenn du nur einen einzigen Satz im **Futur I** aufschreiben solltest: Welchen würdest du auswählen? Schreibe den Buchstaben dieses Satzes auf!

4 Vergleicht, welche Sätze ihr ausgesucht habt. Ihr könntet auch darüber abstimmen, welchen Satz die meisten der Klasse ins Futur I umgeformt haben.

Es gibt eine Zeitform, die ganz selten gebraucht wird: die Zukunftsform **Futur I**:

Heute Abend ***werde*** *ich zum Training* ***gehen****.*
Hilfsverb *werden* — Infinitiv

Meistens wählt man aber lieber das **Präsens**, weil das Futur I zu umständlich ist und weil man nicht ständig das Hilfsverb *werden* wiederholen möchte:
Statt *Heute Abend* ***werde*** *ich zum Training* ***gehen*** sagen wir also lieber:
Heute Abend ***gehe*** *ich zum Training.*

Sätze, in denen wir eine **Hoffnung** oder **Befürchtung** ausdrücken, stehen aber oft im Futur I: *Du* ***wirst*** *das schon* ***schaffen****!*

5 Sammelt gemeinsam einige Alltagssätze, in denen ihr das Futur I manchmal wirklich verwendet, also Sätze wie:
Das wirst du bestimmt nicht bereuen!
Das wird schon klappen! ...

Adjektive

Wozu man Adjektive braucht

Aus den vergangenen Schuljahren wisst ihr schon:
Zu den Adjektiven gehören solche Wörter wie:

alt braun christlich eifrig frisch
dumm krumm lautlos mäßig
nagelneu öffentlich tapfer
unbewusst viel weit

1 Ob ein Wort ein Adjektiv ist, könnt ihr durch eine Probe herausfinden. Kann man ein Wort zwischen einen Artikel und ein Nomen setzen, so ist es ein Adjektiv.

Die ? Plingplongs schwirren in der Luft herum.

Wendet diese Probe einmal auf einige Wörter aus der Sammlung oben an.

2 Findet durch die Einsetzprobe heraus, welche der folgenden Wörter Adjektive sind. Vorsicht, drei Wörter sind keine Adjektive!

gefräßig komisch italienisch oft jährlich quirlig heute sonderbar
x-beinig laut hinten positiv ernst mittelmäßig pfiffig drei

Weshalb fällt die Sonne nicht in sich zusammen oder dehnt sich aus?

1) Die Sonne ist eine *riesige* Gaskugel aus *heißem* Wasserstoff und Helium.
2) Wenn ein Gasballon aber erhitzt wird, dehnt er sich *immer kräftig* aus.
3) Warum wird nicht auch die Sonne, die nur aus *heißem* Gas besteht, immer *größer*?
4) Ein britischer Astronom fand *schon* vor *langer* Zeit heraus, wieso das so ist.
5) In der Sonne sind zwei *mächtige* Kräfte wirksam.
6) Die *eigene* Schwerkraft der Sonne müsste das Gas eigentlich *stark* zusammenziehen.
7) Gegen die Schwerkraft *aber* arbeitet die *unvorstellbare* Hitze im Sonnenkörper.
8) Beide Kräfte sind etwa gleich stark, sodass sich beide Kräfte aufwiegen.

3 In diesem Text sind einige Wörter schräg gedruckt.
Die meisten von ihnen sind Adjektive. Schreibt diese auf.
Es haben sich aber auch drei Wörter eingeschlichen, die keine Adjektive sind.
Im letzten Satz sollt ihr die Adjektive selber finden.
Macht – wenn ihr unsicher seid – die **Plingplong-Probe**.

4 Vergleicht einmal die Wortgruppen rechts.

Wie verändern sich die Aussagen der Wortgruppen, wenn ein Adjektiv hinzukommt?
Was wird durch das Adjektiv erreicht?

eine Gaskugel
eine *riesige* Gaskugel

sie dehnt sich aus
sie dehnt sich *kräftig* aus

Adjektive drücken aus
– wie jemand oder etwas ist: *die **kleine** Frau – die Frau ist **klein***
*das **heiße** Gas – das Gas ist **heiß***
– wie etwas vor sich geht: *Das Gas dehnt sich **kräftig** aus.*

Adjektive eignen sich deshalb besonders dazu, Lebewesen, Sachen und Situationen **genauer** zu beschreiben.

5 Schreibe den folgenden Text auf.
Setze an Stelle der Fragezeichen passende Adjektive ein.
Du kannst die Adjektive aus der Liste auswählen.
Vergleicht dann eure Lösungen in der Klasse.

Gewitter am Meer

a) Er kam im Sand nur ? voran.
b) Er stapfte, so ? es ihm möglich war, quer über den Strand auf den Dünenweg zu.
c) Der ? Sturm pfiff ihm um die Ohren.
d) ? Tropfen schlugen ihm ins Gesicht.
e) Seine Füße stapften ? durch den Sand.
f) Sie rutschten bei jedem Schritt, den es bergauf über die ? Düne ging, wieder ein Stück zurück.
g) Als er endlich den Dünenkamm erreichte, schlägt ein ? Blitz in einen Fahnenmast ein.
h) Ein ? Donnerschlag rollt über die Insel dahin.

steil
mühsam grell
kräftig
schnell rasch
schwer
zuckend dick
langsam
schwerfällig gewaltig
heftig

6 Vergleicht eure Lösungen in der Klasse.

7 In welchen Sätzen muss unbedingt ein Adjektiv stehen, damit der Satz verständlich wird?
In welchen Sätzen könnte man auf ein Adjektiv verzichten?
Warum sollte man in diesen Sätzen dennoch Adjektive verwenden?

Steigerung der Adjektive

Viele Adjektive können gesteigert werden.
Mit Hilfe der Steigerungsstufen ist es möglich, Eigenschaften von Personen, Sachen und Sachverhalten zu vergleichen und zu bewerten.

3. Höchststufe (Superlativ):
Sandra haben die Tiger am besten gefallen.

2. Steigerungsstufe (Komparativ):
Sandra haben die Löwen aber besser gefallen.

1. Grundstufe (Positiv):
Sandra haben die Kängurus gut gefallen.

1 Manche Steigerungsstufen sind nicht einfach zu bilden oder zu schreiben.
Schreibe die zusammengehörigen Steigerungsformen auf.
Viel - mehr - ...

mehr stark hoch größer am größten viel dick am höchsten
dunkel am stärksten dunkler höher stärker nahe am dunkelsten
groß am meisten dicker am dicksten am nächsten näher

2 Nicht alle Adjektive kann man steigern.
Und bei manchen Adjektiven ist es auch nicht sinnvoll, sie zu steigern.
Überprüft, welche der folgenden Adjektive ihr steigern würdet.
– Welche würdet ihr **nicht** steigern? Begründet.
– Bei welchen könnte man sich vielleicht streiten?

ein leeres Heft
ein leereres Heft
das leerste Heft ?

die einzige Möglichkeit
die einzigere Möglichkeit
die einzigste Möglichkeit ?

ein leeres Heft
ein dicker Fisch
ein breiter Fluss
ein gewagtes Spiel

die einzige Möglichkeit
die passenden Schuhe
ein silbernes Messer
eine lustige Geschichte

eine kinderlose Familie
ein rechtwinkliges Dreieck
ein spannender Krimi
der absolute Wahnsinn

Adverbien

a) Sandra hat Piet sehr **lieb**.
b) Sandra hat Piet sehr **gern**.

1 Wie man Adjektive erkennt, habt ihr bereits gelernt. Untersucht einmal mit Hilfe der Einsetzprobe, welches der markierten Wörter ein Adjektiv ist.

Die ? Plingplongs schwirren in der Luft herum.

2 Welches markierte Wort habt ihr nicht einsetzen können? Woran lag das?

Wörter wie *heute, dort, gern, trotzdem* gehören zur Wortart der **Adverbien**. Sie lassen sich in ihrer Form nicht verändern.
Adverbien geben im Satz an, **wann, wo, warum** und **wie** etwas geschieht.

3 Zu welcher Gruppe von Adverbien gehört *gern*?

Adverbien der Zeit	Adverbien des Ortes	Adverbien des Grundes	Adverbien der Art und Weise
Wann? Wie lange? Wie oft?	*Wo? Wohin? Woher?*	*Warum? Weshalb? Wozu?*	*Wie? Wie viel? Wie oft?*
gestern, damals, jetzt, manchmal, zunächst, sofort, morgen, nachher	da, draußen, hinauf, oben, rechts, unten, vorn, vorwärts	deshalb, dazu, darum, wodurch, trotzdem, dennoch, warum, weshalb	gern, sehr, so, noch, ziemlich, vielleicht, fast, nicht, nur, ganz

4 Im folgenden Text sind **vier** Adverbien markiert. Zu welcher Adverb-Gruppe gehören sie? Ordnet richtig zu.

Aufregung

Gestern bekam Dino, unser Hund, Krämpfe. Unsere Familie war furchtbar besorgt. Hatte vielleicht jemand unseren Hund vergiftet? „Schnell, wir müssen sofort mit ihm zum Tierarzt fahren", rief aufgeregt meine Schwester. Natürlich wollten alle Dino **dahin** begleiten. Wir legten Dino in seinen Hundekorb und deckten noch eine Decke über ihn. Dann hoben mein Vater und ich den Korb und schleppten ihn zu unserem Kombi. In der Aufregung fand mein Vater nicht so schnell seine Autoschlüssel. **Deshalb** saßen wir im Auto auf heißen Kohlen. Nach unserem Start kamen wir zunächst **ziemlich** gut auf der Straße vorwärts.

5 Im Text *Aufregung* auf Seite 161 sind noch acht weitere Adverbien enthalten, die nicht markiert sind. Sucht sie heraus. Ihr könnt die Listen der Adverbien in Aufgabe 3 auf Seite 161 zu Hilfe nehmen.

6 Probiere aus, welche Adverbien in den nachfolgenden Text passen. Schreibe den Text dann auf.

also da dann deshalb schließlich leider links

glücklicherweise nicht draußen nun oben vielleicht

sofort jetzt heute bald sehr dabei unten

Praxis geschlossen

Auf dem Weg mit Dino zum Tierarzt gab es 1 einige Hindernisse, denn viele Ampeln sprangen 2 auf Rot, wenn wir uns ihnen näherten. 3 war die Fahrt zur Tierarztpraxis nach einer Viertelstunde geschafft. Doch oh Schreck! Die Praxisräume befanden sich 4 im dritten Stock. Wir mussten Dino mitsamt seinem Hundekorb 5 über viele Treppen schleppen. 6 kam ich ganz schön ins Schwitzen, und Dino wurde immer schwerer. 7 waren wir da, aber was war das? Ein Zettel klebte 8 an der Tür:

Wegen Krankheit 9 geschlossen!

10 wurde Dino langsam wieder munter. Als wir wieder 11 auf der Straße angekommen waren, sprang er 12 aus seinem Korb und wedelte mit dem Schwanz. 13 hatte er sich doch nur den Magen verdorben? Jedenfalls war er 14 wieder gesund und wollte unbedingt mit uns spielen. 15 sind wir in den Wald gefahren und haben mit Dino einen langen Spaziergang gemacht.

7 Lest euch eure Texte gegenseitig vor. Überprüft, ob alle Adverbien zum Inhalt der Sätze passen. An welchen Stellen habt ihr unterschiedliche Adverbien eingesetzt?

Präpositionen

Die Schokolade über dem Picknickkorb

Jule und Erik wollten gestern über ihrer Mutter unter den Strand fahren. Also haben sie einen gefüllten Picknickkorb zwischen das Auto gepackt. Dann machten sie es sich unter den Rücksitzen bequem. Gegen der Fahrt hat Erik aber schon Hunger bekommen. Er griff heimlich neben den Picknickkorb, um die Schokolade zu suchen. Er wusste nämlich ganz genau, dass ihre Mutter die Schokolade über den Korb gesteckt hatte. Aber Jule gab ihm einen derben Klaps unter die Hand. Damit war sein Versuch, früher unter die Schokolade zu kommen, leider gescheitert.

1 Natürlich stimmt etwas mit diesem Text nicht. Sprecht darüber, was euch auffällt. Lest den Text dazu laut vor.

2 Ersetze jetzt die „falschen“ Wörter durch passende Wörter. Schreibe den Text richtig auf:
Die Schokolade in dem (im) Picknickkorb

3 Lest den folgenden Text zunächst so, wie er dasteht.

Mutter steuerte das Auto sicher ___ den Parkplatz.
Sie hatte natürlich ___ dem Rückspiegel gesehen,
dass Erik schon im Auto ___ die Schokolade kommen wollte.
Jule holte gleich den Picknickkorb ___ dem Wagen.
„Ich glaube“, meinte Mutter, „wir sollten uns zunächst stärken,
bevor wir zu einer Wanderung ___ dem Strand aufbrechen.“
___ diesem Vorschlag war Erik sehr einverstanden. Und bald
saßen die drei ___ einer Decke im Sand und ließen es sich
schmecken. Jule hatte auch nichts dagegen, dass ___ ihren Bruder
das größte Stück der Schokolade abfiel.

4 Ergänzt die Wörter, die in die Lücken passen. Lest den Text dann auch in dieser Fassung vor. Worüber weiß man nun besser Bescheid?

Präpositionen stehen immer in Verbindung mit Nomen oder Pronomen. Sie bringen die Personen oder Dinge in eine Beziehung zueinander. Meistens haben sie eine räumliche Bedeutung:
*Das Buch liegt **auf** dem Tisch. Er stieß **gegen** die Mauer. Ich laufe **über** die Wiese.*
Präpositionen verändern sich nicht in ihrer Form.

Es gibt aber auch Präpositionen, die eine zeitliche Bedeutung haben oder die eine Ursache angeben:
Sie wartete ***bis*** *zum Abendessen.*
Er verspätete sich ***wegen*** *des starken Regens.*

5 Verbindet die folgenden Präpositionen mit den Wortgruppen in Klammern.
Achtet darauf, dass sich die Wörter in ihrer Form verändern:
Seit der letzten Woche …

Seit *(die letzte Woche)* liegt mein Freund im Krankenhaus.
Während *(das spannende Spiel)* kam keine Langeweile auf.
Nach *(das nächste Wochenende)* fängt das neue Schuljahr an.
Ich treffe mich mit meiner Freundin **vor** *(die letzte Stunde)*.
Er kam **trotz** *(der dichte Nebel)* pünktlich zum Unterricht.
Sie wartete eine Stunde lang **auf** *(der verspätete Zug)*.
Bei unserer Wanderung fragten wir mehrfach **nach** *(der richtige Weg)*.
Mit *(die letzte Kraft)* erreichten die Bergsteiger die Schutzhütte.

Einige Präpositionen können **sowohl mit dem Dativ als auch mit dem Akkusativ** verbunden werden.

6 Ergänze die Artikel im richtigen Fall.
Vergleicht eure Ergebnisse anschließend in der Klasse.

Andi hat sich **hinter dem** Haus *(Dativ)* versteckt.
Erik sucht und schleicht vorsichtig **hinter das** Haus *(Akkusativ)*.

Der Ball bleibt **neben** ? Tor liegen.
Ich legte den Ball **neben** ? Tor.

Unser Hund kriecht **unter** ? Sofa.
Jetzt liegt er schon lange **unter** ? Sofa.

Der Schulbus hält **vor** ? Schule.
Der Schulbus kommt und fährt **vor** ? Schule.

Mein Bruder legte das Buch **auf** ? Tisch.
Jetzt liegt das Buch **auf** ? Tisch.

Konjunktionen

Auf die richtige Verbindung kommt es an!

(1) Ein Kater sorgte in Florida für Aufsehen, damit er mit seinem Besitzer surfen ging. (2) Der hatte festgestellt, weil sein Kater gern nass wird. (3) Bevor er dem „Stubentiger" ein kleines Surfbrett gebaut hatte, „ritt" der Kater zu seiner Überraschung die erste Welle bis zum Strand. (4) Danach setzte er sich auf das Motorrad seines Herrchens, sobald dieser gezwungen war, loszufahren. (5) Das musste der Mann dann immer so machen, wenn sich das Tier im Fahrtwind trocknen konnte. (6) Seitdem gibt es immer einen Menschenauflauf am Strand, obwohl der Kater zum Surfen erscheint.

weil
sodass
als
wenn
damit
nachdem
zum
da
ob
falls
dass

1 Die einzelnen Sätze dieses Textes klingen recht unsinnig. Das liegt nur an einem einzigen Wort in jedem Satz. An welchem?

2 Ersetze dieses Wort durch ein anderes, sodass der Satz wieder stimmt. Die Wörterliste oben rechts hilft dir dabei. An manchen Stellen passen auch mehrere Wörter!

3 Die folgenden Sätze können in zweifacher Weise miteinander verbunden werden. Probiert das jeweils mit den beiden Bindewörtern aus. Vergleicht die Satzpaare, die ihr gebildet habt, in der Klasse.

1) Viele Leute finden das Verhalten des Katerbesitzers wahrscheinlich toll. Andere sind davon nicht begeistert. — aber – während
2) Zweifellos sind solche Geschichten sehr witzig. Wir finden sie auch deshalb interessant. — und – sodass
3) Manchmal verhalten sich Tiere wie Menschen. Das „Hobby" des Katers ist sehr ungewöhnlich. — trotzdem – obgleich

4 Vergleicht einmal genauer, wie sich die beiden folgenden Sätze voneinander unterscheiden. Achtet besonders darauf, **wo** das Prädikat steht.

Viele Leute finden das Verhalten des Katerbesitzers wahrscheinlich toll, …
- … ***aber*** *andere sind davon nicht begeistert.*
- … ***während*** *andere davon nicht begeistert sind.*

5 Setzt die beiden Bindewörter *aber* und *während* richtig ein.

Das Bindewort ? verbindet einen Hauptsatz
mit einem vorausgehenden Hauptsatz.
Das Prädikat steht hier nach dem Subjekt.

Das Bindewort ? verbindet einen Nebensatz
mit dem übergeordneten Hauptsatz.
In dem Nebensatz steht das Prädikat am Ende.

Die kleinen Wörter, die Wörter, Satzteile und Sätze miteinander verbinden, werden **Konjunktionen** genannt. Man unterscheidet

nebenordnende Konjunktionen:
und, aber, oder, denn, doch, jedoch, sondern, sowie, sowohl … als auch, entweder … oder, weder … noch

Nebenordnende Konjunktionen **verbinden** gleichwertige Wörter, Satzteile und Hauptsätze miteinander.
Peter ***und*** *Gundula fahren nach Hamburg.*
Sie schreiben während des Urlaubs eine schöne Ansichtskarte ***sowie*** *einen kurzen Brief an ihre Kinder.*
Sie verlängern ihren Urlaub um zwei Tage, ***denn*** *in Hamburg gefällt es ihnen sehr.*

unterordnende Konjunktionen:
als, nachdem, bis, während, bevor, wenn, weil, da, damit, dass, sodass, falls, obwohl, indem, ob

Unterordnende Konjunktionen **verbinden** einen Nebensatz mit einem übergeordneten Hauptsatz.
Peter und Gundula verlängern ihren Urlaub um zwei Tage, ***weil*** *es ihnen in Hamburg sehr gefällt.*

Konjunktionen gehören zu den Wörtern, die sich **nicht** verändern.
Wenn Konjunktionen gebraucht werden, muss man besonders auf die Kommasetzung achten.
(Näheres dazu erfahrt ihr auf Seite 185 und 186.)

6 Probiert einmal aus, welche Konjunktionen (siehe Merkkasten) ihr in den Satz 1) und welche ihr in den Satz 2) einsetzen könnt.

1) Uta las in einem Buch, … Max sah sich im Fernsehen einen Film an.

2) Uta las in einem Buch, … Max sich im Fernsehen einen Film ansah/angesehen hatte.

7 Setze in die Lücken die passenden Konjunktionen ein. Vergleicht eure Sätze in der Klasse.

Unglaubliche Reisen

1 Vögel im Winter ihre Heimat verlassen, dann wollen sie nicht der Kälte entfliehen. Ihr Federkleid schützt sie nämlich vor der Kälte, 2 sie auch bei Frost überleben könnten. Vielmehr ziehen die meisten Vögel weg, 3 sie bei Schnee und Eis nicht mehr an ihr Futter herankommen. Bei Buchfinken, Amseln und Rotkehlchen zieht übrigens nur ein Teil der Vögel in andere Regionen, 4 die anderen an ihren Brutplätzen bleiben. Manche Vögel legen auf ihren Reisen so unvorstellbare Entfernungen zurück, 5 es kaum zu glauben ist. So fliegt die kleine Küstenseeschwalbe beinahe 36 000 km weit 6 unsere Weißstörche bringen es auf etwa 20 000 km. Auch die Millionen Sturmtaucher unternehmen jährlich einen Flug von etwa 30 000 km, 7 sie in ihre Winterquartiere gelangen können. Ein Grund für ihre lange Reise ist jedoch nicht erkennbar, 8 ihre Heimatgewässer in Neuseeland sind im Winter kaum kälter.

damit
und
denn
weil
sodass
wenn
während
dass

Wasser braucht der Mensch

8 In diesem Text fehlen die Konjunktionen. Setzt an den nummerierten Stellen die passenden ein. Welche gehören zu den nebenordnenden, welche zu den unterordnenden Konjunktionen?

Ihr könnt eure Ergebnisse so aufschreiben:
nebenordnende Konjunktionen:
1) und ...
unterordnende Konjunktionen:
3) weil ...

Die Lebensweisheit „Essen 1 Trinken hält Leib 2 Seele zusammen“ stimmt in dieser Reihenfolge nicht, 3 der Mensch ohne Nahrung je nach Körperreserve mehrere Wochen auskommt, 4 ohne Flüssigkeit stirbt er nach zwei bis vier Tagen. Die Nährstoffe gelangen in alle Organe und Körperzellen, 5 sie durch Wasser aus der Nahrung gelöst worden sind. Täglich verbraucht der Körper etwa 2,5 Liter Wasser, 6 wir gezwungen sind, diese Verluste auszugleichen. 7 knapp ein Liter Wasser mit fester Nahrung aufgenommen wird, müssen wir noch zusätzlich viel trinken, 8 wir den Wasserverlust tatsächlich wettmachen können. Mineralwasser 9 ungezuckerte Kräuter- 10 Früchtetees löschen besonders gut den Durst, 11 Limonaden, Cola 12 Fruchtsaftgetränke ungeeignet sind. Sie enthalten zu viel Zucker, 13 kaum Vitamine und Mineralstoffe. Beim Trinken müssen wir uns also nicht zurückhalten, 14 auf die Wahl der richtigen Getränke kommt es an!

Überblick über die Wortarten

Diese Wörter kann man **flektieren** (beugen / verändern):
Man kann sie z.B. alle in der **Anzahlform** (Singular / Plural) verändern:

Artikel und Pronomen	**Adjektive**	**Nomen** (Substantive)	**Verben**
Die Wörter dieser drei Wortarten lassen sich deklinieren; von ihnen lässt sich der **1., 2., 3., 4. Fall** bilden.			Diese Wörter kann man konjugieren.
Die Artikel **begleiten** die Nomen, die Pronomen **begleiten** oder **ersetzen** sie: Artikel: *der, die, das,* *ein, eine* Pronomen: *ich, du, er, sie …* *mein, dein, sein, ihr …*	Viele Adjektive haben eine **Steigerungsform**. Alle Adjektive können **zwischen Artikel und Nomen** stehen: Positiv: *dick* Komparativ: *dicker* Superlativ: *am dicksten* *(dicker als, so dick wie …)*	Nomen haben ein grammatisches **Geschlecht** (maskulinum, femininum, neutrum): *der Hund, die Katze,* *das Pferd* 1. Fall: ***der** Hund* 2. Fall: ***des** Hundes* 3. Fall: ***dem** Hund(e)* 4. Fall: ***den** Hund*	Verben kann man in der **Zeitform** und in der **Personalform** verändern: *ich gehe, du gehst* Präsens: *bellt* Präteritum: *bellte* Perfekt: *hat gebellt* Futur I: *wird bellen*
Sie weisen auf – etwas Bekanntes hin: ***der, dieser** Hund* – oder auf etwas Unbekanntes: ***ein** Hund* – oder auf einen Besitz: ***mein** Hund*	Sie benennen – Eigenschaften: *bissig, wichtig* – Bewertungen: *klug, dumm* – Merkmale: *glatt, wuschelig*	Sie bezeichnen – Lebewesen: *Kind, Katze* – Dinge: *Hütte, Knochen* – Gedanken / Gefühle: *Glück, Wut*	Sie beschreiben – Tätigkeiten: *beißen, laufen* – Vorgänge: *ausruhen, schlafen* – Zustände: *liegen, leben*

Diese Tabelle gibt dir einen Überblick über die Wortarten. Natürlich enthält sie nicht alles, was man über die Wortarten sagen kann. Aber die wichtigsten Merkmale sind hier doch aufgeführt. Dabei erhältst du im oberen Teil der Tabelle einige Einblicke, wie man die Wortarten unterscheiden kann, und im unteren Teil, welche Bedeutungen die Wörter der einzelnen Wortarten haben können und was man mit ihnen machen kann.

Diese Wörter kann man **nicht flektieren** (beugen / verändern):
Von diesen Wörtern gibt es immer nur eine einzige Form:

Adverbien	**Präpositionen**	**Konjunktionen**
Man kann diese Wörter im Satz an andere Stellen **verschieben**, weil viele Adverbien zugleich **Satzglieder** (Adverbiale) sind: ***niemals*** *würde der Hund beißen* *der Hund würde* ***niemals*** *beißen* *beißen würde der Hund* ***niemals***	Nach ihnen stehen die Pronomen und die Nomen im **2., 3. oder 4. Fall** (niemals im 1. Fall)	Sie **verbinden** Wörter, Wortgruppen und Hauptsätze oder Haupt- und Nebensätze. Sie verdrängen niemals das Subjekt: ***denn*** **er** *bellt*
Adverbien verdrängen das Subjekt von seinem Platz: ***dann*** *bellt* **er**	***wegen*** *des Futters* ***vor*** *dem Haus* ***in*** *den Fressnapf*	*Hunde* ***und*** *Katzen* *dicke* ***oder*** *dünne Hunde* *ich frage ihn,* ***ob*** *er beißt*
Sie machen Angaben über – die Zeit: *gestern, jetzt, immer, meistens* – den Ort: *hier, draußen, links, dort, oben* – die Art: *so, leider, gern* – den Grund: *deshalb, dennoch, darum*	Sie setzen Dinge zueinander in Beziehung: – örtlich: *der Baum* ***neben*** *dem Haus* – zeitlich und gedanklich: ***seit*** *einem Jahr* ***wegen*** *des Regens*	Sie verbinden Gedanken miteinander: – zeitlich: *nachdem, als, bis, sobald, ehe* – begründend, zielend: *weil, denn, obwohl, sodass, damit, um … zu*

1 Versuche einmal, die folgenden 13 Wörter in der Tabelle unterzubringen.
Von jeder Wortart gibt es zwei Wörter.
Achtung: Ein Wort gehört in zwei verschiedene Spalten!

UNSER STRUPPIG KLÄFFT MORGEN ZWISCHEN LANGEWEILE WENN
AUFGEWACHT ÜBER EUER WICHTIG BEVOR VORGESTERN

Zusammengesetzte Wörter

Gib mir doch einmal das Buch, in dem man nachsehen kann, wie die Wörter geschrieben werden!

Kann ich den Plan sehen, in dem die Stunden festgelegt sind, die wir täglich in der Schule haben?

Ich lese gerade eine spannende Geschichte, in der viele Abenteuer erzählt werden.

1 So umständlich müssten wir bestimmte Dinge umschreiben, wenn wir keine zusammengesetzten Wörter hätten. Ihr wisst natürlich, wie ihr euch kürzer und eindeutiger ausdrücken könnt.

2 Bücher gibt es viele. Durch zusammengesetzte Wörter können wir aber ein Buch genauer bestimmen und es damit von anderen Büchern unterscheiden:

Wörter-
Lese-
Telefon- **buch**
Koch-
Mathe-
...

Setzt die Reihe der zusammengesetzten Wörter fort. Wie viele könnt ihr finden?

Bei einem **zusammengesetzten Wort** wird der letzte Bestandteil (z. B. *-buch*) durch den ersten Bestandteil (z. B. *Wörter-*) genauer bestimmt.
Wir nennen deshalb den ersten Bestandteil **Bestimmungswort**.
Der letzte Bestandteil des zusammengesetzten Wortes heißt **Grundwort**.

3 Grundwort gesucht!
Welches der Wörter rechts passt als **Grundwort** zu allen Wörtern einer Spalte? Schreibe die zusammengesetzten Wörter auf.

Klavier	Zahn	Wand	Kinder	Baum	Kaffee
Gelände	Land	Park	Klassen	Möbel	Wasser
Brett	Tier	Turm	Schlaf	Sport	Blumen
Pausen	Kinder	Pendel	Wohn	Ferien	Nudel
Heim	Haus	Rathaus	Doppel	Rat	Stein

Uhr
Zimmer
Spiel
Topf
Arzt
Haus

4 Hier sind die Bestimmungswörter durcheinandergeraten. Schreibe die passenden Zusammensetzungen auf.

Fußball-Motor
Geburtstags-Park
Autobahn-Käfig
Rasenmäher-Meister
Naturschutz-Torte
Raubtier-Kreuz

Fußballmeister ...

Durch Vorsilben neue Wörter bilden

Corinna wollte im Streit mit ihrer Schwester nicht ? geben.

Am Ende der Stunde müssen alle ihre Klassenarbeiten ? geben.

Der Taschendieb wollte die Tat natürlich nicht ? geben.

Nach langer Belagerung haben sich die Verteidiger den Siegern ? geben.

1 Setzt die passenden Vorsilben ein.
Vergleicht in der Klasse, welche Wörter ihr gebildet habt.

2 Ihr findet sicher noch einige Vorsilben, die man mit dem Wort *geben* kombinieren kann. Nennt Beispiele.

3 Auch aus den folgenden Verben lassen sich mit Hilfe der Vorsilben viele Wörter bilden. Verwende vier der Wörter in kurzen Sätzen.
An der Kasse musste er lange anstehen.

um- er- an-	stehen
auf- aus- ein-	schreiben
be- ab- ent-	laufen
mit- nach- weg-	holen
zer- zu- ver-	treten
	stellen

Viele Wörter in unserer Sprache sind entstanden, indem vor ein Wort wie *geben* oder *Teil* **Vorsilben (Präfixe)** gesetzt wurden:
angeben, aufgeben, Anteil, Vorteil.
Durch die Vorsilben bekommt das Wort meist eine andere Bedeutung:
geben (jemandem etwas zukommen lassen) – ***an**geben* (prahlen).

Ein entrücktes Fußballspiel

Mein Freund Tim ist ein **ab**gezeichneter Fußballer. In jedem Spiel ist er mit vollem **Er**satz dabei. Als Mittelstürmer ist er natürlich **rück**ständig fürs Toreschießen. Im gestrigen Spiel gegen die 7c **ent**hielt er kurz vor dem Strafraum den Ball. Und ohne lange **an**zudenken, **be**suchte er, den Ball direkt aufs Tor zu schießen. Der Tormann der 7c hatte die Situation falsch **ver**urteilt und sah den Ball erst, als er wieder aus dem Tor herausgerollt war. Die **Um**hänger unserer Mannschaft **zer**schlugen sich vor Freude. Kurze Zeit später aber **um**ging ihnen die Freude. Der Torschütze Tim musste wegen einer **Be**letzung den Platz **ab**lassen.

4 Die Wörter mit den markierten Vorsilben passen nicht in diesen Text. Du kannst das aber schnell in Ordnung bringen, indem du die Vorsilben ihrem Sinn entsprechend veränderst.

Wörter mit Nachsilben bilden

Aus **lehr**en wird Lehr**er**,
aus **arbeit**en wird ?,
aus **back**en wird ?.

Aus **brauch**en wird brauch**bar**,
aus **trink**en wird ?,
aus **lös**en wird ?.

Aus **Schaufel** wird schaufel**n**,
aus **Trommel** wird ?,
aus **Kegel** wird ?.

1 Schreibt die Wörter, die ihr gefunden habt, auf.
Vergleicht eure Wörter in der Klasse.

2 Aus schon vorhandenen Wörtern sind neue Wörter entstanden. Was hat sich gegenüber den ursprünglichen Wörtern verändert?

3 Wenn ihr die folgenden Wörter mit den richtigen Nachsilben kombiniert, könnt ihr neue Adjektive, Verben und Nomen bilden.
Achtet auf die Groß- oder Kleinschreibung der neuen Wörter.

Adjektive gesucht!
Glück – Hast – Angst
Sturm – Ruhe – Mühe

-sam -lich -isch -ig

Adjektive: glücklich …

Verben gesucht!
Land – bang – welk
halb – Bagger

-en -ieren -n

Verben: landen …

Nomen gesucht!
geheim – bereit – sammeln – klug –
prüfen – reich – tapfer – heiter

-schaft -nis -ung -tum -keit -heit

Nomen: Geheimnis …

Glück**samer** Tag

Gestern war ich wirk**isch** zufrieden. Meine Mann**heit** hat nämlich gestern beim Basketball gewonnen. Obwohl die Schüler aus der 7a meist größer sind als wir, waren wir gar nicht ängst**bar**. Wir haben uns mut**lich** geschlagen und alle von uns spielten mit großer Begeister**nis** und Leiden**tum**. Bei den Zuschauern kam große Heiter**ung** auf, als wir den Großen immer wieder wieselflink davonliefen. Denen haben wir es dann so richt**sam** gezeigt, als ihr Korb nicht leer wurde. Aber zum Schluss haben wir uns doch alle die Hände gegeben und gemein**lich** fröh**sam** gefeiert.

4 Hier sind Nachsilben durcheinandergeraten. Ordne das Chaos, indem du die markierten Nachsilben änderst.

Viele Wörter sind dadurch entstanden, dass an schon vorhandene Wörter eine **Nachsilbe (Suffix)** angehängt wurde:
*reich – Reich**tum**, Bart – bärt**ig**, lieb – lieb**en**.*

Durch die Nachsilbe verändert sich die Wortart:

Adjektiv – Nomen
reich – Reichtum

Nomen – Adjektiv
Bart – bärtig

Adjektiv – Verb
lieb – lieben

Was ist ein Satzglied?

Derselbe Satz – aber immer etwas anders!

a) Franziska erklärte gestern ihrem Freund Sascha das neue Computerspiel.
b) Ihrem Freund Sascha erklärte Franziska gestern das neue Computerspiel.
c) Das neue Computerspiel erklärte Franziska gestern ihrem Freund Sascha.

Wörter oder Wortgruppen, die man im Satz **umstellen** kann, nennt man **Satzglieder**.
Alle Satzglieder kann man an den **Satzanfang** verschieben, jedenfalls dann, wenn man auch einen **Fragesatz** bildet:
Erklärte Franziska gestern ihrem Freund Sascha das neue Computerspiel?

1 Es gibt noch eine Möglichkeit der Umstellung! Verschiebe ein anderes Satzglied an den Anfang. Stelle fest: Aus wie vielen Satzgliedern besteht der Beispielsatz?

2 Stelle die Teile des folgenden Satzes um. Versuche also immer, einen anderen Teil an den Anfang des Satzes zu verschieben. Bilde dabei auch einen Fragesatz. Wie viele Satzglieder bekommst du heraus?

Sascha verstand dieses Spiel schon nach kurzer Zeit.

Es gibt **keinen Satz ohne** ein **Prädikat**.
Das Prädikat ist die wichtigste Aussage, die in einem Satz gemacht wird.
Man nennt es deswegen auch **Satzaussage**.

– Das Prädikat steht im **Aussagesatz** immer an **zweiter** Stelle: *Gleich danach* ***spielten*** *sie das Spiel.*
– Im **Fragesatz** steht es an **erster** Stelle: ***Spielten*** *sie das Spiel gleich danach?*
– Im **Nebensatz** steht es an **letzter** Stelle: *Toll, dass … sie gleich danach das Spiel* ***spielten****!*

3 Im folgenden Beispielsatz besteht das Prädikat aus **zwei Teilen**: aus *hat* und *kapiert*:
Saschas kleiner Bruder **hat** das Spiel erst einen Tag später **kapiert**.

Stelle die Teile dieses Satzes so um, dass noch zwei weitere Sätze entstehen:
1. Erst einen Tag später …
2. Das Spiel …

4 Bilde jetzt einen Satz, bei dem der eine Teil des Prädikats (*kapiert*) am Anfang steht!

5 Bilde auch einen Nebensatz. Er sollte so anfangen:
Schade, dass …

6 Aus wie vielen Satzgliedern besteht der Satz? Schreibe sie einzeln auf:
1. Satzglied: …
2. Satzglied: …
…

Der Satz und die Satzglieder

Vier Katzensätze

a) *(Wer?)*	**mag**	gern	die Wärme.		
b) *(Wer?)*	**liegt**	am liebsten	*(wo?)*.		
c) Dort	**scheint**	ihr	*(wer?)*	auf das Fell.	
d) *(Wann?)*	**bleibt**	sie	*(wie lange?)*	*(wo?)*	**liegen**.

sie

manchmal

unsere Katze

stundenlang

auf dem Fensterbrett

auf diesem Platz

die Sonne

1 Schreibe die vier Katzensätze auf.
Für die Fragewörter oben musst du immer eines der Satzglieder einsetzen. Es darf keins übrig bleiben!

Kleiner Streit

e) Gestern	**hat**	Alexandra	*(wem?)*	*(wen oder was?)*	**weggenommen**.	
f) *(wer?)*	**war**	darüber	*(wie?)*.			
g) Er	**kann**		*(wen oder was?)*		**vertragen**!	
h) Der Junge	**packte**		*(wen?) (wo?)*.			
i) Lachend	**schüttelte**		Alexandra	*(wen oder was?)*.		
j) Sie	**sagte:**					
k)	**„Bleib**		*(wie?)*, *(wer?)*!“			Und
l) sie	**gab**		ihm	*(wen oder was?)*	**zurück**.	

Junge | am Arm | ihrem Tischnachbarn Felix | den Anspitzer | das Mädchen

den Anspitzer | cool | Felix | keinen Scherz | sauer | den Kopf

2 Schreibe auch diesen kleinen Text auf.
Setze die Satzglieder an die passenden Stellen.

3 Welche Prädikate der Sätze von a) bis l) sind mehrteilig?
Und welches Prädikat steht nicht an zweiter Stelle?
Nenne die Buchstaben der Sätze.

4 Welche Sätze von a) bis l) haben die meisten Satzglieder?
Satz c): 5 Satzglieder, Satz …

Manche Prädikate bestehen aus **zwei** Teilen:
Manchmal ***steht*** *sie* ***auf****.*
Dann ***reckt*** *sie* ***sich****.*
Und bald ***ist*** *sie draußen* ***verschwunden****.*

Satzglieder: Subjekt und Prädikat

Am **Satzanfang** steht vor dem Prädikat meistens das **Subjekt**:
Steht das Subjekt im Singular, dann steht auch das Prädikat im Singular:
Eine Forelle ***verspeis-t*** *besonders gern* *Mehlwürmer.*
Steht das Subjekt im Plural, dann steht auch das Prädikat im Plural:
Forellen ***verspeis-en*** *besonders gern* *Mehlwürmer.*

Verschiebt man ein anderes Satzglied an den Anfang,
dann steht das **Subjekt hinter** dem **Prädikat**:
Besonders gern ***verspeist*** ***eine Forelle*** *Mehlwürmer.*

Forellen

Mehlwürmer **frisst** jede Forelle gern.
Diese Würmer **steckt** der Angler an den Angelhaken.
Den Haken **verschlucken** die Forellen dann.
Die Forellen **fängt** der Angler auf diese Weise.

1 Verschiebe in diesen Sätzen die Subjekte an den Satzanfang und unterstreiche sie.

Forellen – verkehrt!

Mehlwürmer fressen gern Forellen.
Diese Würmer stecken Angler an die Angelhaken.
Die Haken verschlucken Forellen.
Forellen fangen auf diese Weise Angler.
Die Forellen braten dann die Anglerfrauen zu Hause.
Forellen essen besonders gern Menschen.

2 Wer hier wirklich was tut, das kannst du dir natürlich denken. Aber wenn man es so liest, dann klingt es doch etwas komisch! Stelle die Satzglieder so um, dass derjenige, der hier etwas tut, am Anfang des Satzes steht:
Forellen fressen gern Mehlwürmer. …

In fast allen Sätzen wird jemand genannt, der etwas tut.
Deswegen kann man das **Subjekt** meistens mit dem Wort *wer* erfragen:
*„**Wer** tut hier etwas?"*

Forellen fressen gern Mehlwürmer.
***Wer** tut hier etwas? → **Forellen**.*

3 Unterstreiche die Subjekte in deinen abgeschriebenen Sätzen blau und die Prädikate rot:
Forellen fressen gern Mehlwürmer. …

Umstellproben mit dem Subjekt

Einige Autoknacker hielten gestern früh in der Königstraße zwei Zeitungsjungen vom Autodiebstahl ab.

Aus: Westerfelder Tageblatt

Auto von Opa
sucht Lehrling zu kaufen,
Tel. XXXXXXX, ab 17.00 Uhr

Panik unter der Bevölkerung löst Vulkanausbruch aus

Aus: Allgemeine Zeitung

1 In der Zeitung stehen manchmal komische, missverständliche Sätze!
Was ist an ihnen eigentlich missverständlich?
Schreibe eine Antwort auf, in der der Begriff *Subjekt* vorkommt.

2 Stelle die Satzglieder in diesen Zeitungsnachrichten so um, dass ein Missverständnis ausgeschlossen ist.
Es muss also deutlich werden, **wer** hier eigentlich **was** tut.

Der Ätna auf Sizilien

1) Die Menschen auf Sizilien versetzen die Ätnaausbrüche manchmal in Schrecken.
2) Lava nennen die Experten das glühende Gestein aus dem Krater.
3) In glühenden Strömen läuft dieses Gestein den Vulkanberg hinunter.
4) Solche Ströme können manchmal die Sizilianer umleiten.
5) Panische Reaktionen lösen solche Vulkanausbrüche meistens aus.
6) Die letzten Ausbrüche überlebten aber alle Sizilianer.
7) Nur kleinere Schäden richteten diesmal Lavaströme an.

3 In diesen sieben Sätzen ist es nicht immer ganz leicht, das Subjekt herauszufinden.
Du musst immer fragen: **Wer** tut hier etwas?
Schreibe die Sätze auf, verschiebe das Subjekt an den Satzanfang und unterstreiche es blau:
Die Ätnaausbrüche versetzen die Menschen auf Sizilien manchmal in Schrecken.

Das **Subjekt** bekommt man am besten heraus, wenn man die ***Wer-*** *oder* ***Was-****Frage* **im Zusammenhang mit dem Prädikat** stellt:

Manche Vulkane speien Feuer.
→ ***Wer*** *speit Feuer?* → ***manche ulkane***
Vulkanausbrüche ereignen sich aber selten.
→ ***Was*** *ereignet sich?* → ***ulkanausbrüche***

Die Menschen fürchten sich vor Vulkanausbrüchen.
→ ***Wer*** *fürchtet sich?* → ***die enschen***
Viele haben große Angst.
→ ***Wer*** *hat Angst?* → ***viele***

Vulkane

a) Fast überall auf der Erde stehen *(Wer oder was steht?)* Vulkane.
b) Feuer speien *(Wer oder was speit?)* die meisten von ihnen aber nicht mehr.
c) Solche erloschenen Vulkane nennen *(Wer nennt?)* die Forscher „inaktiv".
d) Nach Jahrhunderten kann aber ein erloschener Vulkan auch wieder aktiv werden.
e) Auch in Deutschland findet man Vulkane.
f) Zu ihnen gehört zum Beispiel der Vogelsberg.
g) Wahrscheinlich ist der aber für alle Zeiten erloschen.

4 Schreibe die ersten drei Sätze so auf, dass die unterstrichenen Subjekte an den Satzanfang verschoben werden und unterstreiche sie. Die anderen Satzglieder musst du dabei natürlich auch an andere Stellen setzen:
Vulkane stehen auf der Erde fast überall.
oder:
Vulkane stehen fast überall auf der Erde.

5 Lest euch eure Sätze gegenseitig vor. Achtet auf die Unterschiede!

6 Suche auch in den anderen Sätzen d) bis g) die Subjekte. Stelle immer die Frage *Wer oder was kann/findet/gehört/ist erloschen?*. Verschiebe die Subjekte beim Abschreiben an die Satzanfänge. Unterstreiche sie blau.

Der Ätna

Die Menschen fürchten in Sizilien die Vulkanausbrüche besonders.
Sie schauen manchmal misstrauisch auf den mächtigen Ätna.
Sie erwarten nämlich von dort oben nicht nur Gutes.
Sie achten deswegen aufmerksam auf die kleinsten Veränderungen.
Sie verehren ihren Berg trotzdem über alles.

7 Wenn mehrere Male dasselbe Wort als Subjekt am Satzanfang steht, dann hören sich solche Sätze meistens nicht gut an. Schiebe in diesen Sätzen andere Wörter an die Satzanfänge, dann klingen sie besser. Suche dir von den unterstrichenen Satzgliedern immer eines aus!

Satzglied: Adverbial

Treffen auf dem Bahnhof

a) Woher kommst du denn?	wegen einer Zugverspätung
b) Wie geht es dir?	aus Heimweh
c) Wann bist du losgefahren?	nach Berlin
d) Wie war die Fahrt?	schon heute Mittag
e) Warum kommst du denn so spät?	gut
f) Wo hast du denn etwas gegessen?	ziemlich langweilig
g) Wann fährst du weiter?	im Speisewagen
h) Wohin geht die Reise weiter?	aus Köln
i) Warum musst du denn dorthin?	um acht Uhr

1 In der rechten Spalte sind die Antworten vermischt. Antwortet auf die Fragen mit den richtigen Satzgliedern.

2 Schreibe die Sätze in der linken Spalte in vollständigen Sätzen in der Ich-Form auf. Ergänze dabei die Satzglieder, die rechts stehen. Unterstreiche die Adverbiale: Ich komme aus Köln. …

Satzglieder, die auf Fragen wie *wann, wie lange, wo, woher, wohin, wie, warum* antworten, nennt man **Adverbiale** oder **adverbiale Bestimmungen**. Sie können aus einem Wort oder aus mehreren Wörtern bestehen.

Im Zug

Dora sitzt *(wo?)*.
Sie ist *(wie?)*.
(wann?) kommt der Schaffner.
Sie will ihre Fahrkarte *(woher?)* ziehen.
Aber sie findet sie *(wo?)* nicht.
Das macht sie *(wie?)*.
(warum?) fängt sie an zu schwitzen.
Der Schaffner sagt: „Bleib *(wie?)*!“
(wann?) findet sie sie.
Sie war *(wo?)*.

aus der Tasche
dort
echt nervös
endlich
im Zug nach Berlin
ganz ruhig
in ihrem Rucksack
plötzlich
vor Angst
ziemlich müde

3 Setze beim Abschreiben die Adverbiale in den Text ein und unterstreiche sie: Dora sitzt im Zug nach Berlin. …

Es gibt vier verschiedene Arten von **Adverbialen**:
1. Adverbiale der **Zeit** (Frage: *wann, wie lange?*):
   ***estern** kam meine Freundin.*
2. Adverbiale des **Ortes** (Frage: *wo, wohin?*):
   *Wir gingen **ins ino**.*
3. Adverbiale der **Art und Weise** (Frage: *wie?*):
   *Der Film war **sehr dramatisch**.*
4. Adverbiale des **Grundes** (Frage: *warum, weswegen?*):
   *Wir mussten **vor lauter raurigkeit** weinen.*

Fledermäuse

1) Fledermäuse kann man nachts in Gärten gut beobachten.
2) Sie jagen mit großer Ausdauer ihre Beute bis zum Tagesanbruch.
3) Sie können sich in der Luft geräuschlos bewegen.
4) Sie können eine Zeit lang langsam schweben.
5) Sie flitzen aber meistens in wildem Zickzackflug durch die Nachtluft.
6) Sie jagen auf ihrer Nahrungssuche unentwegt nach Insekten.
7) Manche Menschen finden sie wegen ihres Vampiraussehens Furcht erregend.
8) Fledermäuse sind jedoch in unseren Gegenden sehr nützlich.

4 In jedem dieser Sätze kommen zwei bis drei Adverbiale vor.
Schreibe auf, von welcher Art sie sind:
1) nachts: Zeit; in Gärten: Ort; gut: ...
2) mit großer Ausdauer: Art und Weise; bis zum Tagesanbruch: ...
3) ...

5 Fünf Sätze dieses Textes fangen mit dem Subjekt *sie* an.
Verschiebe eines der unterstrichenen Adverbiale an den Satzanfang,
dann wird der Text besser:
2) Mit großer Ausdauer jagen sie ihre Beute bis zum Tagesanbruch.

9) *(Warum?)* können Fledermäuse den Ort ihrer Beute feststellen.
10) *(Wann?)* senden sie für den Menschen nicht hörbare Schreie aus.
11) Das Echo dieser Schreie kommt *(wohin?)* zurück.
12) *(Wie?)* „hört" die Fledermaus das Insekt.
13) Die Insekten werden noch *(wo?)* verzehrt.
14) Nach einer Untersuchung kann eine Fledermaus *(wann?)* bis zu 175 Insekten fangen.

in einer Viertelstunde
in der Luft
wie mit einem Radar
in ihr Ohr
beim Fliegen
wegen ihres angeborenen Echolotsystems

6 Schreibe diese Sätze auf und füge dabei die angegebenen Adverbiale ein.

Die Objekte

Claudia schenkt ihrem Vater zum Geburtstag einen Schneebesen.

1 Ermittle durch Umstellproben zuerst einmal, wie viele Satzglieder dieser Satz hat. Du musst also beim Abschreiben versuchen, jedes Satzglied einmal an den Anfang des Satzes zu stellen:
Ihrem Vater | schenkt | Claudia | ...
Zum Geburtstag | schenkt | ...

2 Unterstreiche in den abgeschriebenen Sätzen jeweils das Subjekt blau, das Prädikat rot und das Adverbial grün.

Der Vater als Bäcker

a) Claudia schenkt ihrem Vater zum Geburtstag einen Schneebesen.
b) Ein solches Ding fehlt ihm noch in der Küche.
c) Er mag nämlich besonders gern das Backen.
d) Er backt am liebsten Kuchen.
e) Er kann einen Schneebesen dafür gut gebrauchen.
f) Er kann damit den Eischnee schlagen.
g) Er könnte eigentlich auch den Mixer nehmen.
h) Er mag aber den Mixer nicht.
i) Er bereitet seine Sachen viel lieber mit der Hand zu.
j) Claudia findet das ziemlich umständlich.
k) Sie wollte ihm aber zum Geburtstag auf jeden Fall einen Gefallen tun.

3 Lest euch den ganzen Text gegenseitig vor.

4 Lest ihn noch einmal vor und stellt dabei immer eines der unterstrichenen Satzglieder an den Satzanfang. Ob sich der Text jetzt besser anhört?

5 Schreibe den Text ab. Entscheide, welches der unterstrichenen Satzglieder du jeweils an den Anfang der Sätze stellen möchtest.

6 Achtet beim Vorlesen eurer Texte darauf, ob es die anderen genauso gemacht haben wie ihr selbst.

Das Dativ-Objekt und das Akkusativ-Objekt sind die am häufigsten vorkommenden Objekte.

Das **Dativ**-Objekt kann man mit der Frage *wem* ermitteln:
Claudia schenkt ***wem*** *einen Schneebesen*
→ ***ihrem ater****.*
Bei männlichen Nomen kann man den Dativ an der Endung **-em** erkennen.

Das **Akkusativ**-Objekt kann man mit den Fragen *wen* oder *was* ermitteln:
Claudia schenkt ihrem Vater ***wen oder was***
→ ***einen Schneebesen****.*
Bei männlichen Nomen kann man den Akkusativ an der Endung **-en** erkennen.

7 Schreibe auch, welche Objekte die Sätze enthalten:
- Dativ- und Akkusativ-Objekt:
  Satz a): ihrem Vater, einen Schneebesen, …
- Akkusativ-Objekt:
  Satz d): Kuchen …
- Dativ-Objekt: …

8 In vielen Sätzen kommen auch Adverbiale vor:
- Adverbial der Zeit:
  Satz a): zum Geburtstag …
- Adverbial des Ortes: …
- Adverbial der Art und Weise:
  Satz c): besonders gern …

9 Fertige dir eine Tabelle an und setze die Satzglieder der folgenden Sätze ein:

Subjekt	Prädikat 1. Teil	Adverbiale	Dativ-Objekt	Akkusativ-Objekt	Prädikat 2. Teil
Lea	hat	morgen		Geburtstag	
…	…	…	…	…	…

Die Absage

Lea hat morgen Geburtstag.
Sie hat ihre Freundinnen eingeladen.
Sie hat ihrem Freund Jan einen Brief geschrieben.
Er musste leider absagen.
Lea fand diese Absage echt mies.
Sie ist misstrauisch.
Er hat vielleicht in Köln eine andere.
Alle feierten dann ihren Geburtstag.
Jan trat plötzlich ins Zimmer.
Er brachte ihr einen dicken Blumenstrauß mit.
Er sagte:
„Ich wollte eigentlich wegen des Fußballspiels nicht kommen.
Es ist zum Glück ausgefallen."
Lea war jetzt glücklich.

10 Schreibe den Text nun noch einmal so auf, dass nicht immer das Subjekt am Anfang steht:
Morgen hat Lea …

Satzglieder im Überblick

Subjekt	Prädikat 1. Teil	Adverbial Zeit	Adverbial Ort	Adverbial Art u. Weise
Lea	hat	morgen		
Sie	hat			
Sie	hat		nach Köln	
Er	musste			leider
Sie	fand			echt mies
Sie	ist			misstrauisch
Er	hat		in Köln	bestimmt
Alle	feierten	dann		
Lea	war	die ganze Zeit		etwas traurig.
Jan	trat	plötzlich	ins Zimmer.	
Er	brachte			
Er	sagte:			
„Ich	wollte			eigentlich
Es	ist			
Lea	war	jetzt		glücklich.

1 Die Satzglieder sind hier so angeordnet, wie sie normalerweise in Sätzen vorkommen. Nur in drei Sätzen mussten wir von der normalen Stellung abweichen, damit sie in die Tabelle hineinpassen. Welche Sätze sind das? Und wie müssten sie richtig lauten?

2 Die normale Reihenfolge der Satzglieder ergibt noch keinen guten Text. Schreibe die Sätze so auf, dass aus den richtigen Sätzen schöne Sätze werden, die einen guten zusammenhängenden Text ergeben.
Du könntest so anfangen:
Morgen hat Lea Geburtstag. Deswegen hat sie ...

Adverbial Grund	Objekt Dativ	Objekt Akkusativ	Prädikat 2. Teil
		Geburtstag.	
deswegen		ihre Freundinnen	eingeladen.
	ihrem Freund Jan	einen Brief	gesandt.
	ihr		absagen.
		das.	
			geworden.
		eine andere!	
		Leas Geburtstag.	
	ihr	einen Blumenstrauß	mit.
wegen des Finales			nicht kommen.
zum Glück			ausgefallen.“

3 Bilde aus diesen Wörtern zwei Sätze.
An welche Stelle in der Tabelle müsstest du sie einordnen?
Und wie würdest du sie als letzte Sätze dieses Textes formulieren?

konnten ansehen das ihr sofort ihre Freundinnen

waren auf der Party echt happy alle dann

Hauptsatz, Nebensatz

Hauptsatz:
Hier steht ein Hauptsatz.

Hauptsatz mit Nebensatz:
Wie kommt es, dass ein Nebensatz nicht allein stehen kann?

1 Schreibe den ersten Hauptsatz oben links ab und unterstreiche ihn.

Hier sind noch vier weitere Sätze:

Das kommt daher, weil ein Nebensatz unselbstständig ist.
Er steht alleine da.
Er ist ganz und gar selbstständig.
Man sieht auch, dass der Nebensatz zur Unterstützung einen Hauptsatz braucht.

2 Schreibe die beiden Hauptsätze dazu, die zu ihm passen. Unterstreiche sie auch.

3 Schreibe jetzt den Hauptsatz mit dem Nebensatz oben ab.
– Unterstreiche den Hauptsatz, markiere den Nebensatz.
– Schreibe die beiden Sätze aus Aufgabe 2 darunter, die dazu passen. Unterstreiche die Hauptsätze, markiere die Nebensätze.

4 Und nun achte einmal auf die Prädikate, die in den Haupt- und Nebensätzen stehen. Kreise alle Prädikate (Verben) ein, die in den Haupt- und Nebensätzen vorkommen. An welchen Stellen in den Sätzen stehen sie jeweils?

5 Eine der folgenden Satzkombinationen besteht aus einem Hauptsatz und einem Nebensatz, die andere aus einem Hauptsatz und noch einem Hauptsatz. Was ist aber was? Du bekommst es sicher heraus, wenn du beim Abschreiben die Prädikate unterstreichst.
a) Ich blieb gestern zu Hause, denn ich lag krank im Bett.
b) Ich blieb gestern zu Hause, weil ich krank im Bett lag.

6 Hier sind noch vier Sätze. Welche von ihnen sind Hauptsätze, welche Nebensätze? Besprecht es miteinander.

a) Ich nahm nicht am Sportfest teil
b) weil ich mich krank fühlte.
c) Ich erfuhr erst am nächsten Tag
d) dass unsere Mannschaft gewonnen hatte.

7 Füge immer zwei dieser Sätze zu Kombinationen von Haupt- und Nebensätzen zusammen und setze ein Komma dazwischen. Unterstreiche die Hauptsätze, markiere die Nebensätze, kreise die Prädikate ein.

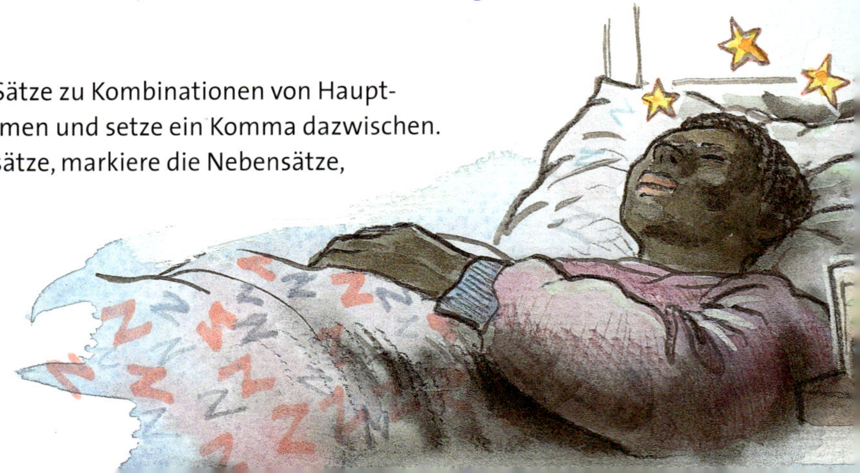

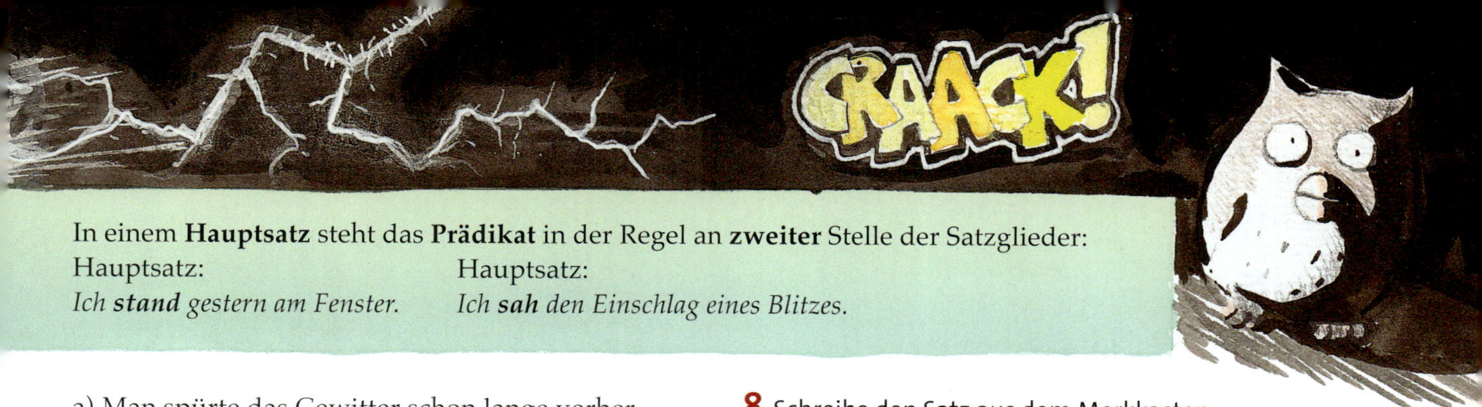

In einem **Hauptsatz** steht das **Prädikat** in der Regel an **zweiter** Stelle der Satzglieder:

Hauptsatz: *Ich **stand** gestern am Fenster.*

Hauptsatz: *Ich **sah** den Einschlag eines Blitzes.*

8 Schreibe den Satz aus dem Merkkasten und die Sätze a) und b) auf. Verbinde sie mit den Wörtern *und, denn, aber*.

a) Man spürte das Gewitter schon lange vorher. Es war den ganzen Tag sehr schwül.
b) Ich schaute neugierig aus dem Fenster. Ich habe eigentlich Angst vor Gewitter.

In einem **Nebensatz** steht das **Prädikat** immer an **letzter** Stelle.
Haupt- und Nebensatz werden durch ein **Verbindungswort** miteinander verbunden:

Hauptsatz: *Ich **stand** gestern am Fenster,*

Nebensatz: *als ich den Einschlag eines Blitzes **sah**.*

Zwischen Hauptsatz und Nebensatz steht immer ein **Komma**.

9 Schreibe den Satz aus diesem Merkkasten ab. Schreibe die Sätze a) und b) von oben darunter, indem du sie mit den Wörtern *weil* und *obwohl* verbindest.

Es gibt grundsätzlich zwei Möglichkeiten, einen Hauptsatz und einen Nebensatz miteinander zu verbinden.
Man kann diese Verbindungen bildlich so darstellen:

) Die Feuerwehr rettete als Erstes die Tiere, sobald sie eintraf.

) Sobald sie eintraf, rettete die Feuerwehr als Erstes die Tiere.

Aber es gibt noch eine dritte Möglichkeit, die allerdings seltener verwendet wird:

) Die Feuerwehr rettete, sobald sie eintraf, als Erstes die Tiere.

10 Verbinde die folgenden Sätze auf dreierlei Weise, 1), 2), und 3), miteinander und verwende die Verbindungswörter *während* und *als*.

Die Feuerwehr schützte vor allem das Wohnhaus.
Die Scheune brannte herunter. Ich atmete erleichtert auf.
Das schreckliche Gewitter war vorüber.

Haupt- und Nebensatz: die Kommasetzung

Fast ein Unfall

a) Es war in der Dämmerung als ein Reh aus dem Wald heraussprang.
b) Der Mann trat so fest auf die Bremse dass er fast die Gewalt über seinen Wagen verlor.
c) Das Reh sprang in die Büsche als der Wagen dicht an ihm vorbeirutschte.
d) Als er seine Rutschfahrt beendet hatte kam der Wagen zum Stehen.
e) Es dauerte eine Zeit lang ehe sich der Fahrer wieder beruhigt hatte.

1 Hier fehlen die Kommas.
Lest den Text erst einmal vor und achtet auf die Sprechpausen, die ihr macht.

2 Setze die Kommas beim Schreiben ein.

3 Unterstreiche die Hauptsätze und markiere die Nebensätze.

4 Schreibe zwei weitere Kombinationen aus Haupt- und Nebensatz hinzu, indem du die beiden Sätze verbindest:

– Das Reh kam mit dem Schrecken davon. Es hatte den Wagen nur gestreift.
– Es sprang in den Wald hinein. Es hatte sich noch einmal nach dem Auto umgeschaut.

Du musst dir überlegen, mit welchen Verbindungswörtern du die Nebensätze einleiten willst!

Im folgenden Text kommen Haupt-Nebensatz-Verbindungen aller drei Arten vor:

1. Hauptsatz – Nebensatz
2. Nebensatz – Hauptsatz
3. Hauptsatzanfang – Nebensatz – Hauptsatzende

5 Welche Satzmodelle gehören zu welchen Sätzen? Schreibe so:
Satz a) → Modell …

6 Setze beim Abschreiben die Kommas ein.

Nichts als Pech!

a) Als wir in die Ferien fahren wollten hatten wir gleich Pech.
b) Weil meine Mutter etwas vergessen hatte mussten wir auf sie warten.
c) Danach fuhr uns der Bus vor der Nase weg bevor wir an die Haltestelle kamen.
d) Nachdem wir schon alle Hoffnung aufgegeben hatten kam unsere Nachbarin vorbei.
e) Sie brachte uns zum Bahnhof obwohl in der Stadt ein riesiger Verkehr war.
f) Sie hielt da es viele Staus gab immer wieder an.
g) Als wir endlich den Bahnsteig erreichten fuhr unser Zug gerade ab.

Entweder *dass* oder *das*!

a) … → dass ich gut singen kann.
b) … → das ich gut singen kann.

1 Schreibe die Sätze a) und b) vollständig auf.
Stelle ihnen die folgenden Hauptsätze voraus:
Das ist ein Lied, …
Jeder soll wissen, …

2 Vergleicht eure Ergebnisse miteinander.

Ein Nebensatz mit dem Wort ***dass*** bezieht sich auf ein vorausgehendes **Verb**:
Keiner hat gemerkt, → dass sie sich versteckt hat.

Ein Nebensatz mit dem Wort ***das*** bezieht sich auf ein vorausgehendes **Nomen**:
Das ist das Schmuckstück, → das sie versteckt hat.

1a) … dass er nicht lesen kann.
1b) … das er nicht lesen kann.
2a) … dass er gut schwimmen kann.
2b) … das gut schwimmen kann.
3a) … dass sie sehr gut kochen kann.
3b) … das sie sehr gut kochen kann.

3 Die Sätze a) und b) unterscheiden sich fast nur durch die Wörter *dass* und *das*.
Es kommt allein auf die vorausgehenden Hauptsätze an, ob das eine oder das andere Wort gebraucht werden muss.
Stelle die Sätze so zusammen, dass ihnen jeweils einer der folgenden Hauptsätze vorausgeht:

Er blättert in dem Buch, …
Keiner soll wissen, …
Der Tiger ist ein Tier, …
Er hat im Wettkampf bewiesen, …
Ihre Freundinnen haben beim Essen bemerkt, …
Das ist ein Spagettigericht, …

4 Unterstreiche in den vorausgehenden Hauptsätzen die Wörter, auf die sich der Nebensatz bezieht, also die Nomen oder die Verben.

Sprachmagazin

Beim Wort genommen

1 Hier hat der Zeichner eine ganz normale Äußerung „beim Wort“ genommen und in eine witzige Minigeschichte verwandelt. Was passiert denn hier überhaupt? Erzählt!

2 Ihr könnt selbst etwas Ähnliches machen. Die folgenden Äußerungen habt ihr alle schon gehört. Trefft eure Auswahl und stellt sie „wort-wörtlich“ als Bild dar. Natürlich könnt ihr wie der Künstler Peter T. Schulz kurze Texte dazu erfinden.

ins Gras beißen

auf den Hund gekommen

zum Hals raushängen

auf die Tube drücken

die Nase voll haben

aus dem Quark kommen

die Katze im Sack kaufen

große Töne spucken

auf den Putz hauen

in die Hose gehen

in die Röhre gucken

auf etwas/jemanden stehen

Bock haben

den Mund voll nehmen

dicke Backe haben

3 Wo könnt ihr eure Bilder präsentieren? Welche Ideen gefallen euch besonders gut? Sicher eignen sich einige auch für die Schülerzeitung.

Texten einen Sinn geben

Fußball (nebst Abart und Ausartung)

Der Fußballwahn ist eine Krank-
Heit, aber selten, Gott sei Dank.
Ich kenne wen, der litt akut
An Fußballwahn und Fußballwut.
Sowie er einen Gegenstand
In Kugelform und ähnlich fand.
So trat er zu und stieß mit Kraft
Ihn in die bunte Nachbarschaft.
…

Joachim Ringelnatz

1 Welche Angewohnheit hat dieser „Sportsfreund"?

2 Was genau könnte er alles durch die Nachbarschaft kicken?

3 Lest den Text mehrere Male laut vor. Ihr könnt auch dazu klopfen.

4 Welches Reimschema hat der Schriftsteller gewählt?

Und so geht es weiter:

Ob es ein Schwalbennest, ein Tiegel,
Ein Käse, Globus oder Igel,
Ein Krug, ein Schmuckwerk am Altar,
Ein Kegelball, ein Kissen war,
Und wem der Gegenstand gehörte,
Das war etwas, was ihn nicht störte.
Bald trieb er eine Schweineblase,
Bald steife Hüte durch die Straße.
Dann wieder mit geübtem Schwung
Stieß er den Fuß in Pferdedung.
Mit Schwamm und Seife trieb er Sport,
Die Lampenkuppel brach sofort.
Das Nachtgeschirr flog zielbewusst,
Der Tante Berta an die Brust.

5 Vergleicht mit den Gegenständen, die **ihr** vermutet habt!

6 Welche Gegenstände erscheinen euch „ungeeignet"?

7 Wie muss dieser Teil des Textes gelesen werden?
Beachtet die vielen Kommas.
Wenn ihr diesen Teil abschreibt, könnt ihr dort Zeichen setzen,
wo die Stimme in der Schwebe bleiben muss.

Und so geht es weiter:

Was beim Gemüsemarkt geschah,
Kommt einer Schlacht bei Leipzig nah.

Durchs Publikum wie wilde Bienen.

Dem Krautkopf folgten Kürbisschüsse.

Da schwirrten Äpfel, Apfelsinen

Ein Fischkopf platzte zwischen Weiber.

Kartoffeln spritzten und Zitronen.

Man duckte sich vor den Melonen.

Das Eigelb überzog die Leiber,

An blassen Wangen sich zerquetschen.

Da sah man Blutorangen, Zwetschen

Dann donnerten die Kokosnüsse.

8 Diesen Teil sollt ihr nun selber zusammenpuzzeln.
Die beiden ersten und die letzte Zeile sind fett gedruckt.
Denkt daran, dass sich immer zwei Zeilen reimen. Probiert auch aus,
in welcher Reihenfolge die Zeilenpaare stehen sollen.
(Am besten geht das mit einer Kopie, Schere und Kleber!)

9 Lest eure Texte vor. Worin unterscheiden sie sich?

10 Überlegt, wie sich beim Lesevortrag eine Steigerung
zum 2. Textteil erreichen lässt.
(Verschiedene Stimmen, Lesetempo, Geräusche)

Ein Gedicht gestaltend vorlesen

Und das ist der Schluss:

Genug! Als alles dies getan,
Griff unser Held zum Größenwahn.
Schon schäkernd mit der U-Boots-Mine,
Besann er sich auf die Lawine.
Doch als pompöser Fußballstößer
Fand er die Erde noch viel größer.
Er rang mit mancherlei Problemen.
Zunächst: Wie soll man Anlauf nehmen?
Dann schiffte er von dem Balkon
Sich ein in einen Luftballon.
Und blieb von da an in der Luft, verschollen.
Hat sich selbst verpufft.

1 Ein Fußballer, der größenwahnsinnig wird!
Worin besteht der Gipfel?

2 Was meint **ihr** zu diesem Schluss?
Habt ihr eventuell andere Vorschläge?

3 Schaut euch noch einmal die Überschrift des Gedichtes auf Seite 190 an.
Was wollte Ringelnatz mit seinem Gedicht neben der lustigen Wirkung wohl erreichen?

4 Das ganze Gedicht eignet sich prima zum Vorlesen.
Teilt es unter euch auf und trainiert euren Abschnitt.
Beachtet dazu folgende Tipps:

- auf Überleitungen am Ende der Zeile achten
- Stimme in der Schwebe halten, erst beim Punkt senken
- Tempo steigern bei Aufzählungen
- Pause nach Rufzeichen (Genug!)
- Fragezeichen, Doppelpunkt beachten
- Anfangsteil und Schluss deutlich vom Mittelteil abheben (Lesetempo, Stimmlage)

Die Pointe zu einer Bildergeschichte finden

1 Dies ist eine Bildergeschichte von Loriot. Erzählt, was hier passiert. Die folgenden Hinweise und Fragen können euch dabei nützlich sein.

- Um wen oder was geht es überhaupt? Habt ihr schon eine Überschrift im Kopf?
- Schaut euch die Körperhaltung, die Gestik und den Blick der beiden auf jedem Bild gut an. Daraus kann man viel „ablesen".
- Welche Zeitungen könnte ihm die Frau wohl präsentieren: Wirtschaft, Sport, Computer …? Je mehr – desto besser! Die Namen könnt ihr auch erfinden.
- Auf welche Zeitung / Illustrierte reagiert er wohl in dieser Weise? Natürlich könnt ihr den Mann / die Frau auch sprechen lassen!
- Endlich hat der Mann entdeckt, was er gesucht hat. Was könnte das für ein Blatt sein?
- Und was geschieht **nun**?

2 Dieser Geschichte fehlt aber noch die Pointe (witziger Höhepunkt). Vielleicht habt ihr schon eine gefunden, sonst schaut euch das Bild auf Seite 222 an.

3 Stellt euch das Gesicht der Zeitungsverkäuferin vor! Sie würde sicher platzen, wenn nicht gerade eine Kundin käme, der sie brühwarm und „ohne Punkt und Komma“ dieses Erlebnis mitteilen könnte. Und so ähnlich könnte ihr Bericht beginnen:

4 Nun muss solch ein Text aber auch entsprechend vorgetragen werden. Ihre Gemütsverfassung **muss** deutlich werden! Überlegt, wie das zu erreichen ist. Die Kundin kann auch Einwürfe machen, falls sie dazwischenkommt.

Die Bauweise eines Gedichtes enträtseln

E inmen schders iche insch nitz elb riet
bem erk ted assi hmd asmiss riet
jed ochda eressel bstgeb raten
tu terals wär'e sihmger aten
un dums ich nichtzus tra fenlü gen
isster's mitherz liche em vergnü gen

Eugen Roth

Ob ihr es glaubt oder nicht:
Dies ist ein Gedicht, das der bekannte Schriftsteller Eugen Roth gemacht hat. Allerdings ist es hier durch eine ungewöhnliche Schreibweise verschlüsselt worden.

1 Lest den Text einmal so vor, als ob es jedes Wortgebilde tatsächlich **so** gäbe.

2 Sicher habt ihr etwas gehört oder entdeckt, das euch auf die richtige Spur gebracht hat. Welche Wörter habt ihr gefunden? Was ist euch am Ende der Zeilen aufgefallen?

3 Jetzt wisst ihr, wie der Schriftsteller dieses Gedicht verfasst hat. Lasst euch eine Kopie geben und markiert die Wortenden.

4 Schreibt nun den Text in der normalen Schreibweise auf. Sucht eine passende Überschrift.

5 Vielleicht habt ihr Lust, selbst auch einmal einen Text auf diese Weise zu verfremden! Sucht euch ein kurzes Gedicht und trennt die Wörter auf ähnliche Weise. Der Reim am Ende der Zeilen sollte aber erkennbar bleiben.

6 Tauscht eure Texte anschließend aus und entschlüsselt sie.

Einen Text wirkungsvoll in Szene setzen

Der Babysitter

Der Junge (möglichst kleiner Knirps) steht vor der Wohnungstür, drückt auf den (imaginären) Klingelknopf und läutet Sturm. Die Frau kommt ärgerlich heran und öffnet die (ebenfalls imaginäre) Wohnungstür.

FRAU: Junge! Wenn nicht sofort aufgemacht wird, muss man doch nicht gleich Sturm läuten!

JUNGE: Tja, das ist Temperamentsache.

FRAU: Was willst du überhaupt?

JUNGE: Ich bin der Rainer. Sie haben mich doch für heute Abend bestellt.

FRAU: Ich dich? Wozu?

JUNGE: Ich bin der Sitter.

FRAU: Was für ein Sitter?

JUNGE: Der Babysitter.

FRAU: Du? Du brauchst doch selber noch einen!

JUNGE: Na, erlauben Sie mal, Frau Pagel. Auf solche Scherze reagier' ich empfindlich.

FRAU *unglücklich*: Ich dachte, Herr Benndorf schickt mir einen viel älteren Jungen … besser noch ein Mädchen.

JUNGE: Ich dachte, es gibt so was wie Gleichberechtigung.

FRAU: Das schon … natürlich … aber Mädchen können wohl viel besser mit Babys umgehen …

JUNGE: Die Ansicht ist aber sehr überholt, Frau Pagel. Heute sind es die Männer, die mehr auf Kinder stehen als ihre Frauen.

FRAU: Ja, Männer … aber du …

JUNGE: Ich bin sehr kinderlieb.

FRAU: Hm … bist du nicht etwas zu energisch für ein Baby … wenn ich an dein Klingeln denke …

JUNGE: Mit Babys bin ich sehr behutsam. Da hab' ich Hände wie'n Frisör.

FRAU *misstrauisch*: So. Was machst du denn zum Beispiel, wenn mein Mann und ich weggehen?

JUNGE: Da wird zuerst mal gewindelt.

FRAU: Du windelst?

JUNGE: Ich windle wie nichts. Reine Routinesache.

FRAU: Worauf muss man dabei achten?

JUNGE: Dass das Baby keine Sicherheitsnadeln schluckt.

FRAU: Aha.

JUNGE: Wenn aber doch – sofort Finger in den Hals stecken. Garantiert sichere Methode.

FRAU: Also das ist mir neu.

JUNGE: Sehen Sie. Selbst als Mutter kann man noch dazulernen.

FRAU: Was machst du dann?

JUNGE: Dann wird das Fläschchen gewärmt. Dabei muss das Baby splittersicher untergebracht werden, falls die Flasche explodiert.

FRAU: Und dann?

JUNGE *demonstriert es*: Flasche an die Wange halten, damit die Milch nicht zu heiß ist. Notfalls Flasche wieder abkühlen.

FRAU: Ausgezeichnet. Du scheinst wirklich ein Experte zu sein.

JUNGE: Bin ich. Ich lebe vom Sitten.

FRAU: Und dann?

JUNGE: Dann wird das Baby gefüttert, spazieren getragen, Bäuerchen gemacht, Baby zu Bett gebracht.

FRAU: Das klingt aber sehr gut. Und was machst du dann?

JUNGE *versonnen*: Dann hol' ich mir einige Freunde rauf, dann wird ein bisschen getobt und Ball gespielt, aber das Baby bleibt immer außer Schussweite.

FRAU *wieder besorgter*: So. Getobt. In der Wohnung.

JUNGE: Hören Sie, nach dem Stress hat man doch ein bisschen Erholung verdient. Es geht aber kaum etwas kaputt.

FRAU *unruhig*: Hast du denn Referenzen … ich meine, könnte man Familien anrufen, bei denen du schon gesittet hast?

JUNGE *winkt ab*: Ich hab' sogar 'n Empfehlungsschreiben. *Zieht einen zerknüllten Zettel aus der Hosentasche.*

FRAU *glättet den einstigen Briefbogen, liest vor*: „… hat Rainer von 8 bis 11 Uhr auf unser Baby aufgepasst. Bei unserer Rückkehr war das Kind noch am Leben … "

JUNGE *geht an ihr vorbei in die Wohnung*: Sehen Sie, was sag' ich …

Horst Pillau

1 Hier habt ihr einen kurzen, leicht spielbaren Text, den ihr zu eurem eigenen Vergnügen oder zu einem besonderen Anlass aufführen könnt. Lasst ihn euch von zwei guten Lesern zunächst vorlesen.

2 Worin liegt die lustige Wirkung dieser Spielszene? Nennt Beispiele! Könnt ihr auch eine Steigerung feststellen?

3 Wie stellt ihr euch diesen Babysitter eigentlich vor? Der Autor gibt schon einige Hinweise. Nennt solche Stellen.

4 Überlegt, wie Rainer spricht und wie er in der Tür stehen soll.
- Welche Körpersprache setzt er wohl ein, um alle Zweifel der Frau zu beseitigen?
- Beim Babypflegekurs kann er dann zur Hochform auflaufen.

5 Nun schaut euch die Frau an. Wie wirkt sie auf euch? Wie kommt das? Gibt es Stellen, an denen ihr Vertrauen ein bisschen wächst? Unsicherheit und Zweifel lassen sich mit dem Gesicht, aber auch mit der Stimme ausdrücken.

6 Jeder Sketch muss eine Pointe haben. Das ist die Stelle im Text, die für den letzten großen Lacher sorgt. Ihr habt sie sicher längst gefunden …

7 Diese Stelle müsst ihr wirkungsvoll in Szene setzen. Stellt euch den Gesichtsausdruck der Frau vor, nachdem sie das zerknitterte Papier geglättet und die Schrift entziffert hat: große Augen, vielleicht Hand vor dem Mund, das Blatt fällt zu Boden …

8 Und Rainer? Der Autor lässt ihn in diesem Moment an der Frau vorbei die Wohnung betreten! Wenn ihr in diesem Moment Babygeschrei einspielt, könnt ihr die Wirkung noch steigern. Viel Spaß!

PRAXIS ARBEITSTECHNIKEN

Sich informieren

Ab und zu braucht ihr Sachinformationen. Manchmal möchtet ihr einfach mehr über ein Fachgebiet wissen oder ihr müsst vielleicht im Unterricht ein Referat halten. Dann müsst ihr auf die Suche nach geeignetem Informationsmaterial gehen.

1 Es gibt viele Informationsquellen.
Seht euch die Abbildungen an. Tauscht euch aus:
– Welche Informationsquellen sind euch vertraut?
– Welche nutzt ihr eher selten?

2 Hier sind einige wichtige Informationsquellen aufgelistet, die du nach dem folgenden Fragenkatalog bewerten sollst. Schreibe die Liste ab und notiere dahinter die Kennbuchstaben und Kennzahlen deiner Bewertung.

- Welche Informationsquellen nutzt du besonders ...
  häufig? **A**
  gern? **B**
- Welche Informationsquelle hältst du für besonders ...
  aktuell? **C**
  gut verständlich? **D**
  zuverlässig? **E**

Informationsquellen
Tageszeitung
Jugendzeitschrift
Lexikon
Schulbuch
Internetseite
SMS
Werbung
Radiosendung
Fernsehsendung

3 Vergleicht und besprecht eure Ergebnisse.

4 Hier könnt ihr sehen, wie ihr alle Ergebnisse eurer Klasse in einer großen Übersicht zusammentragen könnt.
Am besten übertragt ihr die Tabelle auf ein großes Plakat. Dann fragt einer die Wertungen ab, ein anderer zählt und ein dritter trägt die Striche ein.

Informationsquelle	A	B	C	D	E
Tageszeitung	𝍸 I	III	𝍸 𝍸	II	𝍸
Jugendzeitschrift	𝍸 III	𝍸 II	𝍸	𝍸 𝍸	
Lexikon	III	II		III	𝍸 IIII
...	...	...	...	...	...

5 Suche dir eine Informationsquelle aus und stelle die Ergebnisse als Säulen-Diagramme dar.
Dazu brauchst du ein Karoblatt, ein Lineal und Stifte.
Sieh dir die Abbildung rechts an und übertrage das Schema auf dein Blatt:
– Alle Säulen „stehen“ auf einer Linie.
– Für jeden „Strich“ malst du ein Kästchen farbig aus.

Vergiss nicht, dein Diagramm verständlich zu beschriften.

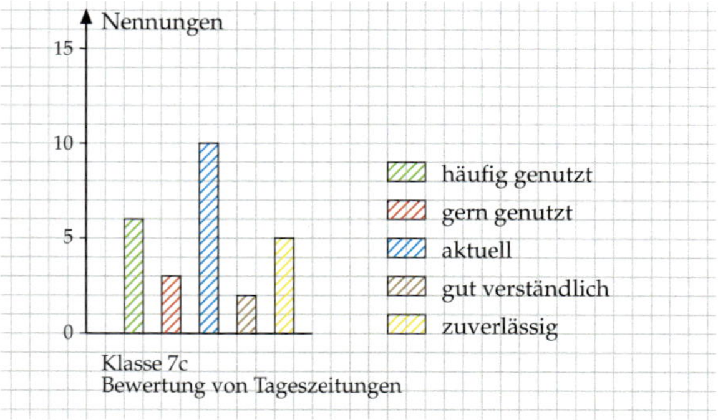

Arbeitstechniken

Informationen austauschen

1 Bevor ihr nach bestimmten Sachinformationen sucht, z. B. zum Thema Antarktis, überlegt erst einmal gemeinsam, was ihr bereits darüber wisst. Euer Vorwissen kann euch dabei helfen, die Sucharbeit sinnvoll unter euch aufzuteilen und gezielt nach Informationen zu suchen.

- Was wisst ihr bereits über die Antarktis? Tauscht euch aus. Welche Fragen habt ihr?

- Notiert euer Wissen und eure Fragen auf Zetteln und heftet sie an eure Pinnwand. Dann könnt ihr sie später immer wieder als Anregung nutzen.

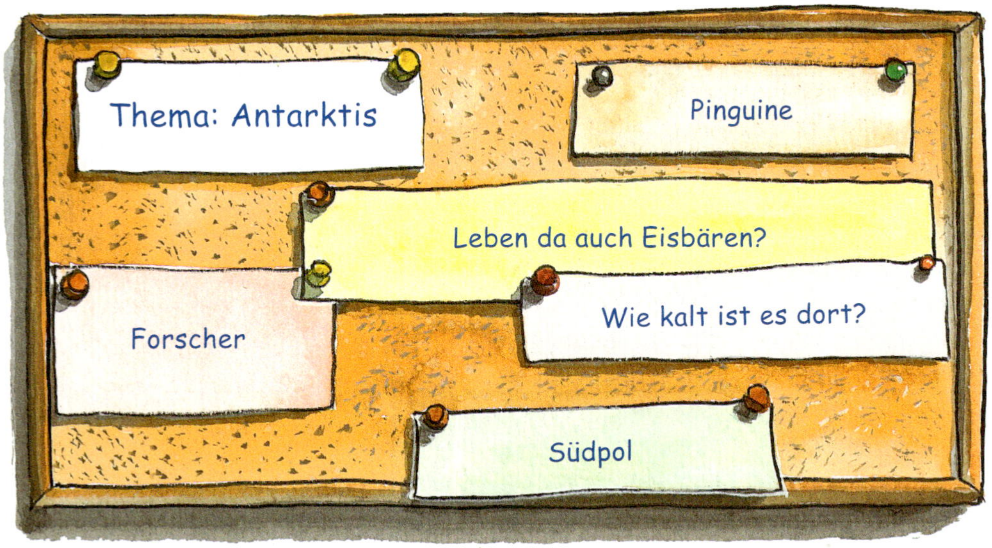

Im Internet Informationen suchen und finden

Natürlich findet ihr im Internet viele Informationen, wie hier zum Thema Antarktis. Wenn ihr mit dem Browser online seid, gebt ihr die Internetadresse einer Suchmaschine ein (z. B.: www.google.de.) und ruft sie auf.

Tipp:
Schwierige Fachbegriffe kannst du in der Wörterliste auf Seite 205 nachschlagen!

1 Schaut euch einmal das Eingabefeld der Suchmaschine genau an.

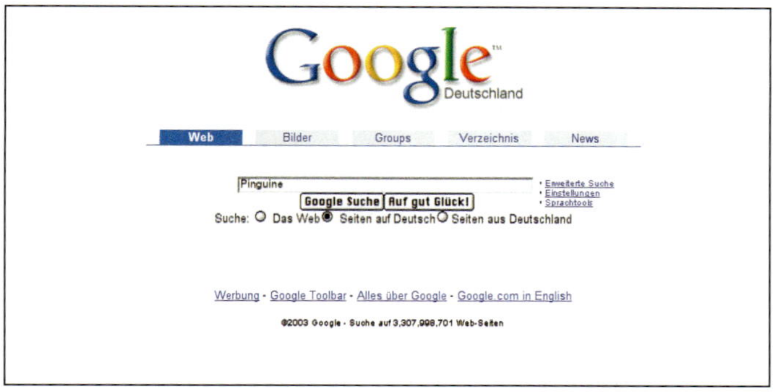

- Welches Stichwort wurde in die Suchmaschine eingegeben?
- In welchen Seiten des Internets soll gesucht werden? Warum wohl?
- Wo kann man klicken, um die Suche zu starten?
- Wo kann man klicken, um direkt zu einer Web-Seite zu gelangen, die die Suchmaschine ausgewählt hat?

Hier haben wir die ersten beiden Ergebnisse der Suchmaschine abgedruckt. Das Stichwort *Pinguine*, nach dem gesucht wurde, ist **fett** geschrieben.

2 Achtet beim Lesen auf Informationen über den Inhalt der Webseiten. Andere Informationen überspringt ihr einfach.

KEV **Pinguine** Eishockey GmbH – offizielle Homepage der Krefeld ...
Sie befinden sich auf der offiziellen Seite der KEV **Pinguine** Eishockey GmbH.
Ein Besuch auf den Seiten des Deutschen Meisters 2003 lohnt sich!
Beschreibung: Offizielle Homepage der KEV **Pinguine** (Eishockey GmbH).
Kategorie: World > Deutsch > ... > Vereine > Deutschland > Krefeld **Pinguine**
www.kev.de/ – 5k – Im Cache – Ähnliche Seiten

Anjas Pinguin-Homepage: Pinguin-Arten und das Leben der **Pinguine**
Pinguin-Arten und das Leben der **Pinguine**: Alles Wissenswerte über **Pinguine**
und ihren Lebensraum. Ich bin ein Brillenpinguin ...
Beschreibung: Informationen ueber das Leben der verschiedenen Pinguinarten.
Kategorie: World > Deutsch > ... > Biologie > Zoologie > Wirbeltiere > Vögel
www.anjaspinguine.de/ – 22k – Im Cache – Ähnliche Seiten

3 Bewertet dieses Suchergebnis.
- Welche Seite informiert über echte Pinguine und welche über ganz andere Dinge?
- Wie könnte man wohl gezielter suchen?

Sprecht über eure Erfahrungen bei der Suche im Internet.

Suchergebnisse gezielt einschränken

Seiten auf **Deutsch** wurden nach **Pinguine** durchsucht.	Ergebnisse **1–10** von ungefähr **44 500**. Suchdauer: **0,20** Sekunden.

1 Das ist der Statistik-Balken, der von der Suchmaschine über den Ergebnissen angezeigt wird. Schaut euch erst einmal die Informationen in dem Balken an:

– Nach welchem Stichwort wurde gesucht?
– Wie viele Web-Seiten wurden gefunden?
– Wie lange hat die Suche gedauert?
– Wie viele Resultate werden auf dem Monitor angezeigt?

Hier sind zwei weitere Statistik-Balken.

Seiten auf **Deutsch** wurden nach **Pinguine Antarktis** durchsucht.	Ergebnisse **1–10** von ungefähr **2 950**. Suchdauer: **0,20** Sekunden.
Seiten auf **Deutsch** wurden nach **Pinguine Antarktis Lebensweise** durchsucht.	Ergebnisse **1–10** von ungefähr **98**. Suchdauer: **0,11** Sekunden.

2 Welche Stichwörter wurden jeweils miteinander kombiniert? Was hat sich dadurch verändert?

3 Hier sind einige Ergebnisse einer Internet-Suche abgedruckt. Schaut auf den Text. Welche Stichwörter wurden in die Suchmaschine eingegeben? Ihr erkennt sie am Fettdruck.

4 Lest die Ergebnisse und achtet zunächst vor allem auf den Inhalt der Web-Seiten.

5 Tauscht euch über die Ergebnisse aus. Welche Webseite würdet ihr gern ansehen?

1 Projekte am CSG Bonn zur Ausstellung Arktis-**Antarktis**
… Brütet auch am Rande der **Antarktis. Lebensweise** Der Eselpinguin ist ein sehr guter Schwimmer … Wenn die jungen **Pinguine** das Nest verlassen, beginnen …
www.clara-online.de/arktis/projekte/ueberleben/esel.html – 9k – Im Cache – Ähnliche Seiten
[Weitere Ergebnisse von www.clara-online.de]

2 **Pinguine** und Robben der **Antarktis**
… Gewässer im Umfeld der **Antarktis** förmlich von … größte aller siebzehn **Pinguine**
… für seine «hochantarktische» **Lebensweise** benötigt der Kaiserpinguin …
www.markuskappeler.ch/tex/texs/antarktis.html – 22k – Im Cache – Ähnliche Seiten

3 **pinguine**
… leben in der eisigen **Antarktis** aber auch in anderen Regionen unserer Erde …
Wie unterscheiden die **Pinguine** sich in **Lebensweise**, Nahrung, Fortpflanzung …
www.kidsweb.at/winter2001/pinguine.htm – 6k – Im Cache – Ähnliche Seiten

4 Eiskalt und drollig – Das große Pinguin-Special
… Deshalb sind die **Lebensweise** und das Verhalten dieser … in der **Antarktis** lebenden Pinguinarten … Bildershow **Pinguine** Die Frackträger der **Antarktis** – Bilder …
www.freenet.de/freenet/hobby_freizeit/ tiere/voegel/pinguin/ – 44k – Im Cache – Ähnliche Seiten

6 Ordnet nun die folgenden Aussagen den Ergebnissen 1 bis 4 zu:

In dieser Webseite geht es vermutlich …
a) vor allem um Fotos von Pinguinen.
b) um die Lebensweise des Eselpinguins.
c) auch um Robben.
d) auch um Pinguine, die nicht in der Antarktis leben.
e) um die größte Pinguinart.

7 Welche Webseite würdet ihr zuerst aufrufen, wenn ihr euch über die Lebensweise der Pinguine in der Antarktis informieren möchtet?

Die Ergebnisse einer Internet-Suche sollen möglichst schnell zu lesen sein.

- Verschiedene Farben helfen bei der Orientierung.
  Bei dieser Suchmaschine ...
  ... sind die **Links** und **Überschriften** blau dargestellt und unterstrichen.
  ... enthält der **schwarze** Kurztext Informationen über den Inhalt.
  ... sind die **Internetadressen** der Seiten grün geschrieben.

- Außerdem sind die Informationen in jedem Suchergebnis immer in derselben Reihenfolge geordnet.

Tipp:
Schwierige Fachbegriffe kannst du in diesem Kapitel auf Seite 205 nachschlagen!

8 Seht euch die Suchergebnisse auf Seite 202 daraufhin an.
Welche Reihenfolge trifft zu: **A**, **B** oder **C**?

A	B	C
Internetadresse	Link	Kurztext
Link	Kurztext	Link
Kurztext	Internetadresse	Internetadresse
weitere Links	weitere Links	weitere Links

9 Hier noch drei Fragen für Fachleute:

a) Wofür steht die Abkürzung *.de* in der Internetadresse?
b) Welcher Link führt zu einer Webseite aus der Schweiz?
c) Was bedeutet die Abkürzung *k*?

10 Sucht doch nun einmal selber im Internet unter Stichworten, die euch besonders interessieren. Vielleicht lasst ihr euch bei eurer Suche von der Wörterliste rechts anregen. Die Tipps unten sollen euch dabei helfen.

Buckelwal
Champions League
Eisberg
Capoeira
Skater
Deichkind
Meerschweinchen
Robben
Madonna
Bungee-Jumping
Pfadfinder
Mountainbikes
Eisbär
Türkei
Rock und Pop
Ferienjobs
Aquarium
Regenwald
Indianer
...

Tipps für die Internetsuche

- Tippe ein passendes Stichwort in das Eingabefeld der Suchmaschine. (zum Beispiel *Berlin*)
- Klicke dann auf die Suchschaltfläche oder drücke die Eingabe-Taste.
- Du kannst die Suche einschränken. Gib einfach mehrere Stichwörter ein. Dann erhältst du eine Liste mit Seiten, die alle Stichwörter enthalten. (zum Beispiel *Berlin Fernsehturm*)
- Du musst korrekt schreiben, allerdings ist die Groß- und Kleinschreibung nicht wichtig. Es ist also egal, ob du *Pinguin, pinguin, PINGUIN* oder *PiNgUiN* schreibst.
- Hier sind die Adressen einiger Suchmaschinen zum Ausprobieren:
  www.google.de – www.altavista.de – www.lycos.de – www.fireball.de

Suchergebnisse aus dem Internet sichern

1 Lest die folgenden Ratschläge und tauscht euch darüber aus.

Über den Umgang mit Informationen aus dem Internet

- In den Ergebnissen der Suchmaschinen findest du unterstrichene Wörter oder Sätze, das sind die Links. Wenn du mit dem Mauszeiger über einen Link gleitest, verwandelt sich dieser z. B. von einem Pfeil in eine Hand. Klickst du z. B. auf den Link **Pinguine in Antarktis bedroht**, gelangst du direkt zu einer Webseite mit der Adresse **www.taz.de/pt/2002/12/28/a0100.nf/text** und kannst sie betrachten.
- Interessante Adressen speicherst du im Browser unter *Favoriten* ab. Dann findest du sie später schnell wieder.
- Online-Kosten sparst du, wenn du eine Seite offline liest. Im *Internet-Explorer* musst du dazu unter *Datei* auf *Offlinebetrieb* klicken.
- Willst du Webseiten ausdrucken, solltest du genau auswählen. Am besten markierst du also bestimmte Textstellen, Bilder oder Grafiken und druckst nur die Markierungen aus.
- Natürlich kannst du Webseiten auch auf dem Computer oder auf einer Diskette speichern.
- Du kannst die Informationen später weiterbearbeiten. Oft ist es sinnvoll, sie in eine Textverarbeitungsdatei, z. B. ein Word-Dokument, einzufügen. Dazu markierst du die ausgewählten Texte oder Bilder auf der Webseite. Dann klickst du unter *Bearbeiten* auf *Kopieren*. Danach wechselst du z. B. zu *Word* und rufst ein Dokument auf. Um Texte oder Bilder einzufügen, klickst du nun unter *Bearbeiten* auf *Einfügen*.

2 Wenn du diesen Text richtig gelesen hast, weißt du, welche der folgenden Behauptungen richtig oder falsch sind.

a) Links klickt man an, um auf eine andere Webseite zu gelangen.
b) Mauszeiger sind immer pfeilförmig.
c) Internetadressen kann man im Browser unter Favoriten abspeichern.
d) Man kann Webseiten nur online betrachten.
e) Man muss immer die vollständige Webseite ausdrucken.
f) Man kann Webseiten nicht auf Diskette abspeichern.
g) Man kann Bilder von Webseiten in eine Textverarbeitungsdatei einfügen.
h) Man kann Internetseiten auch offline betrachten.

Tipp:
Schwierige Fachbegriffe und ihre Bedeutung kannst du hier in der Wörterliste nachschauen und überprüfen!

Wörter rund ums Internet

Browser	Programm zum Durchsuchen des World Wide Web (www): z. B. Netscape Navigator oder Microsoft Internet Explorer
Hyperlink *kurz:* Link	Hinweis auf eine andere Internetseite, die durch Anklicken aufgerufen werden kann
Internet *kurz:* Web	internationales Computernetzwerk – Computer tauschen weltweit Informationen aus.
Internetadresse	Jeder Rechner im Internet hat seine eigene Adresse.
Webadresse	Adresse (URL); kann von überall erreicht werden
Homepage	Darstellungen von Informationen und Angeboten
Webseite *kurz:* Seite	Seite im Internet, die man unter einer Webadresse abrufen kann
online	Verbindung mit einem anderen Computer, über die sich Daten senden und empfangen lassen
offline	keine Verbindung mit einem anderen Computer
Suchmaschinen	Programme, die das gesamte Web nach bestimmten Stichwörtern durchsuchen
Cache	eine Art Kurzzeitgedächtnis des Computers – Zeitweise werden Daten und Befehle gespeichert, die in Kürze vermutlich wieder benötigt werden.

In der Bücherei

Wenn ihr euch über ein bestimmtes Thema informieren wollt, braucht ihr geeignetes Material. Das können z. B. Texte, Karten oder Bilder sein. Geht doch einmal in eine Bücherei, da gibt es das alles. Büchereien gibt es in vielen Orten. Dabei gilt in der Regel: je größer die Stadt – desto größer die Bibliothek.

1 Wo sind in eurer Umgebung Büchereien?

2 Vielleicht war der eine oder die andere von euch schon mal dort und hat ein Buch ausgeliehen.
- Berichtet: Wie habt ihr das Buch gefunden?
- Was musstet ihr machen, bevor ihr es mit nach Hause nehmen durftet?

In Büchereien sind die Bücher nach Gruppen geordnet aufgestellt, z. B. *Romane, Nachschlagewerke, Erdkunde, Biologie, Jugendbücher.* Das erleichtert dem Benutzer die Orientierung. Jedes Buch hat auf dem Buchrücken eine Registrierung. Es bekommt einen festen Platz in der Bücherei, auf den es nach der Benutzung immer wieder zurückgestellt wird.

3 Hier ist ein aufgeklapptes Buch von außen abgebildet. Besprecht, welche Informationen **Rückseite, Buchrücken** und **Titelseite** bieten.
- Wo findet ihr den Buchtitel und den Namen des Autors?
- Welche Informationen enthält der Buchrücken? Warum ist das wichtig?
- Wo findet ihr die ISBN (= internationale Standardbuchnummer) und die Registrierung der Bücherei?
- Wo befinden sich ein Kurztext zum Inhalt und Informationen zur Autorin?

4 Schaut doch mal euer Sprachbuch an. Wo findet ihr dort solche Angaben?

Wenn ihr in der Bücherei ein bestimmtes Buch sucht, würde es natürlich viel zu lange dauern, wenn ihr alle Bücher einzeln anschauen würdet. Deshalb gibt es einen Bücherkatalog, meistens im Computer. Das ist so etwas wie ein Inhaltsverzeichnis zum Bestand der Bücherei.

In vielen Büchereien funktionieren die Computer-Kataloge ganz ähnlich – etwa so wie der, den wir hier abgebildet haben. Im Computer kann man mit einem Suchprogramm gezielt nach bestimmten Büchern oder anderen Materialien suchen. Zuerst erscheint auf dem Bildschirm eine so genannte Suchmaske.

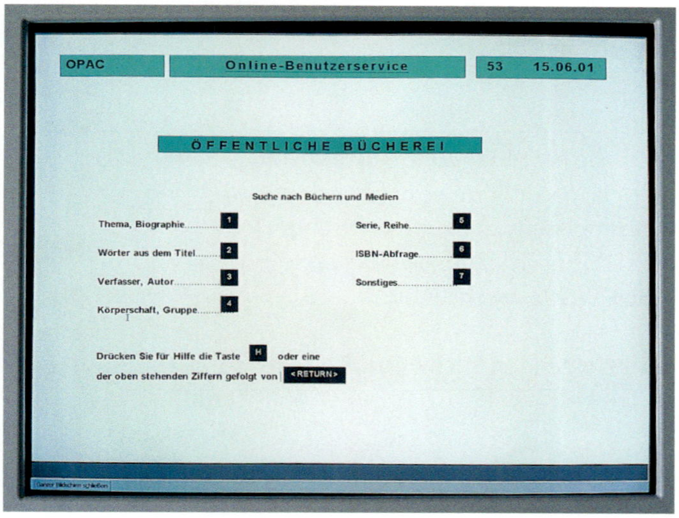

5 Lest die Suchmaske.
- Klärt Wörter, die ihr nicht genau versteht.
- Unter welchen Hinweisen kann man suchen?
- Wie geht man dabei vor?
- Wie bekommt man Hilfe?

6 Stell dir vor, du suchst fünf Bücher, von denen du nur diese unterschiedlichen Angaben hast. Wie gehst du bei der Suche im Bücher-Katalog vor?

a) Mit der Endurance ins ewige Eis
b) BIO-III 240 BAR
c) Roland Huntford
d) Eisberg
e) ISBN 3-7885-0276-7

7 Am besten probiert ihr es selbst in einer Bücherei aus. Vielleicht gibt es bei euch ja sogar eine Schülerbücherei.

- Erkundigt euch: Wie ist die Bücherei aufgebaut? Wie funktioniert das Ausleihen?
- Leiht euch Bücher zu einem spannenden Sachthema aus.
- Verschafft euch einen Überblick über euer Material:
  - Blättert die Bücher einfach mal durch.
  - Das Inhaltsverzeichnis, aber oft auch das Stichwortverzeichnis geben euch wichtige Hinweise.
  - Beim Durchblättern könnt ihr auch an Bildern erkennen, ob das Buch für euch interessant ist.

Schneller nachschlagen im Wörterbuch

Wer das Alphabet sicher beherrscht, hat beim Nachschlagen im Wörterbuch die Nase vorn. 26 Buchstaben wollen in der richtigen Reihenfolge gefunden werden! Wie schnell könnt ihr das? Überprüft es!

1 Ergänzt die Buchstabenreihen. Wie lange habt ihr dazu gebraucht?

A B C D E F ? H ? J K ? M N O ? Q ? S ? U V ? ? Y Z

B C D E ?	? W X Y Z	A B C ? ? F G
J K L M ?	? B C D E	H I ? K L M ?
D E F G ?	? I J K L	? P Q ? S T
O P Q R ?	? M N O P	U ? W X Y ?

Im Wörterbuch helfen euch beim Suchen die so genannten **Kopfwörter**. Fett oder farbig gedruckt, befinden sie sich in der Kopfzeile über dem eigentlichen Wörterverzeichnis und sind meistens ganz außen rechts und ganz außen links angeordnet. Es handelt sich dabei um das erste und letzte Stichwort der aufgeschlagenen Wörterbuchseiten.

2 Zwischen welche Kopfwörter gehören die folgenden Stichwörter?
Notiert: a) Skateboard, b) ...

a) Silvester ? Skilift
b) Seiltänzer ? Sessellehne
c) Jeans ? Jogurt
d) schmarotzen ? schmuddelig
e) Joker ? Jux
f) schmuggeln ? schneien

selbstständig
jodeln
Skateboard
schmollen
Jubiläum
schnarchen

In manchen Wörterbüchern stehen in der Kopfzeile nur die ersten vier Buchstaben des ersten und des letzten Stichwortes. Für vier Seiten in einem Wörterbuch könnte das so aussehen:

1) heiß ...... Heri
2) Herk ...... Hilf
3) Ozea ...... Pann
4) Pano ...... park

3 Sucht für die vier Wörterbuchseiten jeweils das erste und letzte Stichwort aus der Liste rechts heraus. Welches Wort gehört jeweils dazwischen?
Notiert: 1) heißen, Hengst, Heringssalat, 2) ...

heißen	Heringssalat
Panne	parken
paletti	Panorama
Herkunft	Hilfe
Hengst	Papagei
Ozean	heulen

4 Nehmt eure Wörterbücher und schlagt die folgenden sechs Wörter so schnell wie möglich nach.
– Notiert die Seitenzahl. Stoppt die Zeit! Wer schafft es am schnellsten?
– Schreibt selber sechs Wörter aus dem Wörterbuch heraus und lasst sie von den anderen nachschlagen.

Ziehharmonika
Gerippe
Orbit
bezaubernd
abzocken
Schmeißfliege

Der erste Buchstabe – manchmal ein Problem

Wird *Chaos* wirklich mit **ch** geschrieben oder doch mit **k**?
Schreibt man *Chips* mit **sch** oder **ch**?
Hören könnt ihr das leider nicht.

Das Nachschlagen im Wörterbuch ist besonders schwierig, wenn ihr nicht genau wisst, unter welchem Buchstaben ihr suchen sollt. Hier könnt ihr das Nachschlagen üben.
Dazu gibt es ein paar nützliche Tipps, die euch dabei helfen können, solche Wörter schneller zu finden.

1 Lest erst einmal die **Tipps** und die Wörterlisten.

2 Erklärt euch Wörter, die ihr nicht genau kennt, gegenseitig.

*Was du nicht unter **k** findest, schlag unter **ch** nach.*

?amäleon
?ajak
?atastrophe
?arakter
?apuze
?akao
?rom
?ronik

*Was du nicht unter **sch** findest, schlag unter **ch** nach.*

?ance
?efarzt
?okoriegel
?ildkröte
?aschlik
?inchilla
?eeseburger
?ikane

*Was du nicht unter **w** findest, schlag unter **v** nach.*

?ampir
?adenbein
?innetou
?anilleeis
?anze
?egetarier
?olleyball
?olkenkratzer

*Was du nicht unter **f** findest, schlag unter **ph** nach.*

?amilie
?antom
?anklub
?arao
?ilosoph
?önix
?ondue
?orelle

3 Schreibe nun die Wörter mit den richtigen Anfangsbuchstaben auf:
- Jeweils vier Wörter gehören zu einer Gruppe.
- Im Zweifelsfall schlage in deinem Wörterbuch nach. Achte auf die **Tipps**.

Chamäleon	Kajak	Chance	Schokoriegel
…	…	…	…
Vampir	W…	Phantom	F…
…	…	…	…

Schwierige Wörter nachschlagen

Für die „Kochecke“ in der Schülerzeitung wollen Vanessa und Burak ihr Lieblingsrezept aufschreiben.
Mit den Zutaten fangen sie an. Doch bald merken sie, dass einige Wörter ganz schön schwierig sind.

Griechische Grillspieße

Zutaten:
16 Cocktailtomaten
16 Schampignons
8 Oliven
1 kleine Obergiene
1/2 Salatgurcke
150 g Schafskäse
8 Esslöffel Oliwenöl
2 Teelöffel Zitronensaft
Salz, Pfeffer, Basillikum

1 Welche Wörter würdet ihr anders schreiben?
– Probiert es einmal aus.
– In welchen Fällen seid ihr unsicher, wie das Wort genau geschrieben wird?
– Sprecht darüber, woran das liegt.

2 Überprüft nun die Zutatenliste auf korrekte Rechtschreibung. Benutzt dazu die Wörterbucheintragungen.

3 Schreibt die Zutaten-Liste nun richtig auf.

4 Lest nun den 2. Teil des Rezeptes. Hier haben sich drei Fehler eingeschlichen. Sucht sie.

Zubereitung:
- Großes Gemüse und den Käse in gleich große Stücke schneiden und abwechselnd mit den Coktailtomaten und den Olieven auf 4 Spieße stecken.
- Öhl, Zitronensaft und Gewürze zu einer Soße verrühren und die Spieße damit einpinseln.
- Die Spieße von beiden Seiten grillen.

5 Schreibt den Text richtig auf. Dabei können euch die Wörterbucheinträge helfen.

6 Vielleicht habt ihr ja Lust, das Rezept einmal auszuprobieren. Guten Appetit.

aty|pisch, *von der Regel abweichend*
ät|zen er/sie hat geätzt; *mit Säure oder Lauge behandeln;* **ät|zend** ‹ugs.› *verärgernd*
Au → Aue
AU *Abk.* für Abgasuntersuchung
Au|ber|gi|ne [obɛrʒiːnə, frz.] die; -, -n; *Gemüseart*
auch; auch wenn; wenn auch
Au|di|enz die; -, -en; *offizieller Empfang (bei hoch gestellten Persönlichkeiten);*
au|dio|vi|su|ell *das Hören und Sehen betreffend*

Base|ball [beisbɔːl, engl.] der; -s, *nur Sg.; dem Schlagball ähnliches Spiel*
Ba|si|li|ka die; -, -ken
Ba|si|li|kum das; -s, *nur Sg.*
Ba|sis die; -, Ba|sen; *Grundlage, Ausgangspunkt, Stützpunkt*
Bas|ke der; -n, -n; **Bas|ken|müt|ze** die; -, -n
Bas|ket|ball der; -(e)s, *nur* Sg.

Cham|pi|gnon *auch:* **Cham|pig|non** [ʃampinjɔ̃, frz.] der; -s, -s; *Speisepilz*
Cham|pi|on [tʃæmpjən, engl.] der; -s, -s; *Meister;* **Cham|pi|o|nat** das; -(e)s, -e;
Cham|pi|ons League [- liːg, engl.] die; -, *nur Sg.;* ‹Fußball›

Cock|pit das; -s, -s; **1** *Pilotenkabine;* **2** *Fahrersitz im Rennsport*
Cock|tail [-teɪl, engl.] der; -s, -s; *alkohol. Mischgetränk;* **Cock|tail|par|ty** die; -, -s; *geselliges Beisammensein am frühen Abend*
Cof|fe|in, Kof|fe|in das; -s, *nur Sg.*
Co|gnac *auch:* **Cog|nac** [kɔnjak, frz.] der; -s, -s; **1**, als®; **2** → Kognak
Co|la das; -(s), -s *oder:* die; -, -s; *kurz für* Coca-Cola
Col|la|ge [ʒə, franz.] die; -, -n; *aus Papierstücken oder anderem Material geklebtes Bild*

Gum|mi der; -s, -s; **Gum|mi|ball** der; -(e)s, -bälle; **Gum|mi|bär|chen** das; -s, -; *meist Pl.*

Was du nicht unter *gü-* findest, kann unter *gy-* stehen, z. B. *Gymnastik*!

Gunst die; -, *nur Sg.*; bei jemandem in der Gunst stehen; zu meinen Gunsten; zugunsten von *oder:* zu Gunsten von;
güns|tig; Güns|tling der; -s, -e
Gur|gel die; -, -n; **gur|geln** ich gurg(e)le, er/sie hat gegurgelt
Gur|ke die; -, -n
gur|ren; die Tauben haben gegurrt
Gurt der; -(e)s, -e; **Gür|tel** der; -s, -

Ober|flä|che die; -n; **ober|fläch|lich;**
Ober|ge|schoss, *österr., schweiz.:*
Oberge|schoß das; -es, -e
ober|halb; oberhalb des Hauses
Ober|hand die; -, *nur Sg.; Überlegenheit;* die Oberhand haben, behalten
ober|ir|disch
Ober|lei|tung die; -, -en; **Ober|li|ga** die; -, -li|gen; ‹Sport› *Spielklasse*
Ober|schicht die; -, -en

Was du nicht unter *o-* findest, kann auch unter *au-* stehen, z. B. *Aubergine*!

Oberst der; -en *oder:* -s, -en
obers|te, obers|ter, obers|tes; das oberste Buch von diesem Stoß; *aber:* der, die, das Oberste
Ober|stu|fe die; -, -n

Öl, das: des Öl(e)s, die Öle; der **Ölbaum**, die **Ölfarbe**, das **Ölgemälde**, die **Ölheizung**, das **Pflanzenöl; ölig; ölen**; Öl ins Feuer gießen (einen Streit noch verschärfen) – dasitzen wie ein Ölgötze (stumm, unbeteiligt)
Ol|die, der: des Oldies, die Oldies; (alter Schlager; ältere Person)
Old|ti|mer *engl. [ouldtaimer]*, der: des Oldtimers, die -; (Auto-, Eisenbahn-, Flugzeugmodelle aus der Frühzeit ihrer Entwicklung)
Oli|ve, die: der -, die Oliven; (Frucht des Ölbaums); das **Olivenöl; oliv, olivgrün**

Sa|la|mi *ital.*, die: der -, die Salami(s); (Dauerwurst)
Sa|lat, der: des Salat(e)s, die Salate; das **Salatbüffet**, die **Salatpflanze**; da haben wir den Salat (Bescherung)
Sal|be, die: der -, die Salben
Sa|li|ne *lat.*, die: der -, die Salinen; (Anlage zur Gewinnung von Salz durch Sieden oder Verdunsten); das **Salinensalz**

Töl|pel, der: des Tölpels, die -; (einfältiger, ungeschickter Mensch); **tölpelhaft**; jemanden **übertölpeln** (benachteiligen)
To|ma|hawk *indian. [tomahak]*, der: des Tomahawks, die Tomahawks; (Streitaxt der nordamerikanischen Indianer)
To|ma|te, die: der -, die Tomaten; das/der **Tomatenketschup/...ketchup**; Tomaten auf den Augen haben (etwas nicht sehen wollen)

Hier sind noch einige Aufgaben, mit denen ihr den Umgang mit dem Wörterbuch trainieren könnt.

7 Lest in den Wörterbucheinträgen die Erklärungen für diese Begriffe nach:
Champignon, Basis, Audienz, Oldtimer, Collage, Cockpit, Oldie.

8 Unter welchen Stichwörtern findet ihr hier ...
Cocktailparty, Baskenmütze, olivgrün, Pflanzenöl, Gürtel, ätzend?

Fehler berichtigen

Das wohlfeile Mittagessen

Eine Umerzählung

Eines Tages kam ich in das wintzige Städtchen „Heiligenblut". Ich wurde so sehr von hunger gequählt, das ich mir ein kleines Gasthaus suchte. In der nächsten Strasse waren ja gleich zwei. Was für ein Glück! Also ging ich erst einmal zum Bärenwirt. Das Gasthaus sah mir sauber aus. Nach einer Weile kam ich wieder heraus. Ich hatte umsonst gut gegessen, und der Wirt zahlte mir noch 70 Kreutzer dazu. Warum, möchtet ihr wissen? Das sage ich euch später. Jetzt geh ich erst noch zum Löwenwirt und schlag mir da auch noch den Bauch voll.

Ich ging hinein und sezte mich. Es war nicht viel los dort. Ich bestellte für mein Geld ein gutes Mahl. Es gab Rindfleisch mit Klössen und Gemüse. Der Wirt bot mir sogar noch einen Schoppen Wein und ich sagte: „Für mein Geld nehm ich es." Der Wirt dachte schon, das er viel Geld verdienen könnte. Aber als es dann ans bezahlen ging, bekam ich die Rechnung: fast zwei Tahler! Als er das Geld haben wollte, sagte ich, das ich nur zu essen für mein Geld haben wollte. „Ach, so einer sind sie! Na gut, ich gebe ihnen das essen umsonst. Aber gehen sie rüber zum Bärenwirt und machen Sie mit dem das Gleiche!" Als ich schon die Klincke in der Hand hatte, sagte ich: „Von dem komme ich eben!" Und rante davon. So ist das Leben.

Hier hat ein Schüler eine Geschichte von Johann Peter Hebel in die Ich-Perspektive umerzählt. Dabei hat er manche Wörter der Geschichte übernommen (wie *wohlfeil*, was so viel wie *billig* heißt, und *Kreuzer*, was ein Geldstück ist).
Die Umerzählung ist ihm gut gelungen. Aber dem Schüler sind in der Aufregung des Schreibens ziemlich viele Rechtschreibfehler, vielleicht auch nur Flüchtigkeitsfehler unterlaufen.
Mit denen sollt ihr euch jetzt etwas näher befassen.

1 Im ersten Absatz sind die Fehler bereits unterstrichen.
Sie gehören zu bestimmten Fehlerarten.
Schreibe die Reihe der Fehlerarten in dein Heft und trage die Fehler in berichtigter Form in die Reihe der Fehlerarten ein.
Unterstreiche die Fehlerstelle:

a) Fehler bei der z-Schreibung: winzige, …
b) Fehler bei den s-Lauten: …
c) Fehler beim Dehnungs-h: …
d) Fehler in der Großschreibung von Nomen: …
e) Fehler in der Großschreibung der Anredepronomen: …
f) Fehler in der Schreibung des Wortes dass: …
g) Fehler …
h) Fehler …

2 Vergleicht dann miteinander, ob ihr die Fehler richtig eingeordnet habt.

3 Suche jetzt die Fehler im zweiten Absatz heraus. Es sind weitere zehn! Trage sie in berichtigter Form ebenfalls in die Reihe der Fehlerarten ein. Achtung: Für zwei der Fehler musst du noch die **Fehlerarten** bestimmen!

4 Diktiert euch diesen Anfang der Geschichte von Hebel in Partnerarbeit.

Das wohlfeile Mittagessen

Es ist ein altes Sprichwort: Wer andern eine Grube gräbt, fällt selber darein. – Aber der Löwenwirt in einem gewissen Städtlein war schon vorher darin. Zu diesem kam ein wohl gekleideter Gast. Kurz und trotzig verlangte er für sein Geld eine gute Fleischsuppe. Hierauf forderte er auch ein Stück Rindfleisch und ein Gemüse – für sein Geld. …

5 Seht euch gegenseitig das Geschriebene auf Fehler durch.

6 Tragt die Fehler in berichtigter Form in die Zeilen der Fehlerarten ein. Vielleicht müsst ihr Fehlerarten wie *Zusammenschreibung, Kommasetzung* oder andere noch selbst bezeichnen.

Fachausdrücke der Grammatik und Rechtschreibung

Ableitung
Art der Wortbildung; durch das Anfügen von Präfixen wie *miss-, ent-, un-* und / oder Suffixen) wie *-heit, -schaft, -lich* an den Wortstamm können viele neue Wörter gebildet werden: ***un**glücklich, **miss**verständlich, **Ent**scheidung.*
→ Präfix → Suffix

Adjektiv
Wortart; Adjektive geben an, was jemand oder etwas ist *(das **blonde** Mädchen)* und wie etwas vor sich geht *(Der Sieg fiel uns **leicht**.)*. Wichtigstes Erkennungszeichen: Alle Adjektive können zwischen Artikel und Nomen vorkommen *(ein **leichter** Sieg)*. Viele Adjektive lassen sich steigern: *lieb – lieber – am liebsten.* → Steigerung

Adverb
Wortart; Adverbien geben an,
***wo** (dort, links ...), **wann** (heute, bald ...),*
***wie** (gern, vielleicht ...), **warum** (deshalb, doch ...)*
etwas passiert. Mit Adverbien lässt sich ein Bezug zum Inhalt des vorausgegangenen Satzes herstellen:
*Susi sah mich an. **Deshalb** wurde ich ganz verlegen.*
Adverbien gehören zu den Wörtern, die man nicht beugen kann.

Adverbial
Satzglied, *auch* adverbiale Bestimmung / Umstandsbestimmung; man unterscheidet vier Arten:
Adverbial der **Zeit** *(wann?): am frühen Morgen;*
Adverbial des **Ortes** *(wo?, wohin?): auf der Landstraße;*
Adverbial des **Grundes** *(warum?): wegen des starken Sturms;*
Adverbial der **Art und Weise** *(wie?): mit voller Kraft.*
Wegen des starken Sturms** stürzte **am Freitagmorgen** ein 15 Meter hoher Baum **mit voller Kraft auf die Straße.

Akkusativ
Deklinationsform, 4. Fall, Wen-Fall:
er antwortet auf die Frage *„wen/was/wohin?"*:
den Hund, das Spiel, auf den Schulhof.

Akkusativobjekt
Satzglied; Ergänzung des Prädikats durch ein Nomen oder Pronomen im Akkusativ. Das Akkusativobjekt kann man mit den Fragen *„wen?": Er trifft **seinen Freund/ihn**.* bzw. *„was?": Wir bauen **ein Haus/es**.* bestimmen.

Artikel
Wortart; Begleiter des Nomens; es gibt zwei Arten:
– **bestimmter** Artikel: ***der** Hof, **die** Wiese, **das** Haus* (Singular), ***die** Höfe, Wiesen, Häuser* (Plural);
– **unbestimmter** Artikel: ***ein** Hof, **eine** Wiese, **ein** Haus.*

Aufforderungssatz
Satzart; in geschriebenen Texten steht am Ende einer nachdrücklichen Aufforderung oder eines Wunsches ein Ausrufezeichen. Es zeigt an, dass der Leser den Satz als Aufforderung oder Wunsch verstehen soll:
Gib mir bitte dein Heft! Käme er doch einmal pünktlich!

Auslaut
Am Ende eines Wortes oder einer Silbe stehender Laut; die Auslaute [b], [d], [g] werden [p], [t], [k] gesprochen, aber b, d, g geschrieben. Die Schreibung kann durch die Verlängerungsprobe ermittelt werden:
der Raub – rauben, das Kleid – kleiden, der Berg – die Berge.
→ Rechtschreibstrategie

Ausrufezeichen
Satzschlusszeichen → Aufforderungssatz

Aussagesatz
Satzart; in geschriebenen Texten steht am Ende eines Aussagesatzes ein Punkt. Er zeigt an, dass der Leser den Satz eher als eine Aussage, eine Information an ihn verstehen soll:
In Dresden hat es heute den ganzen Tag geregnet.

Begleitsatz
Teil der wörtlichen Rede; je nach der Stellung zum Redeteil unterscheidet man:
– **vorangestellter** Begleitsatz:
*Sie **fragte:** „Kommst du morgen mit in den Zirkus?"*
– **nachgestellter** Begleitsatz:
*„Kommst du morgen mit in den Zirkus?", **fragte sie.***
– **eingeschobener** Begleitsatz:
*„Kommst du", **fragte sie,** „morgen mit in den Zirkus?"*

Bestimmungswort
Teil eines zusammengesetzten Wortes; das Bestimmungswort bestimmt die Grundbedeutung des zusammengesetzten Wortes genauer *(das **Schul**haus, die **Garten**tür).*
→ Zusammensetzung

Dativ
Deklinationsform, 3. Fall, Wem-Fall:
er antwortet auf die Frage *„wem?/wo?"*:
dem Hund, auf dem Schulhof.

Dativobjekt
Satzglied; Ergänzung des Prädikats durch ein Nomen oder Pronomen im Dativ. Das Dativobjekt kann man mit der Frage *„wem?"* ermitteln:
*Das Buch schenke ich **meiner Freundin/ihr**.*

Deklination
Beugung (Flexion) von Nomen, Pronomen, Artikeln, Adjektiven nach den vier Fällen: *das interessante Spiel, des interessanten Spiels, dem interessanten Spiel, das interessante Spiel; du, deiner, dir, dich.* → Fall

Fall
Form der Deklination von Nomen, Pronomen, Artikeln, Adjektiven. Man unterscheidet vier Fälle:
- **Nominativ** (1. Fall): *der große Sieger,*
- **Genitiv** (2. Fall): *des großen Siegers,*
- **Dativ** (3. Fall): *dem großen Sieger,*
- **Akkusativ** (4. Fall): *den großen Sieger.*

Femininum
grammatisches Geschlecht (weiblich): *die Überraschung, die Gabel, eine Sorte.* → grammatisches Geschlecht

Fragesatz
Satzart; in geschriebenen Texten steht am Ende eines Fragesatzes ein Fragezeichen. Es zeigt an, dass der Leser den Satz als Frage verstehen soll: *Wie hast du das nur geschafft? Kommst du morgen? Pitt spielt nicht mit?*

Fragezeichen
Satzschlusszeichen; → Fragesatz

Fremdwort
Fremdwörter stammen aus anderen Sprachen und haben sich ihren fremden Charakter in der Aussprache und / oder Schreibung erhalten: *cool, das Restaurant, die Chance.*

Futur I
Zeitform des Verbs; das Futur wird vor allem verwendet, wenn man über etwas spricht oder schreibt, was vielleicht noch passieren wird: *Am Ende **werden** wir noch **gewinnen**.*

Genitiv
Deklinationsform, 2. Fall, Wes-Fall; er antwortet auf die Frage *„wessen?": Das ist das Haus **meiner Mutter**.*

geschlossene Silbe
***Fens**-ter, **lan**-den, **wet**-ten;*
geschlossene Silben haben einen kurz gesprochenen Vokal und enden auf einen Konsonanten.
Gegensatz: → offene Silbe: ***Na**-me, **Scha**-fe.*

grammatisches Geschlecht
Form des Nomens, die durch den Artikel angezeigt wird; man unterscheidet:
- Maskulinum (männlich): *der Berg,*
- Femininum (weiblich): *die Straße,*
- Neutrum (sächlich): *das Gebirge.*
  Nur selten stimmt das grammatische Geschlecht mit dem natürlichen überein: *der Vater, die Mutter;* ***aber:** das Mädchen.*

Grundwort
Teil eines zusammengesetzten Wortes; das Grundwort legt die Grundbedeutung und die Wortart des zusammengesetzten Wortes fest: *der **Schloss**park, **super**schlau, **nieder**legen.*

Hauptsatz
Satz, der allein vorkommt und für sich verständlich ist: *Wir gewinnen das nächste Spiel. Werden wir das nächste Spiel gewinnen? Gewinnt das nächste Spiel!*

Hilfsverb
Es gibt drei Hilfsverben; *haben, sein, werden;*
sie werden zur Bildung von Zeitformen des Verbs benötigt: *Ich **habe** das nicht gewusst. Er **ist** seit Tagen verschwunden. Der Zug **wird** gleich ankommen.*

Imperativ
Aufforderungsform des Verbs: ***Nimm** das weg! **Nehmt** das weg! **Nehmen** Sie das weg!* → Aufforderungssatz

Infinitiv
Grundform des Verbs, die im Satz nicht nach Person, Zahl und Zeit verändert wird: *schlafen, singen.*
Gegensatz: → Personalform des Verbs

Komma
Satzzeichen; das Komma wird gesetzt

- bei **Nebenordnung** von Wörtern und Sätzen: *Carolin, Daniela und Andreas fahren in Urlaub. Carolin gefallen die Ferien, Daniela würde sogar noch länger bleiben, nur Andreas findet sie nicht ganz so schön.*
- bei **Unterordnung** von Sätzen: *Nachdem wir unser Gepäck abgestellt hatten, erkundeten wir unseren Ferienort.*
- bei **Hervorhebung** von Wörtern: *Das sollte dir nicht nochmal passieren, mein Lieber. Celia, komm endlich!*

Komparativ
Steigerungsform des Adjektivs, ***auch*** Vergleichsstufe, Steigerungsstufe, Höchststufe: *näher, weiter, niedriger.*
→ Steigerung

Konjugation
Veränderung (Beugung) des Verbs nach Person, Zahl und Zeit → Personalform des Verbs

Konjunktion
Wortart, ***auch*** Verbindungswort; Konjunktionen verbinden Wörter und Sätze miteinander:
- **nebenordnend:** *Vater **und** Mutter; Sieg **oder** Niederlage; Peter kann nicht kommen, **denn** er muss seine Hausaufgaben machen.*
- **unterordnend:** *Ich denke, **dass** er noch kommen wird. Ich weiß nicht, **ob** du das verstanden hast. Ich konnte nicht kommen, **weil** ich deine Adresse nicht mehr wusste.*

Konjunktionen gehören zu den Wörtern, die man nicht beugen kann.

Konsonant
Konsonanten sind einerseits die Mitlaute, wie man sie spricht: [b], [d,], [f], [m], [r], [t] … andererseits die Buchstaben, die man für diese Laute schreibt: b, d, f, m, r, t … Beim Sprechen der Konsonanten klingen die Mundwerkzeuge (Lippen, Zunge, Zäpfchen …) mit. Gegensatz : → Vokal

Maskulinum
grammatisches Geschlecht (männlich): *der Berg, der Tanz.*
→ grammatisches Geschlecht

Nebensatz
Satz, der nicht allein stehen kann und zu verstehen ist; Nebensätze können nur in Verbindung mit Hauptsätzen vorkommen, zwischen ihnen muss immer ein Komma stehen: *Wir wollten gerade losfahren,* ***als Lucy kam.***
Ob das in dieser Zeit zu schaffen ist*, wissen wir nicht.*

Neutrum
grammatisches Geschlecht (sächlich): *das Hemd, das Schloss.*
→ grammatisches Geschlecht

Nomen
Wortart, *auch* Substantiv; Nomen bezeichnen Lebewesen, Gegenstände, Gedanken, Gefühle und Zustände.
Sie werden immer großgeschrieben:
das Tier, der Topf, die Hoffnung, das Grün.
Auch Wörter anderer Wortarten können zu Nomen werden: *etwas* ***Neues****, das* ***Grün****, das* ***Laufen****, beim* ***Schreiben****.*

Nominativ
Deklinationsform, 1. Fall, Wer-Fall; er antwortet auf die Fragen *„wer?/was?" (der Hund, die Katze, das Tier).*

Oberbegriff
Wort, das aufgrund seiner Bedeutung anderen Wörtern übergeordnet ist: ***Raubtier:*** *Tiger, Löwe, Panter, Leopard …*
Gegensatz: → Unterbegriff

Objekt
Satzglied; Ergänzung des Prädikats durch ein Nomen oder Pronomen. → Akkusativobjekt, → Dativobjekt

offene Silbe
Na*-me,* ***he****-ben,* ***Scha****-fe*; offene Silben enden auf einen langen Vokal;
Gegensatz: → geschlossene Silben: ***Fens****-ter,* ***wet****-ten,* ***Af****-fe.*

Partizip
Form des Verbs, die im Satz nicht nach Person, Zahl und Zeit verändert wird. Man unterscheidet zwei Arten von Partizipien:
– **Partizip I:** *singend, weinend*
– **Partizip II:** *gesungen, geweint*

Perfekt
Zeitform des Verbs; das Perfekt verwendet man vor allem dann, wenn man über etwas spricht, was bereits vorbei ist:
Gestern ***bin*** *ich nach Hamburg* ***gefahren*** *und* ***habe*** *mir das Spiel des HSV* ***angesehen.***

Personalform des Verbs
Nach Person, Zahl und Zeit veränderte Form des Verbs, auch finite Verbform:
*du sprich****st****, wir h****ie****lt****en*** *an, er* ***ist*** *gekommen;*
Gegensatz: → Infinitiv, → Partizip

Plural
Mehrzahlform von Nomen und Pronomen:
die Menschen, die Gedanken, die Mäuse; wir, ihr, sie;
Gegensatz: → Singular

Plusquamperfekt
Zeitform des Verbs; das Plusquamperfekt wird verwendet, wenn etwas in der Vergangenheit bereits abgeschlossen ist (Vorvergangenheit): *Nachdem ich in Hamburg* ***angekommen war****, fuhr ich mit der S-Bahn zum Stadion.*

Positiv
Grundform des Adjektivs: *hell, wichtig …* → Steigerung

Prädikat
Satzglied; das Prädikat enthält immer ein Verb.
Das Prädikat stimmt in der Person und Zahl mit dem Subjekt des Satzes überein:
Chris bringt das Buch zurück. Wir bringen Peter nach Hause.
Man unterscheidet
– **einteilige Prädikate:** *Es* ***schneit****. Er* ***kam*** *gegen 20 Uhr.*
– **mehrteilige Prädikate:** *Er* ***lachte*** *mich* ***aus****. Er* ***ist*** *viel zu spät* ***gekommen****. Er* ***wird*** *das doch nicht* ***vergessen haben****.*

Präfix
Wortbaustein, *auch* Vorsilbe; Präfixe können dem Wortstamm vorn angefügt werden und verändern so die Bedeutung des Wortes:
laufen – ***ent****laufen, dienen –* ***ver****dienen, Glück –* ***Un****glück*

Präposition
Wortart; Präpositionen setzen Sachverhalte miteinander in Beziehung: *Ich warte* ***auf*** *dem Bahnhof, ich warte* ***hinter*** *dem Bahnhof, ich warte* ***vor*** *dem Bahnhof.*
Sie setzen das nachfolgende Nomen oder Pronomen in einen bestimmten Fall:
– Präpositionen mit dem **Genitiv:**
__wegen__ des Regens, ***trotz*** *der Mahnung;*
– Präpositionen mit dem **Dativ:**
zu *dem Haus,* ***von*** *dem Hof;*
– Präpositionen mit dem **Akkusativ:**
für *dich,* ***ohne*** *ihn;*
– Präpositionen mit **Dativ und Akkusativ:**
auf dem/den Schulhof, an die/der Mauer.

Präsens
Zeitform des Verbs; das Präsens verwendet man vor allem dann, wenn man über etwas spricht oder schreibt, was in der Gegenwart passiert: *Da* ***kommt*** *der erste Fahrer um die Kurve, er* ***sieht*** *sich noch einmal* ***um,*** *aber keiner* ***folgt*** *ihm.*

Präteritum
Zeitform des Verbs; das Präteritum verwendet man vor allem dann, wenn man über etwas schreibt, was bereits passiert ist: *Als ich gestern über den menschenleeren Marktplatz* ***ging, hörte*** *ich hinter mir ein Geräusch.*

Pronomen
Wortart; Pronomen können Nomen im Text ersetzen oder begleiten:
- **Personalpronomen:** *Das Haus gefällt mir, weil* ***es*** *so geräumig und hell ist.*
- **Possessivpronomen:** ***Mein*** *Freund fährt morgen nach Italien.*
- **Demonstrativpronomen:** ***Dieses*** *Buch bekommst du, und* ***jenes*** *deine Schwester.*
- **Relativpronomen:** *Die Wanderung,* ***die*** *wir für morgen geplant hatten, muss verschoben werden.*
- **Anredepronomen:** *Ich hoffe, dass ich* ***Sie*** *morgen sehe. Vielleicht kannst* ***du*** *auch kommen.*

Rechtschreibstrategie
Möglichkeit zur Ermittlung der richtigen Wortschreibung;
- Strategie des **Verlängerns:** Berg – Ber**g**e, Wal**d** – Wäl**d**er, Rau**b** – Räu**b**er
- Strategie des **Verkürzens:** kä**mm**en – Ka**mm**
- Strategie der **Bildung verwandter Wortformen:** Erle**b**nis, erle**b**en, le**b**en, le**b**haft …

Redesatz
Satz der wörtlichen Rede, der immer in Anführungszeichen steht: ***„Warum muss immer ich die Tafel abwischen?"***, murrte Eddy. Eddy murrte: ***„Warum muss immer ich die Tafel abwischen?" „Warum"***, murrte Eddy, ***„muss immer ich die Tafel abwischen?"***

Satzart
Mit Sätzen kann man eine bestimmte Absicht zum Ausdruck bringen. → Aufforderungssatz → Aussagesatz, → Fragesatz

Satzglied
Teile von Sätzen, die man gemeinsam umstellen kann: ***Am Wochenende/besuchen/alle Schüler unserer Klasse/ das Motorradmuseum. Das Motorradmuseum/besuchen/ alle Schüler unserer Klasse/ am Wochenende.***
→ Adverbial, → Objekt, → Prädikat, → Subjekt

Silbe
Einheit, die sich beim langsamen Sprechen eines Wortes ergibt: *Wes-pe, lau-fen, Un-ord-nung, Mi-ra-co-li.*
→ geschlossene Silbe, → offene Silbe

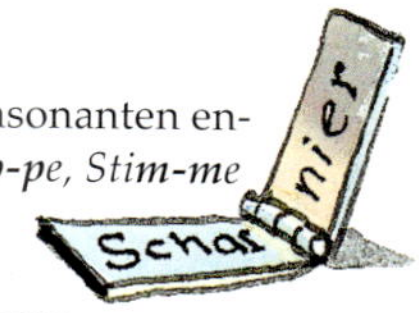

Silbengelenk
Stelle, an der die erste Silbe mit demselben Konsonanten endet, mit der die zweite Silbe beginnt: ***Af-fe**, Pa**p-p**e, Sti**m-m**e*

Singular
Einzahlform von Nomen und Pronomen: *der Baum, die Hand, das Spiel; ich, du, er, sie, es.* Gegensatz: → Plural

Steigerung
Formen des Adjektivs, die Gleichheit oder Verschiedenheit von Eigenschaften zum Ausdruck bringen:
Positiv/Grundstufe: *Der Stern leuchtet* ***hell.***
Komparativ/Steigerungsstufe: *Der Stern leuchtet* ***heller.***
Superlativ/Höchststufe: *Jener Stern leuchtet* ***am hellsten.***

Subjekt
Satzglied; Subjekte bezeichnen Personen, Gegenstände, Sachverhalte, über die im Satz etwas ausgesagt wird: ***Hans*** *(wer?) winkt uns zu.* ***Das Auto*** *(was?) wurde beschädigt.*

Suffix
Wortbaustein, **auch** Nachsilbe; Suffixe können dem Wortstamm hinten angefügt werden:
*Schwäch**ling**, räuber**isch**, freund**lich**, buchstab**ieren**.*
Die Nachsilben bestimmen die Wortart des neuen Wortes.

Superlativ
Steigerungsform des Adjektivs; **auch** Höchststufe: *der wichtigste Tag, am weitesten* → Steigerung

Synonym
Wort, das dieselbe oder eine ähnliche Bedeutung wie andere Wörter hat: *Gasthaus – Raststätte – Restaurant, dick – beleibt – mollig, gehen – schlendern – schlürfen.*
Mehrere Synonyme können in einem Wortfeld erfasst werden. → Wortfeld

Umlaut
die Vokale *[a], [o], [u], [au]* können in anderen Wortformen umgelautet als *[ä], [ö], [ü], [äu]* vorkommen: *Hand – Hände, Rose – Röschen, tot – töten, Baum – Bäume.*

Umstellprobe
Eine Probe, mit der man Satzglieder ermittelt:
Das Spiel *musste wegen des starken Gewitters vom Schiedsrichter abgebrochen werden.* – ***Vom Schiedsrichter*** *musste das Spiel wegen des starken Gewitters abgebrochen werden.* – ***Wegen des starken Gewitters*** *musste das Spiel vom Schiedsrichter abgebrochen werden.* → Satzglied

Unterbegriff
Wort, das aufgrund seiner Bedeutung einem anderen Wort untergeordnet ist: ***Stuhl, Tisch, Schrank, Regal:*** *Möbel*
Gegensatz: → Oberbegriff

Verb
Wortart; Verben geben an, was geschieht bzw. was getan wird: *Lena* ***schreibt.*** *Der Zug* ***kommt*** *schon wieder zu spät.*

Vokal
Vokale sind einerseits die Selbstlaute, wie man sie spricht: [a], [e], [i], [o], [u]; [ä], [ö], [ü], andererseits die Buchstaben, die man dafür schreibt: a, e, i, o, u, ä, ö, ü. Auch die Zwielaute au, äu, eu, ai, ei gehören zu den Vokalen. → Zwielaut

Wortart
Einteilung der Wörter nach grammatischen Merkmalen und nach der Bedeutung; → Nomen → Verb → Adjektiv → Pronomen, → Artikel, → Adverb, → Konjunktion, → Präposition

Wortbaustein
Teil von Wörtern, der eine Bedeutung hat; → Wortstamm, → Präfix, → Suffix

Wortbildung
Bildung neuer Wörter aus bereits vorhandenen durch Zusammensetzung: *Hand + Tasche = Handtasche,*
durch Ableitung: *ent + laufen = entlaufen, lauf + er = Läufer*
→ Ableitung, → Zusammensetzung

Wortfamilie
Gruppierung von Wörtern nach ihrer Wortverwandtschaft: *Spiel, spielen, Spieler, abspielen, bespielbar …*

Wortfeld
Gruppierung von Wörtern nach ihrer Bedeutungsähnlichkeit: *sprechen, reden, flüstern, schreien, sagen, brüllen …*
→ Synonyme

Wortstamm
Der Wortstamm ist der wichtigste Teil eines Wortes: *un-be-**spiel**-bar.* Er ist der Kern für die Bildung neuer Wörter, indem ihm Vor- oder Nachsilben oder andere Wortstämme angefügt werden: *Tisch – **Tisch**ler – Ess**tisch** – auf**ti**-**sch**en.*

Zeitform
Verbform, mit der man ein Geschehen als gegenwärtig, vergangen und zukünftig darstellen kann.
→ Präsens, → Perfekt, → Präteritum, → Plusquamperfekt, → Futur I

Zusammensetzung
Art der Wortbildung; durch das Zusammensetzen von zwei oder mehreren selbstständigen Wörtern entstehen viele neue Wörter: *Wasserwerk, Badewasser, Wassertopf, Trinkwasser.*

Zwielaut
Die Zwielaute (Doppellaute) gehören zu den Vokalen. Sie sind eine Verbindung von zwei Vokalen: [a-u: au], [a-i: ai], [o-i: oi]. Geschrieben werden sie als au, ai, ei, äu, eu: ***Ma**us, **Ma**i, **le**ise, **Hä**ute, **he**ute.* → Vokal

Lösungen zu besonders kniffligen Aufgaben

Praxis Sprechen, Schreiben, Lesen:

S. 23, Ü3: A – Manuel, B – Lucy, C – Jannis
S. 23, Ü4: c) bei Jannis, b) Manuel, b) Lucy
S. 25, Ü2:
1) An Olli und Lars!
Um halb vier treffen an der Skaterbahn.
Edgar kommt auch. Maik
2) Hallo, hallo Lea
Kommst du Freitag mit zum Basketball? Bussi, Anna
3) Hi Jule!
Sehen wir uns heute nach der Schule? Habe dich lieb, Remo
4) © Für Tom und Caro ©
Freunde sind wichtig
zum Sandburgenbauen:
Freunde sind wichtig,
wenn andere dich hauen
Freunde sind wichtig zum
Schneckenhaussuchen
Freunde sind wichtig zum Essen
von Kuchen
vormittags, abends,
im Freien, im Zimmer –
wann Freunde wichtig sind?
Eigentlich immer!
S. 41, Ü6: A3, B4, C1, 2 ist falsch. Eine passende Überschrift zu Absatz D wäre z. B.: Auch mit Ionenraketen keine Reise zu Sternen möglich
S. 63, Ü3: Städte: Mannheim, Köln, München, Gifhorn, Aachen; Flüsse: Altmühl, Weser; Land und Leute: Lausitz, Münsterland;
Wie oft?, Wann?: Kölner Wochenspiegel, Mannheimer Morgen, Münchener Merkur tz (Tageszeitung)
S. 66, Ü3: 1) Kultur, 2) Wirtschaft, 3) Politik, 4) Lokales, 5) Sport
S. 68, Ü2: Foto 1-d, Foto 2-a, Foto 3-f, Foto 4-c, Foto 5-e, Foto 6-b
S. 73, Ü5: B, C, A
S. 89, Ü6: *Frantz Wittkamp:* **Gestern**
Gestern hab ich mir vorgestellt,
ich wär der einzige Mensch auf der Welt.
Ganz einsam war ich und weinte schon,
da klingelte leider das Telefon.

Praxis Rechtschreiben:

S. 98, Ü5: Ein ck steht nur nach einem kurzen Vokal.
S. 99, Ü3: Nach den Konsonanten l, n und r schreiben wir ein einfaches k.
S. 99, Ü6: Haken, Küken, Schaukel, Pauke
S. 99, Ü7: Ein k steht auch nach langem Vokal und nach Doppellauten ei und au.
S. 101, Ü1: Wanne-Eickel, Baacke, Francke, Starckmann, Wieckendorf
S. 102, Ü4: Wir schreiben ein tz nur nach einem kurzen Vokal.
S. 103, Ü4: Nach Konsonanten schreiben wir immer z.
S. 103, Ü5: 1) Schmelzpunkt, 2) Sprungschanze, 3) Baumharz, 4) Filzstift, 5) Kerzendocht, 6) Kinderarzt
S. 104, Ü7: Ein z steht auch nach langem Vokal und nach den Doppellauten ei, au und eu.
S. 104, Ü10: 1) Medizin, 2) Rezept, 3) Kapuze, 4) Trapez, 5) Akazie, 6) Komplizen
S. 105, Ü2: Entsprechend den Regeln geschrieben: Fritzlar, Atzendorf, Katzenhofen, Herzberg, Mainz; Anders geschrieben: Laatzen, Dietzenbach, Bautzen, Kreutzen
S. 110, Ü3: Das silbentrennende h steht meistens dann, wenn die erste Silbe mit einem Vokal endet und die zweite Silbe mit einem Vokal anfängt.
S. 111, Ü3: Das Dehnungs-h steht immer nur nach Langvokalen. Es steht auch nur vor den Konsonanten l, m, n und r.
S. 112, Ü6: Nach den Wortanfängen sch, sp, qu und t steht niemals ein Dehnungs-h.
S. 113, Ü3: Kurzer Test zu Wörtern mit h
Dehnungs-h: Zahlen, Fährte, gezähmt, ablehnen, versöhnen, Gefahren;
silbentrennendes h: früher, fliehen, Beziehung, Drehung, entleihen, bemühen
S. 113, Ü4: Kurzer Test zu Wörtern mit h
Dehnungs-h: Brohnen, rohmen, ruhlen, nühmen, Sehre (nach langem Vokal und vor m, n, l und r)
kein Dehnungs-h: schmölen, Tüme, quömen, spagen, Taf (Wortanfänge sch, sp, t und qu)
S. 113, Ü5: bejahen, (sie) blühten, vernähen, verhöhnen, Verzeihung
S. 117, Ü4: ins Schwärmen – ans Arbeiten – das Abkoppeln – das Landen
S. 120 Ü4: etwas Merkwürdiges, das Besondere, das Außergewöhnliche
S. 121, Ü2: Zeitangaben werden großgeschrieben, wenn vor ihnen ein Artikel, ein Pronomen oder eine Präposition steht. Zeitangaben werden kleingeschrieben, wenn es sich um einfache Adverbien wie heute und gestern handelt oder wenn sie mit einem s am Ende geschrieben werden.
S. 121, Ü3: am Dienstagnachmittag, auf den Donnerstag, abends, am nächsten Tag, gegen Mittag, morgen, am Samstag, mittags
S. 122, Ü3: Sport treiben – Wert zu legen – Rad fahren – Rast machen – Platz finden
S. 123, Ü2: 1) zu Fuß, 2) wie viel, 3) zu oft, 4) wie weit, 5) wie oft, 6) zu Ende, 7) zu Hilfe, 8) gar nichts, 9) nach wie vor, 10) im Voraus, 11) vor allem, 12) eines Tages, 13) Darüber hinaus, 14) so viele
S. 123, Ü5: a) verloren gegangen, b) sitzen bleiben, c) stehen bleiben, d) hängen geblieben, e) stehen gelassen, f) fallen gelassen, g) getrennt geschrieben
S. 124, Ü3: teilnehmen – stattfinden – bereithalten –

irreführen – schiefgehen – preisgeben – heimfahren – madigmachen – wichtigmachen
S. 128, Ü6: 1a, 2b, 3c, 1d, 2e, 3f
S. 130, Ü2: Dass-Sätze sind Nebensätze. Man erkennt sie daran, dass in ihnen das Prädikat am Ende des Satzes steht. Dass-Sätze werden immer durch Komma vom Hauptsatz abgetrennt.
S. 132: Teste deine Rechtschreibfähigkeit
1a) Nach einem Kurzvokal steht ck, nach einem Langvokal steht k. (2 Punkte)
1b) backen, sich ekeln, erschrecken, streiken (4 Punkte)
2a) Nach einem Kurzvokal steht ck, nach den Konsonanten n, l und r steht immer nur k. (2 Punkte)
2b) hinken, wickeln, stricken, versinken (4 Punkte)
3a) Nach den Konsonanten n, l, r steht immer nur z, nach einem Kurzvokal steht tz. (2 Punkte)
3b) schmutzig, herzlich, bolzen, petzen (4 Punkte)
4a) Bautzen, Mertzig (2 Punkte)
4b) tz wird nur nach Kurzvokal geschrieben, nach den Konsonanten r, l, n steht immer nur ein z. (2 Punkte)
4c) Brezel, Bauklötze, Rabatz, Kapuze (4 Punkte)
Punkte insgesamt: 26
5) a, c sind richtig (2 Punkte)
6) b, d sind richtig (2 Punkte)
7a) silbentrennendes h, Dehnungs-h (2 Punkte)
7b) silbentrennendes h (froh, früher), Dehnungs-h (fühlen, führen) (4 Punkte)
8a) böhlen, böhnen, böhren (3 Punkte)
8b) Dehnungs-h steht nur nach Langvokalen, es steht auch nur vor den Konsonanten m, n, l und r. (2 Punkte)
9) Stängel kommt von Stange. (2 Punkte)
Punkte insgesamt: 17
10) b, c sind richtig (2 Punkte)
11a) Ich wünsche dir alles Gute. Es wird bald alles gut. Mir kommt das etwas merkwürdig vor. Es geschieht etwas Merkwürdiges. (4 Punkte)
Alles Gute wird großgeschrieben wegen Begründung c. (1 Punkt)
12a) Ja, morgen, morgen nur nicht heute, sagen alle faulen Leute. (3 Punkte)
12b) Ich fahre morgen schon ganz früh am Morgen in die Ferien. (3 Punkte)
12c) Ich laufe abends noch manchmal eine Runde, – manchmal noch spät am Abend. (2 Punkte)
13) c (2 Punkte)
14) gar nicht, zu viel, teilnehmen, zu Hilfe, auf Wiedersehen, stattfinden, vor allem (7 Punkte)
Punkte insgesamt: 24

Praxis Grammatik:

S. 136, Ü2: Grüner Frosch im grünen Salat
Eine Hausfrau entdeckte einen Frosch in einer Packung Salat, die sie in einem Supermarkt gekauft hatte. „Ich machte die Packung auf und sah in zwei große Augen, die mich anstarrten", sagte sie. Der Frosch sei „unglaublich süß", aber sie finde es nicht in Ordnung, dass er in ihrem Salat saß. Der Salat wurde in Italien verpackt und wird auf der Packung als „tafelfertig" bezeichnet. Der Frosch beginnt nun ein neues Leben im schattigen Gartenteich.
S. 136, Ü3: Wie entstehen eigentlich Sternschnuppen?
Durch unser Sonnensystem wandern bekanntlich viele Meteoriten. Manchmal treten die Meteoriten mit sehr hoher Geschwindigkeit aus dem Weltall in die Erdatmosphäre ein. Die Reibung der Atmosphäre erzeugt eine enorme Hitze. Dadurch kommt es zum Aufleuchten und Verglühen der Meteoriten. In klaren Nächten können wir diesen leuchtenden Streif der Meteoriten als Sternschnuppen am Himmel erkennen.
S. 139, Ü7: Singularwörter: das Glück, die Butter, das Gold, das Vieh, der Hass, die Kälte, der Schnee; Pluralwörter: die Geschwister, die Leute, die Masern, die Ferien, die Trümmer
S. 141, Ü8: Ein spannendes Spiel
Ein Volleyballspiel kann manchmal spannender sein als ein Krimi. Auf das gestrige Spiel trifft die Feststellung ganz bestimmt zu. Wir spielten gegen eine Mannschaft aus einer (der) anderen Schule. Das Spiel dauerte über zwei Stunden. Die ersten beiden Sätze gewann das gegnerische Team. In ihrer Mannschaft hatten sie eine Angreiferin, die uns den Ball regelmäßig in das Feld schmetterte. Nach einiger Zeit hatten wir eine gute Idee. Wir stellten die größte Spielerin in unserer Mannschaft gegen sie in den Block. Unsere Spielerin machte dann ein großes Spiel gegen sie, nachdem sie schon den ersten Schmetterball von ihr erfolgreich geblockt hatte.
S. 144, Ü4: Der Torschütze wurde von der Fankurve begeistert gefeiert. Er lief mit stolz gereckten Armen auf sie zu. Einige Mitspieler spurteten hinter ihm her, sie versuchten sich auf ihn zu werfen. Aber er riss sich von ihnen (den Mitspielern) los und stürmte mit einem glücklichen Lachen an der Bande entlang. Er war sehr stolz auf seine Leistung.
S. 145, Ü3: deine Mannschaft, mein Freund, euer Pech, eures Verteidigers, unser Mittelstürmer, seinen Fernschuss, unserem Spiel
S. 145, Ü4: Vor der Klassenfahrt mussten mein Freund und ich zunächst unsere Fahrräder in Ordnung bringen. Mein Freund half mir beim Reparieren meines Fahrrades. Schließlich hatten wir unsere Fahrräder auch auf Hochglanz poliert. Jeder verstaute sein Gepäck in den Satteltaschen. Dann konnte unsere Fahrt losgehen. Leider ließ ich nach der ersten Rast meine Schirmmütze liegen. Ich konnte meinen Ärger darüber kaum verbergen. Meine Freundin hatte ihre Fahrradbrille vergessen, sodass bald eine Mücke in ihr Auge flog. Zum Glück hatten wir genügend Getränke in unseren Satteltaschen. Schließlich hat unsere Klassenfahrt dann doch viel Spaß gemacht.
S. 146, Ü1: (Im Wartezimmer)
Viele Menschen sitzen stumm in einem weiß getünchten Zimmer. Die einen lesen in einer Zeitschrift, die anderen dösen nur vor sich hin. Ein alter Mann niest und putzt seine Nase mit einem Taschentuch. Ich verstecke mich müde und ziemlich bang hinter einer Zeitschrift. Plötzlich geht die Tür auf und eine freundliche Stimme sagt: („Der Nächste, bitte!") Unsicher gehe ich in das Zimmer und setze mich

auf den Stuhl. Die nette Dame lächelt mich an und erkundigt sich nach meinem Befinden. Die Untersuchung tut gar nicht weh und ich bin erleichtert. Alles ist in Ordnung. Das macht eben die regelmäßige Pflege!

S. 149, Ü1: Reporter: 1, 4, 5, 8, 10, 11, 13, 16, 18; Mutter: 2, 3, 6, 7, 9, 12, 14, 15, 19; Absatz 17 gehört zu beiden Texten

S. 158, Ü2: keine Adjektive: oft, heute, hinten

S. 158, Ü3: keine Adjektive: immer, schon, aber
Satz 8: Adjektive sind: beide (2), gleich, stark

S. 153, Ü2: a) Präteritum, b) Präsens, c) Präteritum, d) Perfekt, e) Präsens, f) Präsens, Präteritum, g) Präsens, Perfekt, h) Präsens, i) Präsens, j) Präsens, k) Präteritum, l) Präsens, m) Perfekt

S. 156, Ü5: So viel Pech an einem Tag
Nachdem Anna am Morgen ihr Rad aus dem Schuppen geholt hatte, bemerkte sie einen Platten. Als sie am Nachmittag ihren Wellensittich füttern wollte, stellte sie fest, dass er weggeflogen war. Am Nachmittag fand sie das Buch nicht, das sie aus der Bücherei entliehen hatte. Als sie es endlich gefunden hatte, wollte sie noch etwas darin lesen. Da merkte sie, dass ihre Brille verschwunden war. Sie wusste nicht, wo sie sie hingelegt hatte. Nachdem sie das Licht ausgemacht hatte, schlief sie ein.

S. 159, Ü5: Gewitter am Meer
a) Er kam im Sand nur mühsam (langsam) voran.
b) Er stapfte, so schnell (rasch) es ihm möglich war, quer über den Strand auf den Dünenweg zu.
c) Der heftige (kräftige) Sturm pfiff ihm um die Ohren.
d) Dicke (schwere) Tropfen schlugen ihm ins Gesicht.
e) Seine Füße stapften schwerfällig (mühsam) durch den Sand.
f) Sie rutschten bei jedem Schritt, den es bergauf über die steile Düne ging, wieder ein Stück zurück.
g) Als er endlich den Dünenkamm erreichte, schlägt ein greller Blitz in einen Fahnenmast ein.
h) Ein gewaltiger Donnerschlag rollt über die Insel dahin.

S. 161, Ü4: gestern (Adverb der Zeit), dahin (Adverb des Ortes), deshalb (Adverb des Grundes), ziemlich (Adverb der Art und Weise)

S. 162, Ü5: vielleicht, sofort, noch, dann, nicht, so, zunächst, vorwärts

S. 163, Ü1: Die Schokolade im (in dem) Picknickkorb
Jule und Erik wollten gestern mit ihrer Mutter an den Strand fahren. Also haben sie einen gefüllten Picknickkorb in das Auto gepackt. Dann machten sie es sich auf den Rücksitzen bequem. Auf (während) der Fahrt hat Erik aber schon Hunger bekommen. Er griff heimlich in den Picknickkorb, um die Schokolade zu suchen. Er wusste nämlich ganz genau, dass ihre Mutter die Schokolade in den Korb gesteckt hatte. Aber Jule gab ihm einen derben Klaps auf die Hand. Damit war sein Versuch, früher an die Schokolade zu kommen, leider gescheitert.

S. 165, Ü2: Auf die richtige Verbindung kommt es an!
Ein Kater sorgte in Florida für Aufsehen, weil (als) er mit seinem Besitzer surfen ging. Der hatte festgestellt, dass sein Kater gern nass wird. Nachdem (als) er dem „Stubentiger" ein kleines Surfbrett gebaut hatte, „ritt" der Kater zu seiner Überraschung die erste Welle bis zum Strand. Danach setzte er sich auf das Motorrad seines Herrchens, sodass (damit) dieser gezwungen war loszufahren. Das musste der Mann dann immer so machen, damit sich das Tier im Fahrtwind trocknen konnte. Seitdem gibt es immer einen Menschenauflauf am Strand, wenn der Kater zum Surfen erscheint.

S. 167, Ü7: Unglaubliche Reisen
Wenn Vögel im Winter ihre Heimat verlassen, dann wollen sie nicht der Kälte entfliehen. Ihr Federkleid schützt sie nämlich vor der Kälte, sodass sie auch bei Frost überleben könnten. Vielmehr ziehen die meisten Vögel weg, weil sie bei Schnee und Eis nicht mehr an ihr Futter herankommen. Bei Buchfinken, Amseln und Rotkehlchen zieht übrigens nur ein Teil der Vögel in andere Regionen, während die anderen an ihren Brutplätzen bleiben. Manche Vögel legen auf ihren Reisen so unvorstellbare Entfernungen zurück, dass es kaum zu glauben ist. So fliegt die kleine Küstenseeschwalbe beinahe 36 000 km weit(,) und unsere Weißstörche bringen es auf etwa 20 000 km. Auch die Millionen Sturmtaucher unternehmen jährlich einen Flug von etwa 30 000 km, damit sie in ihre Winterquartiere gelangen können. Ein Grund für ihre lange Reise ist jedoch nicht erkennbar, denn ihre Heimatgewässer in Neuseeland sind im Winter kaum kälter.

S. 169, Ü1: 1: Pronomen: unser, euer; Adjektive: struppig, wichtig; Nomen: Morgen, Langeweile; Verben: kläfft, aufgewacht; Adverbien: morgen, vorgestern; Präpositionen: zwischen, über; Konjunktionen: wenn, bevor

S. 172, Ü3: Adjektive: glücklich, hastig, ängstlich, stürmisch, ruhig, mühsam; Verben: landen, bangen, welken, halbieren, baggern; Nomen: Geheimnis, Bereitschaft, Sammlung, Klugheit, Prüfung, Reichtum, Tapferkeit, Heiterkeit

S. 175, Ü2: Forellen fressen gern Mehlwürmer. Angler stecken diese Würmer an die Angelhaken. Forellen verschlucken die Haken. Angler fangen auf diese Weise Forellen. Die Anglerfrauen braten dann die Forellen zu Hause. Menschen essen besonders gern Forellen.

S. 176, Ü3: 1) Die Ätnaausbrüche versetzen die Menschen auf Sizilien manchmal in Schrecken. 2) Die Experten nennen das glühende Gestein aus dem Krater Lava. 3) Dieses Gestein läuft in glühenden Strömen den Vulkanberg hinunter. 4) Die Sizilianer können manchmal solche Ströme umleiten. 5) Solche Vulkanausbrüche lösen meistens panische Reaktionen aus. 6) Alle Sizilianer überlebten aber die letzten Ausbrüche. 7) Lavaströme richteten diesmal nur kleinere Schäden an.

S. 178, Ü2: a) Ich komme aus Köln. b) Mir geht es gut. c) Ich bin um acht Uhr losgefahren. d) Die Fahrt war ziemlich langweilig. e) Ich bin wegen einer Zugverspätung so spät gekommen. f) Ich habe im Speisewagen gegessen. g) Ich fahre schon heute Mittag weiter. h) Ich fahre weiter nach Berlin. i) Ich muss aus Heimweh dorthin.

S. 178, Ü3: Dora sitzt im Zug nach Berlin. Sie ist ziemlich müde. Plötzlich kommt der Schaffner. Sie will ihre Fahrkarte aus der Tasche ziehen. Aber sie findet sie dort nicht. Das macht sie echt nervös. Vor Angst fängt sie an zu schwitzen. Der Schaffner sagt: „Bleib ganz ruhig!" Endlich findet sie sie. Sie war in ihrem Rucksack.

S. 179, Ü1: 1) nachts: Zeit, in Gärten: Ort, gut: Art und Weise; 2) mit großer Ausdauer: Art und Weise, bis zum Tagesanbruch: Zeit; 3) in der Luft: Ort, geräuschlos: Art und Weise, 4) eine Zeit lang: Zeit, langsam: Art und Weise, 5) meistens: Zeit, in wildem Zickzackflug: Art und Weise, durch die Nachtluft: Ort; 6) auf ihrer Nahrungssuche: Zeit, unentwegt: Art und Weise, 7) wegen ihres Vampiraussehens: Grund, Furcht erregend: Art und Weise; 8) in unseren Gegenden: Ort, sehr nützlich: Art und Weise
S. 179, Ü3: 9) wegen ihres angeborenen Echolotsystems, 10) beim Fliegen, 11) in ihr Ohr, 12) wie mit einem Radar, 13) in der Luft, 14) in einer Viertelstunde
S. 184, Ü6: a, c sind Hauptsätze; b, d sind Nebensätze
S. 185, Ü10: 1a) Die Feuerwehr schützte vor allem das Wohnhaus, während die Scheune herunterbrannte. 1b) Während die Scheune herunterbrannte, schützte die Feuerwehr vor allem das Wohnhaus. 1c) Die Feuerwehr schützte, während die Scheune herunterbrannte, vor allem das Wohnhaus. 2a) Ich atmete erleichtert auf, als das schreckliche Gewitter vorüber war. 2b) Als das schreckliche Gewitter vorüber war, atmete ich erleichtert auf. 2c) Ich atmete, als das schreckliche Gewitter vorüber war, erleichtert auf.
S. 186, Ü2: a) Es war in der Dämmerung, als ein Reh aus dem Wald heraussprang. b) Der Mann trat so fest auf die Bremse, dass er fast die Gewalt über seinen Wagen verlor. c) Das Reh sprang in die Büsche, als der Wagen dicht an ihm vorbeirutschte. d) Als er seine Rundfahrt beendet hatte, kam der Wagen zum Stehen. e) Es dauerte eine Zeit lang, ehe sich der Fahrer wieder beruhigt hatte.
S.186, Ü4: Das Reh kam mit dem Schrecken davon, da es den Wagen nur gestreift hatte. Es sprang in den Wald hinein, nachdem es sich noch einmal nach dem Auto umgeschaut hatte.
S. 186, Ü5: zu 1: c, e; zu 2: a, b, d, g; zu 3: f
S. 186, Ü6: a) Als wir in die Ferien fahren wollten, hatten wir gleich Pech. b) Weil meine Mutter etwas vergessen hatte, mussten wir auf sie warten. c) Danach fuhr uns der Bus vor der Nase weg, bevor wir an die Haltestelle kamen. d) Nachdem wir schon alle Hoffnung aufgegeben hatten, kam unsere Nachbarin vorbei. e) Sie brachte uns zum Bahnhof, obwohl in der Stadt ein riesiger Verkehr war. f) Sie hielt, da es viele Staus gab, immer wieder an. g) Als wir endlich den Bahnsteig erreichten, fuhr unser Zug gerade ab.
S. 187, Ü1: Das ist ein Lied, das ich gut singen kann. Jeder soll wissen, dass ich gut singen kann.
S. 187, Ü3: Er blättert in dem Buch, das er nicht lesen kann. Keiner soll wissen, dass er nicht lesen kann. Der Tiger ist ein Tier, das gut schwimmen kann. Er hat im Wettkampf bewiesen, dass er gut schwimmen kann. Ihre Freundinnen haben beim Essen bemerkt, dass sie sehr gut kochen kann. Das ist ein Spaghettigericht, das sie sehr gut kochen kann.

Sprachmagazin:

S. 194, Ü 2:

S. 195, Ü4:
Ein Mensch, der sich eine Schnitzel briet
bemerkte, dass ihm das missriet
jedoch da er es selbst gebraten
tut er als wär' es ihm geraten
und um sich nicht zu strafen lügen
isst er's mit herzlichem Vergnügen

Praxis Arbeitstechniken:

S. 202, Ü6: a) 4; b) 1; c) 2; d) 3; e) 2
S. 203, Ü8: B trifft zu
S. 203, Ü9: a) .de steht für Deutschland, b) Link Nummer 2 mit der Endung .ch, c) k steht für Kilo-Byte
S. 204, Ü2: richtig: a, c, g, h; falsch: b, d, e, f
S. 208, Ü2: a) Skateboard, b) selbstständig, c) jodeln, d) schmollen, e) Jubiläum, f) schnarchen
S. 208, Ü3: 1) heißen, Hengst, Heringssalat, 2) Herkunft, heulen, Hilfe, 3) Ozean, paletti, Panne, 4) Panorama, Papagei, parken
S. 209, Ü2: Chamäleon, Charakter, Chrom, Chronik; Kajak, Katastrophe, Kapuze, Kakao
Chance, Chefarzt, Chinchilla, Cheeseburger, Schokoriegel, Schildkröte, Schaschlik, Schikane
Vampir, Vanilleeis, Vegetarier, Volleyball, Wadenbein, Winnetou, Wanze, Wolkenkratzer
Phantom, Pharao, Philosoph, Phönix, Familie, Fanclub, Fondue, Forelle
S. 210, Ü3: Champignons, Aubergine, Salatgurke, Olivenöl, Basilikum
S. 210, Ü4: Cocktailtomaten, Oliven, Öl
S. 213, Ü1/Ü3: Das wohlfeile Mittagessen
Eines Tages kam ich in das winzige Städtchen „Heiligenblut". Ich wurde so sehr von Hunger gequält, dass ich mir ein kleines Gasthaus suchte. In der nächsten Straße waren ja gleich zwei. Was für ein Glück! Also ging ich erst einmal zum Bärenwirt. Das Gasthaus sah mir sauber aus. Nach einer Weile kam ich wieder heraus. Ich hatte umsonst gut gegessen, und der Wirt zahlte mir noch 70 Kreuzer dazu. Warum, möchtet ihr wissen? Das sage ich euch später. Jetzt geh ich erst noch zum Löwenwirt und schlag mir da auch noch den Bauch voll. Ich ging hinein und setzte mich. Es war nicht viel los dort. Ich bestellte für mein Geld ein gutes Mahl. Es gab Rindfleisch mit Klößen und Gemüse. Der Wirt bot mir sogar noch einen Schoppen Wein und ich sagte: „Für mein Geld nehm ich es." Der Wirt dachte schon, dass er viel Geld verdienen könnte. Aber als es dann ans Bezahlen ging, bekam ich die Rechnung: fast zwei Taler! Als er das Geld haben wollte, sagte ich, dass ich nur zu essen für mein Geld haben wollte. „Ach, so einer sind Sie! Na gut, ich gebe Ihnen das Essen umsonst. Aber gehen Sie rüber zum Bärenwirt und machen mit dem das Gleiche!" Als ich die Klinke in der Hand hatte, sagte ich: „Von dem komme ich eben!" Und rannte davon. So ist das Leben.

Texte

10 Ringelnatz, Joachim: Bumerang, aus: Und auf einmal steht es neben dir, Gesammelte Gedichte, Henssel, Berlin 1980, S. 40
Ringelnatz, Joachim: Die Ameisen, aus: Und auf einmal steht es neben dir, Gesammelte Gedichte, Henssel, Berlin 1980, S. 18

11 Roth, Eugen: Das Sprungbrett, aus: E. Roth, Sämtliche Werke, Band 1, Hanser, München 1977, S. 34

25 Freunde, aus: Freundschaft, von Beate Herkendell / Christiane Ködler, dtv pocket reader © 2002, Deutscher Taschenbuchverlag, München 2002, S. 40

36 Bergius, C.C.: Die Straße der Piloten, Droemersche Verlagsanstalt, München 1988, S. 80

40 Newth, Eirik: Abenteuer Zukunft, Deutscher Taschenbuchverlag, München 2002, S. 238–245 (gekürzt)

42–44 David und Xenia, erzählt nach einem Motiv von Isaac Asimov

71 Zeitungsmeldungen 1, 2, 4 aus: Braunschweiger Zeitung vom 9. 8. 2003, S. 12 (leicht gekürzt)

71 Gen-Senation! Weltweit erstes Klon-Pferd geboren, aus: Kölner Express vom 6. 8. 2003 (gekürzt)

74 Sack, Benjamin: Amok-Reh beißt Jungen Nase blutig, aus: Bild-Zeitung vom 9. 8. 2003

76 Krüger, Jens: Streit um einheitliche Schulkleidung, aus: Welt am Sonntag vom 17. 8. 2003 (gekürzt)

82 Ende, Michael: Der Traumfischer, aus: Die Schattennähmaschine, © 1982 by K. Thienemanns Verlag, Stuttgart

84 Carroll, Lewis / Enzensberger, Christian: Der Zipferlake, aus: L. Carroll, Chr. Enzensberger, Alice hinter den Spiegeln, aus dem Englischen von Chr. Enzensberger, Insel Verlag, 4. Auflage, Frankfurt / Main, 1980

86 Lobe, Mira: Der verdrehte Schmetterling, aus: Überall und neben dir, Gedichte für Kinder, herausgegeben von Hans-Joachim Gelberg, © 1986, 1989 Beltz Verlag, Weinheim und Basel, Programm Beltz & Gelberg, Weinheim

87 gomringer, eugen: kein fehler im system, aus: e. gomringer, konstellationen – ideogramme – stundenbuch, philipp reclam jun., Stuttgart 1983; © eugen gomringer 1977

88 Wittkamp, Frantz: Wie gut, dass ich ein Hase …, Übermorgen bin ich verreist …, Komm, wir teilen brüderlich …, Der Wald ist endlos …, Manchmal, wenn ich im Garten liege …, aus: F. Wittkamp, Ich glaube, daß du ein Vogel bist, Verse und Bilder, © 1987, 1990 Beltz Verlag, Weinheim und Basel, Programm Beltz & Gelberg, Weinheim

89 Wittkamp, Frantz: Gestern, aus: F. Wittkamp, Ich glaube, daß du ein Vogel bist, Verse und Bilder, © 1987, 1990 Beltz Verlag, Weinheim und Basel, Programm Beltz & Gelberg, Weinheim

90 Manz, Hans: Geschichte eines Hauses; Vorgang, aus: Hans Manz, Lieber heute als morgen, © 1988 Beltz Verlag, Weinheim und Basel, Programm Beltz & Gelberg

90–91 gomringer, eugen: zweig, blatt, blüte; ping pong; schweigen; wind, aus: e. gomringer, konstellationen – ideogramme – stundenbuch, philipp reclam jun., Stuttgart 1983; © eugen gomringer 1977

92 Leonhard, Kurt: Kinogartenkinder, aus: Die Stadt der Kinder, Gedichte für Kinder in 13 Bezirken, herausgegeben von Hans-Joachim Gelberg, 1. Auflage 1972, 2. Auflage 1974, Deutscher Taschenbuch Verlag GmbH & Co. KG, München; Lizenzausgabe des Georg Bitter Verlags, Recklinghausen

93 Lobe, Mira: Liebesseufzer eines Walfischfräuleins, aus: Das Sprachbastelbuch, © 1975 Jugend und Volk Verlagsgesellschaft mbH, Wien / München und Autoren; Lizenzausgabe als Ravensburger Taschenbuch 1977, 1984

94 Wietig, Annemarie: Zornig, aus: Überall und neben dir, Gedichte für Kinder, herausgegeben von Hans-Joachim Gelberg, © 1986, 1989 Beltz Verlag, Weinheim und Basel, Programm Beltz & Gelberg, Weinheim

95 Gernhardt, Robert: Gehst du tags die Straße lang …, aus: Ute Andresen, Im Mondlicht wächst das Gras, © 1991 Ravensburger Buchverlag Otto Maier GmbH, Ravensburg

190–192 Ringelnatz, Joachim: Fußball nebst Abart und Ausartung, aus: Gedichte I, Das Gesamtwerk in 7 Bänden, hrsg. v. Walter Pape, Bd. 1, Henssel, Berlin 1982–1985, S. 92

195 Roth, Eugen: Das Schnitzel, aus: Das große Eugen Roth Buch, Carl Hanser Verlag, München / Wien 1987, S. 11

196–197 Pillau, Horst: Der Babysitter, aus: Vergnügliche Texte, Falken-Verlag, Niedernhausen 1979, S. 96

211 Wörterbucheinträge, aus: Die deutsche Rechtschreibung für Schüler, hrsg. v. Lutz Götze, 4. Aufl., Bertelsmann, Gütersloh / München 2000 und aus: Unser Wortschatz, hrsg. v. Wolfgang Menzel / Günter Rudolph, Westermann Schulbuchverlag, Braunschweig 1999

212 Das wohlfeile Mittagessen, erzählt von Wolfgang Menzel nach Johann Peter Hebel

Alle übrigen Texte: Originalbeiträge

Abbildungen

Umschlagfoto: Edgar Rüttger, Langlingen

15	J. Mallwitz, Wildlife, Hamburg
34	Bild oben, © dpa, Frankfurt; Bild unten, Superbild, München
38	Luftschiff Minerva, Kupferstich, Baltasar Antoine Dunker, Archiv Gerstenberg, Wietze
50	Bongarts Sportfotografie, Hamburg
64	BILD-Titel, Axel Springer Verlag, Hamburg; BZ-Titel, Braunschweiger Zeitung, Braunschweig
68	Fotos, iduwa.de mediendienste, Straubing
70	Associated Press, AP, Frankfurt
72	Bongarts Sportfotografie, Hamburg
78	Frauenwaldschule Nieder-Mörlen, Bad Nauheim
188	Peter T. Schulz, aus: Liebe ist Energie, Ein Hausbuch, ein Hausfreund und immerwährender Kalender für Geburts-Tage und Feier-Abende mit freien Räumen für eigene Gedanken, DuMont
193	Der Zeitungsleser, Loriot's großer Ratgeber, Diogenes, Zürich 1968
200	Hans Reinhard, OKAPIA, Frankfurt
201–202	Suchmaschine: www.google.de
206	Buchumschlag, In den eisigen Tod: Roberts F. Scotts letzte Fahrt zum Südpol, Deutsche Verlags-Anstalt, Stuttgart 2000
207	Klaus G. Kohn, Braunschweig